SPÅREN I SNÖN

Till: Elisabeth, Sara, Edvin och Joel

Jonas Ideström

SPÅREN I SNÖN

Att vara kyrka i norrländska glesbygder

ARTOS

GRAFISK FORM
Magnus Åkerlund

TRYCK MED BIDRAG FRÅN
Samfundet Pro Fide et Christianismo (Kyrkoherde Nils Henrikssons Stiftelse)

TRYCK
Totem, Polen 2015

ISBN 978-91-7580-734-8

ISSN 1652-8581 Forskning för kyrkan 27

FOTO OMSLAG
Per-Magnus Hedén

Artos & Norma bokförlag

Kyrkstadsvägen 6, 931 33 Skellefteå

Telefon: 0910-77 91 02

e-post: info@artos.se

www.artos.se

Innehåll

Förord

Många personer har del i att den här boken blev till. Några vill jag särskilt nämna. Först och främst vill jag tacka alla dem jag har fått förmånen att träffa och lära känna i Alsen, Offerdal och Arvidsjaur. Jag bär med mig många goda minnen och upplevelser. Tack till deltagarna i referensgrupperna vars tankar och reflektioner har varit mycket viktiga för studieprocessen. Jag är också glad och tacksam över det goda samarbetet med kyrkoherdarna.

Dåvarande chefen för Svenska kyrkans forskningsenhet Anne-Louise Eriksson var den som gav mig möjligheten att få planera och genomföra det forskningsprojekt som mynnat ut i denna bok. Hennes engagemang och kloka handledning har varit betydelsefullt. Göran Gunner, som varit tillförordnad chef under projektets slutfas, har också bidragit med kloka råd och varit ett viktigt stöd. Jag har också förmånen att få vara verksam som forskare i en kreativ och stimulerande forskarmiljö vid Svenska kyrkans forskningsenhet. Enhetens gemensamma seminarier och enskilda samtal med forskarkollegor har fungerat som kreativa rum för reflektion och samtal. Vikten av sådana rum och miljöer för forskning kan inte överskattas. Jag har även fått stöd och hjälp av kollegor på analysenheten. Jag är också glad och tacksam över gemenskapen på Sekretariatet för teologi och ekumenik. Det är gott att få vara i en miljö präglad av kompetens, engagemang, värme och skratt.

Högre seminariet i kyrkovetenskap vid Uppsala universitet är ytterligare ett viktigt sammanhang. Där har jag fått konstruktiv kritik och kloka synpunkter vid ett par tillfällen under processen. Mia Lövheim och Harald Hegstad har bidragit med viktiga synpunkter på texter jag har presenterat i seminariet.

Jag vill också riktiga ett tack till högre seminariet i teologi och kyrka vid Örebro teologiska högskola där jag fått användbar feedback.

Stiftskanslierna i Luleå och Härnösands stift har bidragit med viktigt stöd, inte minst i inledningsfasen av projektet. Det har varit glädjande att möta så engagerade och kompetenta medarbetare. Avslutningsvis vill jag nämna några personer som har bidragit med tid och kunnande och utan vars hjälp den här boken inte hade blivit vad den blev: Sune Fahlgren, Charlotta Ekelund, Åsa Nyström, Jan Eckerdal, Kristina Ernehed, Erik Ideström och Gustaf Hellsing. Tack!

Och så du Lena. Tack för din kärlek och ditt tålmodiga stöd i sanning och tillit.

Den här boken vill jag tillägna mina barn: Elisabeth, Sara, Edvin och Joel. Jag ber och hoppas att dopets Gud leder er på livets vägar. Det är gott att ni finns!

Vallentuna den 7 november 2014

DEL 1
UTGÅNGSPUNKTER

1
UTMANINGAR, ARBETSFRÅGOR OCH TILLVÄGAGÅNGSSÄTT

Inledning

> Jag tänker att det som församlingen gör i Moskosel är att vi fortfarande har kvar ett rum där man får möta varandra kring att allt läggs ner i Moskosel. Det finns snart ingen fysisk byggnad kvar för möte över huvud taget. Vi fick ju en fråga här i vintras. En grupp damer som en gång i veckan går ut och stavgår och de har haft en lokal där de har kunnat gå in och dricka kaffe men den finns ju inte kvar längre. Vad finns det kvar? Jo det finns kyrkan och där finns det ett kök och där finns det kaffe. De ringer. ”Är det möjligt att vi kan få, ja självklart får ni det” [...] vi hade ju två byggnader, vi hade en kyrka och vi hade en församlingsgård. Det kan vi inte ha, vad behöver vi? En kyrka behöver man alltid kvar, alltså gör man någon slags kombobyggnad av den för att också ha kvar rummet för möte människa till människa som jag tänker är jätteviktigt i en sådan här by. Och först for högstadiet och nu far hela skolan och sedan finns ingen byastuga kvar och så finns det ingenting kvar. [...] Jag tänkte att det vore fantastiskt om kyrkan i Moskosel också skulle kunna fungera som mötesplats inte bara för våra arrangemang utan att man känner att vi vill någonting för byn Moskosel. De frågade: ”hur mycket behöver vi betala i hyra. Nä men ni behöver väl inte betala något i hyra. Det är ju byns kyrka på något sätt, var så goda!”

Så berättar kyrkoherden i Arvidsjaurs församling i Luleå stift i ett samtal jag har med en grupp företrädare för församlingen. Vårt samtal har tagit sin utgångspunkt i evangelieberättelsen om när en lam man sänks ner genom ett tak på en bår framför Jesus och han blir botad. Vi pratar om livet i församlingen och kyrkans uppdrag i ljuset av berättelsen.

Kyrkoherdens berättelser om situationen i Moskosel är inte unik. Flera företrädare för kyrkan i Norrlands inland skulle kunna berätta om liknande erfarenheter. Utflyttning och nedläggning av skolor och butiker är vardag för människor på många platser. Samtalet i församlingshemmet i Arvidsjaur handlar om kyrkans och församlingens uppdrag att förkunna evangelium och hur det ska förvaltas. Det är ett teologiskt och ecklesiologiskt samtal. Det är ett samtal där tankar om en given gudomlig uppenbarelse och om kyrkans identitet och uppdrag formuleras i relation till livet inom den geografiska församlingens gränser.

Liknande samtal har jag fört med företrädare för församlingarna i Alsen och Offerdal i Härnösands stift. Även där finns erfarenheter av de särskilda utmaningar det innebär att leva i och vara kyrka i norrländska glesbygder. Men både där och i Arvidsjaur möter jag också tacksamhet och glädje över den egna bygden och kyrkans liv. Samtalen präglas inte av uppgivenhet. Tvärtom. I de teologiska och ecklesiologiska samtalen, som är både sökande och kreativa, formuleras och omförhandlas föreställningar om kyrkans liv och uppdrag i bygderna.

Materialet från de här gruppsamtalen är en av flera viktiga bitar i den studie som presenteras i den här boken. Det är en teologisk studie som handlar om att vara kyrka i glesbygder.[1] Den utmaning jag har tagit mig an handlar om att teologiskt beskriva, tolka och förstå hur kyrkan, med fokus på Svenska kyrkan, framträder i norrländska glesbygder.[2] Det har varit svårt, men meningsfullt. Svårt – därför att de liv vi lever, vare sig det är i glesbygder eller städer, inte låter sig fångas på ett entydigt sätt. Meningsfullt – därför att brottningen med att teologiskt försöka beskriva, tolka och förstå har gjort det möjligt att se saker jag annars inte skulle ha sett. En övertygelse som har präglat mitt arbete är att välgrundad teologisk reflektion har något väsentligt att bidra med när vi vill förstå den verklighet vi är en del av. Men då måste teologi få handla om både utsida och insida, både kropp och ande, både det enskilda och det gemensamma. Den här boken handlar om kyrkan men

1 Jag använder begreppet teologi som ett samlande begrepp som också rymmer ecklesiologi. All ecklesiologi är därmed teologi, men all teologi är inte ecklesiologi. Det här är en teologisk studie som i grunden också är ecklesiologisk.

2 Under perioden januari till oktober 2013 har jag genomfört fältstudier i Alsen och Offerdal, som är två församlingar som ingår i ett gemensamt pastorat, och i Arvidsjaurs församling. Jag har samlat in och skapat ett omfattande källmaterial genom deltagande och närvarande observationer, enskilda intervjuer, gruppintervjuer och insamling av tryckt material. Mer om detta här nedan.

därmed också om hur kristen tro och teologi tar form, framträder och förmedlas i de täta vävar av relationer mellan människor och platser som vi kallar samhället, bygden, byn eller församlingen. Det är en bok om vad det kan innebära att vara kyrka i norrländska glesbygder. Men också en bok om hur man teologiskt kan närma sig kyrkan i praktiken.

Hur kan jag läsa boken?

Boken är skriven för att kunna läsas utifrån olika intressen. Min förhoppning är att olika läsare ska hitta sina vägar genom boken. En viktig målgrupp är personer inom Svenska kyrkan som på olika nivåer är involverade i frågor som rör kyrkans liv och uppdrag i glesbygder. Boken kan ge användbara bilder och tolkningar av hur kyrkan framträder i glesbygder som kan ligga till grund för samtal som förs och beslut som fattas. Den visar också på möjliga vägar för hur man teologiskt kan reflektera kring att vara kyrka i norrländska glesbygder.

En annan viktig målgrupp är forskare och studenter som studerar kyrka i samtiden i allmänhet och Svenska kyrkan i synnerhet. Beroende på vilket intresse man har kan boken läsas på lite olika sätt. Min målsättning har varit att skriva en bok som håller en god akademisk nivå samtidigt som den är tillgänglig även för dem som inte läser den av akademiskt intresse. Låt mig kort redogöra för bokens disposition.

I bokens första del presenteras studiens övergripande ansats. Några viktiga begrepp definieras, teoretiska utgångspunkter, arbetsfrågor och metoder presenteras. Kapitlet avslutas med en forskningsöversikt. För den som tycker att resonemangen blir långrandiga kan man hoppa fram till kapitel två där jag redogör för observationer jag gjorde under en högmässa i Glommersträsk i Arvidsjaur och en intervju med en kvinna som har erfarenheter av kyrkorummet och gudstjänstfirande där. Med utgångspunkt i observationerna och intervjun redogör jag också för två grundläggande perspektiv som har varit vägledande för hur jag har genomfört studien. I bokens andra del gör jag ytterligare nedslag på platser och i sammanhang där jag har gjort observationer och samtalat med människor. Syftet är att ge bilder av hur kyrkan framträder i förhållande till byar och bygder inom de geografiska församlingarnas gränser.

I bokens tredje del fortsätter beskrivningen och tolkningen av hur kyrkan framträder i Alsen, Offerdal och Arvidsjaur genom att jag redogör för och diskuterar två teman som jag återkommande har mött i materialet från mina fältstudier: det ena handlar om vemod, statusskillnader och kyrkan som ett hoppfullt tecken genom sin trofasthet. Det andra om skogen och landskapet som fönster och rum för olika föreställningar som präglar människors vardag. I den fjärde och avslutande delen analyserar jag gruppsamtal i relation till en bibeltext som jag har genomfört med referensgrupperna i församlingarna. I bokens sista kapitel sammanfattar jag de slutsatser jag har dragit. Mot bakgrund av slutsatserna för jag också en avslutande diskussion om att vara kyrka i norrländska glesbygder. I ett appendix finns korta presentationer av Svenska kyrkan i Alsen, Offerdal och Arvidsjaur och kartor som hjälper läsaren att se hur olika platser, byar och bygder förhåller sig till varandra geografiskt.

Några viktiga begrepp

KYRKAN

Studien som presenteras här handlar om *Kyrkan*. Ordet kyrka kan syfta på en kyrkobyggnad, en organisation, en social kropp[3] eller ett teologiskt fenomen. I den här boken förekommer dessa olika betydelser och det framgår av varje enskilt fall vilken som åsyftas. Det är *Svenska kyrkan* i Alsen, Offerdal och Arvidsjaur som står i centrum vilket gör att kyrka ofta kan läsas som synonymt med Svenska kyrkan. Samtidigt, vilket analysen av materialet från fältstudierna kommer att visa, är inte alltid gränserna för vad som är Svenska kyrkan och vad som är kyrka i vidare mening så tydliga. Att tala om kyrkan är därför också grundat i föreställningar om att Svenska kyrkan utgör en del av Kristi världsvida kyrka.[4] Förutom begreppen *kyrkan* och *Svenska kyrkan* använder jag också begreppet *den lokala kyrkan* som syftar på de uttryck kyrkan (Svenska kyrkan) tar sig i de bygder där jag har genomfört mina fältstudier. Enligt Svenska kyrkans kyrkoordning är *församlingen* den primära enheten i Svenska kyrkan.[5] Begreppet *församling* har också

3 För ett utförligare resonemang om kyrkan som social kropp, se Ideström 2009, s. 36–41; Eckerdal 2012, s. 257 ff.

4 ”Den kristna kyrkan bekänner en enda Gud – Fadern, Sonen och den heliga Anden – som skapar, frälser och ger liv. Svenska kyrkan är en del av den världsvida kyrkan och delar den kristna bekännelsen och lovsången till en treenig Gud.” Kyrkoordning för Svenska kyrkan, Inledning till Första avdelningen: Svenska kyrkan som Evangeliskt-Lutherskt trossamfund.

5 Kyrkoordning för Svenska kyrkan, Inledning till Andra avdelningen: Församlingarna.

olika betydelser. Det kan till exempel syfta på den lokala kyrkan som organisation. Men det kan också användas för att hänvisa till en lokal kristen gemenskap i olika former eller ett geografiskt område. Jag kommer att vara restriktiv med att använda begreppet församling i mina resonemang. Däremot använder jag det när det förekommer i materialet och när jag hänvisar till den lokala kyrkan som social aktör och lokal organisation. När jag syftar på församlingen som ett geografiskt område kommer det att framgå.

GLESBYGDER

Glesbygder definierar de särskilda sociogeografiska sammanhang i vilka jag studerar hur kyrkan framträder. *Bygd* syftar på ett sammanhang som inte på något självklart sätt kan avgränsas och definieras. Det förutsätter ett samspel mellan en plats och människors relationer till varandra och till platsen.[6] Att beskriva en bygd som *gles* säger naturligtvis något om de sociala förutsättningarna där, på samma sätt som begreppet tätort säger något om ett sådant sammanhang. Två variabler som ofta lyfts fram när man urskiljer ett sammanhang som glesbygd är befolkningstäthet och avstånd till tätort.[7] Jag har inte utgått från någon särskild definition när jag beskriver bygderna där jag har genomfört min studie som glesbygder. För mig har det istället varit avgörande att företrädare för församlingarna beskriver och förstår sitt sammanhang, eller åtminstone delar av det, som glesbygder.

Begreppet glesbygd är omtvistat. Under mina fältstudier har jag mött några personer som har varit starkt kritiska till begreppet. De menar att det är negativt laddat.[8] Men jag har också mött personer

---

"Församlingens grundläggande uppgift är att fira gudstjänst, bedriva undervisning samt utöva diakoni och mission. Syftet är att människor ska komma till tro på Kristus och leva i tro, en kristen gemenskap skapas och fördjupas, Guds rike utbredas och skapelsen återupprättas." Kyrkoordning för Svenska kyrkan, Inledning till Andra avdelningen: Församlingarna.

6 Etnologen Anette Forsberg som har gjort fältstudier i en bygd i Västernorrland konstaterar att för de som bor där "är bygden levande, som en kropp, med delar som hör ihop och kräver omsorg. De osynliga banden mellan individ och plats, som jag anade vid mitt första besök fick jag många exempel på i fältarbetet." Hon ser bygd som något som skapas mellan människa/människor och plats. Forsberg 2010, s. 7.

7 Glesbygdsverket, s. 17–21.

8 Ett exempel på ett sådant sätt att se på begreppet finns i rapporten Diakoni på landsbygden som presenterar ett diakoniprojekt i Härnösands stift. Där skriver man till exempel att "[b]ilden av landsbygden har betydelse. I stället för att svepas med i glesbygdens dystra framtidsvisioner är det viktigt att lyfta fram engagemanget i bygderna". Sohlberg 2014, s. 8.

som uppmuntrat mig att använda begreppet eftersom det för dem ger positiva associationer och speglar de särskilda villkor som de menar i stor utsträckning återfinns i Norrlands inland. Ett alternativ till begreppet glesbygd är landsbygd, men inte heller det är entydigt eller oomtvistat. Jag väljer att använda begreppet glesbygder, dels därför att det är det begrepp som mest frekvent används i samtal om de särskilda sociogeografiska förutsättningar som präglar kyrkors liv och verksamhet i Norrlands inland, dels därför att begreppet också i stor utsträckning används av de personer jag har talat med under mina fältstudier. Pluralformen tydliggör också att jag inte förhåller mig till glesbygder som något homogent och enhetligt. Det finns inte en glesbygd, utan många glesbygder.

FRAMTRÄDANDEFORMER

Boken ska alltså bidra till att utveckla teologiska beskrivningar och tolkningar av hur kyrkan *framträder* i glesbygder, vilket betyder att det är de olika former genom vilka kyrkan är synlig och möjlig att erfara som står i fokus för mitt intresse. Genom fältstudier har jag skapat ett källmaterial som ger en mängd olika bilder av kyrkans *framträdandeformer* som kan analyseras och tolkas. Det handlar om observationer från verksamheter, sociala praktiker, byggnader och platser, men även föreställningar[9] om kyrka som formuleras i intervjuer, samtal och tryckt källmaterial.

Teologiska utmaningar och arbetsfrågor

Spåren i snön

När jag gjorde min första resa till Arvidsjaur för att planera för mina fältstudier flög jag från Arlanda. Det var en kall och klar dag och planet var mindre än halvfullt. Under inflygningen mot Arvidsjaur passerade skogar, sjöar och öppna vita ytor under oss. Från luften såg jag skoterspår som bildade mönster i det vita. På vissa sjöar hade man uppenbarligen åkt för nöjes skull medan andra spår band samman hus och stugor vid sjöar och vägar.

Spåren i snön säger något om hur platser och byggnader förbinds

9 Begreppet föreställningar kommer jag att använda frekvent i den här boken. En utförligare definition av begreppet finns på s. 53–54.

med varandra genom människors rörelser och förflyttningar. Spåren skapar mönster. Det är som i skogen en vintermorgon. Djurspåren i snön berättar om livet i skogen under natten och morgontimmarna, ett liv som ständigt pågår men som sällan lämnar tydliga spår efter sig. Detsamma gäller de liv människor lever. Kunde man följa och återge varje rörelse och förbindelse som kopplar samman människor och platser skulle en komplex och tät väv framträda. Det skulle ge oss bilder av hur enskilda personer och platser är förbundna med varandra och hur dessa förbindelser formar mönster som utgör olika former av kollektiv. Men liksom spår i snön inte är bestående lämnar inte alla förbindelser spår som går att följa. Dessutom är det få av spåren som låter sig fångas på avstånd eller från ovan. Under mina fältstudier har jag sökt efter spår av de förbindelser som skapar de vävar och mönster genom vilka kyrkan framträder i bygderna där jag har varit. Genom att analysera och tolka dessa spår teologiskt har jag försökt att ge en bild av hur man kan beskriva, tolka och förstå kyrkan så som den framträder i Alsen, Offerdal och Arvidsjaur.

Teologiska utmaningar

I många sammanhang där jag rör mig inom kyrkan möter jag företrädare som ställer grundläggande frågor om kyrkans uppdrag och identitet. Det är ofta frågor som formuleras i relation till en konkret och påtaglig verklighet. Vad innebär det att vara kyrka *här*? Sådana frågor är alltid mer eller mindre präglade av de förutsättningar som råder där de ställs. Vid sidan av frågorna möter jag påfallande ofta också en upplevd brist på ett teologiskt språk eller ett teologiskt förhållningssätt för att hantera och tolka den verklighet man står och verkar i. Den teologiska utmaning som jag har tagit mig an handlar därför om att i någon mån försöka råda bot på en sådan brist. Min förhoppning är att jag genom att ägna mycket tid och uppmärksamhet åt att följa spåren av kyrkans framträdandeformer i några få sammanhang ska kunna dra slutsatser som är relevanta och användbara också i andra bygder och församlingar.

Arbetsfrågor

För att vetenskapligt ta sig an utmaningar och försöka lösa problem behöver man formulera relevanta arbetsfrågor. Den övergripande fråga jag försöker besvara handlar som sagt om hur man teologiskt kan beskriva, tolka och förstå kyrkan så som den framträder i norrländska glesbygder. En sådan fråga måste sedan brytas ner i mer detaljerade arbetsfrågor: Vilka är kyrkans framträdandeformer? I vilka sammanhang framträder kyrkan? Hur förhåller den sig till andra former av kollektiv som byar eller bygder? Vilka föreställningar om kyrkans identitet och uppdrag präglar kyrkans framträdandeformer? Vilka föreställningar om byarna eller bygderna bidrar till att forma kyrkan? Vilken roll spelar och kan kyrkan spela för livet i bygderna?

Jag närmar mig därmed kyrka, by, bygd eller samhälle som storheter som framträder i mönster i vävar av förbindelser och inte som tydligt avgränsade storheter färdiga att upptäckas och beskrivas. Uppgiften handlar i stor utsträckning om att studera hur olika former av kollektiv skapas, upprätthålls och förändras med utgångspunkt i ett geografiskt avgränsat område. Fokus i studien är det konkreta, de spår som går att observera och kartlägga. Det kan till exempel handla om möten mellan människor i olika former av sociala praktiker som gudstjänster eller andra verksamheter. Men rum och byggnader som brukas för särskilda syften bär också på tydliga spår av förbindelser som skapas mellan människor. Likaså kan artefakter som böcker, konstverk, gravstenar och datorer utgöra spår av förbindelser mellan människor som har bidragit till att förmedla mening. Genom intervjuer och samtal är det också möjligt att få fatt på föreställningar om kyrkan eller bygden som direkt eller indirekt präglar kyrkans framträdandeformer.

Den övergripande ansatsen för studien

Studiens övergripande ansats kan på akademiskt fackspråk beskrivas som *etnografisk ecklesiologi.*[10] Det betyder att jag förenar etnografiska me-

10 Ecklesiologi är ett begrepp med flera olika innebörder. För det första är det ett akademiskt ämne inom vilket kyrkan studeras och där kyrkans teologiskt präglade självförståelse är i fokus. Ecklesiologi kan också vara synonymt med läran om kyrkan, det vill säga teologiska föreställningar om vad kyrkan är och bör vara, som har formulerats i olika typer av texter. Men ecklesiologi kan också vara själva den ansats som används för att studera kyrka i olika mening, det vill säga de metoder och teorier man använder. Slutligen kan också resultatet av sådana undersökningar vara en form av ecklesiologi. En studie

toder och teologisk reflektion för att studera kyrkan så som den konkret och praktiskt framträder. En viktig utgångspunkt är att kyrkans praktiska uttryck alltid förutsätter och rymmer teoretiska föreställningar om vad kyrkan till exempel är.[11] Samtidigt formuleras alltid teologiska trosläror och tolkningar i sammanhang som är praktiska och konkreta. En ecklesiologisk ansats som vill göra rättvisa åt hur kyrkan framträder behöver därför ge rum för både praktiska uttryck och teologiskt präglade självbeskrivningar och tolkningar

Som den amerikanska teologen Mary McClintock Fulkerson påpekar betyder det också att teologisk[12] reflektion och analys inte är något som kan läggas till mot slutet i en studie av kyrkan. Hon menar att den teologiska reflektionen måste finnas med som en slags känslighet som präglar själva utgångspunkten för en teologisk studie av kyrkan. Det betyder att frågor som handlar om hur studien genomförs, hur material skapas och samlas in och hur det analyseras och tolkas också är teologiska frågor.

McClintock Fulkerson ställer också den viktiga frågan varför vi över huvud ska reflektera teologiskt över verkligheten sådan vi möter den? Vad är det som föranleder att teologiska frågor formuleras? Hennes svar är att teologiskt tänkande, likt ett sår eller en skada, kommer sig av en begynnande känsla av att något behöver problematiseras eller studeras. Vi ställs som människor, enskilt eller som kollektiv, inför situationer, sammanhang eller strukturer som tvingar oss att reflektera över hur vi förhåller oss i tanke och handling. En sådan process är enligt henne präglad av en förändringens och förvandlingens logik. Den teologiska reflektionen syftar till att förändra och förvandla. Därför är det enligt McClintock Fulkerson inte möjligt att börja en teologisk studie i en fullfjädrad doktrin eller idé om Gud eller kyrkan som sedan används på ett material. En sådan metod missar ofta att komma åt anledningen till att behovet av att ge en teologisk respons över huvud taget uppstod.[13]

---

av ett visst material kan resultera i en beskrivande ecklesiologi, en teoretisk modell som tolkar eller beskriver vad det är för slags kyrka eller förståelse av vad det är att vara kyrka som kommer till uttryck i materialet. För utförligare diskussion om begreppet ecklesiologi, se Brodd & Weman 2013, s. 16–21; Brodd 2003; 2006 och 2015; Ideström 2009, s. 23–25.

11 På s. 53–54 definierar jag sådana föreställningar som ecklesiala föreställningar.

12 Jag använder teologi och ecklesiologi som i huvudsak synonyma begrepp med den skillnaden att teologi är ett vidare begrepp. All ecklesiologi är teologi men all teologi är inte ecklesiologi.

13 McClintock Fulkerson 2007, s. 13–14. ”More precisely, transformation is inherent

En ecklesiologisk ansats, i den anda jag skissar på här, handlar därmed om att studera och tolka en given situation med syftet att skapa förutsättningar för förändring och förvandling där så är nödvändigt. En etnografisk ansats utgår från att forskaren, för att förstå sammanhanget, inte kan betrakta och studera det på avstånd utan måste kliva in i den komplexa verklighet som ska studeras. Det går inte att följa spåren eller urskilja mönstren från ovan eller på avstånd. Det krävs en nyanserad förståelse av forskarens roll och funktion i studieprocessen.[14] Forskaren arbetar sig fram till sina forskningsresultat genom en dynamisk process av närhet och distans, samtal, förhandling och tolkning.

Ett tolkande samtal

I vid bemärkelse ser jag på analysen och tolkningen av materialet som jag skapar och samlar in som ett pågående samtal där olika röster, språk och erfarenheter bryts mot varandra i en process av tolkning och förhandling. I ett sådant samtal har ingen röst på förhand tolkningsföreträde. Det betyder inte att processen är helt godtycklig eller att alla perspektiv är lika relevanta. I slutändan kan de tolkningar, bilder och slutsatser som det tolkande samtalet resulterar i värderas mot bakgrund av om de kan tillhandahålla en bättre förståelse av det sammanhang som studeras. Resultatet ska också vara användbart för informanterna och företrädarna för kyrkan lokalt.[15] Företrädarna från församlingarna har varit delaktiga i vissa delar, vilket kommer att framgå av redogörelsen här nedan. Processen som helhet har dock varit mitt ansvar.[16] Den slutgiltiga texten, med allt vad den rymmer av beskrivningar, analyser och tolkningar, är sammanställd och skriven av mig. Därför är det viktigt att jag också klargör vad jag har fört in i samtalet. Vilka är de grundläggande ecklesiologiska föreställningar som jag har burit med mig in i studien?

---

in the image of the wound, for it invokes a sense of something wrong—of a fracture in things that should be joined or whole. The very sense of harm implies an impulse toward remedy—a kind of longing for it to be otherwise."

14 Den avgörande distansen är inte den mellan forskaren och sitt fält utan mellan förståelsen av vad som utgör fältet före och efter att forskaren har genomfört studien, se Latour 2004, s. 219.

15 Afdal 2010, s. 16.

16 Till skillnad från olika former av aktionsforskning har alltså inte företrädare för församlingarna, där jag har genomfört studien, delat det övergripande ansvaret för studien och dess genomförande.

Min egen röst

Jag är döpt, firar regelbundet gudstjänst i Svenska kyrkans ordning och är sedan 1999 präst i Svenska kyrkan. Det ger mig användbar kunskap om Svenska kyrkan men också en förförståelse och roller som det är viktigt att jag är medveten om och reflekterar över i min uppgift som forskare.[17] Därför har jag under processen varit särskilt uppmärksam på och reflekterat kring detta under mina fältstudier. Jag har varit tydlig med min bakgrund i relationer med företrädare för församlingarna. En sådan öppenhet i kombination med en pågående reflektion kring min roll som forskare bedömer jag som både nödvändig och tillräcklig för att värna processens vetenskaplighet.

Ecklesiologiska perspektiv

Utöver dessa mer eller mindre medvetna förförståelser har jag också valt att bära med mig några ecklesiologiska perspektiv som jag har använt som redskap för att både utforma metoder och för att analysera och tolka fältstudiematerialet. Utöver dessa perspektiv och redskap har jag sedan också under studiens gång fört in röster från andra teologer och forskare när jag har funnit att de har kunnat bidra till analysen och tolkningen. Då har det dock på ett tydligare sätt skett i dialog med röster och perspektiv som jag har funnit i materialet. Vad gäller de ecklesiologiska perspektiven är föreställningar om evangelierna som en viktig röst i en etnografisk ecklesiologisk studie den mest framträdande. Jag har tidigare utvecklat en metod där jag använder berättelser ur evangelierna för att reflektera över kyrkliga praktiker och verksamheter.[18] Metoden bygger på den amerikanske teologen Gordon Lathrops liturgiska ecklesiologi som i korthet innebär att kyrkan blir kyrka genom en pågående dialog där människors vardag möter Guds helighet i form av Guds ord. Han argumenterar för att evangelierna i sin helhet implicit rymmer ecklesiologier och föreställningar om kyrkan eftersom de är berättade och nedtecknade i och för kyrkan.[19] Jag an-

17 För en mer utförlig diskussion om min roll som forskare mot bakgrund av att jag också är präst, se Ideström 2009, s. 78–80.

18 Jag har i en artikel utförligt redogjort för hur jag utvecklade metoden och använde den i samband med en konferens med förortsförsamlingar inom nätverket Framtiden bor hos oss, se Ideström 2014a. Jag redogör mer utförligt för metoden i kapitel tolv.

19 Lathrop 1999, s. 41.

vänder därför evangelierna som en form av tolkningsnyckel och kritisk teori i min analys och tolkning. Evangelierna är så mångfacetterade och dynamiska att de kan tillföra konstruktiva och kritiska perspektiv till analysen och tolkningen.

En annan viktig teologisk utgångspunkt för studien är att kyrkan, så som den framträder och tar gestalt i världen, inte är ett givet och tydligt avgränsat fenomen. Kyrkan är i rörelse, på väg från korset, graven och vittnesbörden om Kristi uppståndelse och på väg mot Kristi återkomst. Under denna *mitt-emellan-tid* är det vi upplever och beskriver som kyrka något som framträder och tar gestalt genom interaktioner mellan människor, fysiska objekt, böcker, psalmer, trosföreställningar, beslut, församlingshem, gravstenar och så vidare. Detta ser jag både som ett sociologiskt faktum och ett teologiskt antagande. Så länge som kyrkan är på väg är andligt och världsligt, gudomligt och mänskligt sammanblandat på ett sådant sätt att vi inte på ett definitivt sätt kan skilja det ena från det andra i de former kyrkan framträder genom.[20]

Det betyder också att jag värjer mig mot bilden av att vi kan skilja en osynlig och ideal kyrka från en faktisk och synlig kyrka. I stället försöker jag förstå kyrkan, så som den framträder i all sin begränsning och världslighet, som uttryck för Kristi kyrka i världen.[21] Den norske teologen Harald Hegstad konstaterar att tron på en osynlig kyrka ofta har inneburit att ecklesiologiska studier har fokuserat på idéer om kyrkan i stället för kyrkan så som den konkret framträder. Ett ökat intresse för den synliga kyrkan leder, enligt Hegstad, för det första till att skillnaden mellan en teologisk förståelse av kyrkan och andra disciplinamers förståelse minskar. För det andra att teologin inte kan nöja sig med att förhålla sig till kyrkan som en dogmatisk fråga. Ecklesiologin måste därmed också beakta de erfarenheter människor har av den konkreta kyrkan i sina liv.[22] Det betyder inte att det är möjligt att beskriva kyrkan i sin fullhet. Mycket förblir dolt. Men det finns ändå utrymme för kritiska perspektiv. Kyrkan är som sagt på väg och denna rörelse präglas både av att rörelsen sker genom tiden men också mot ett visst mål, Guds rike.

20 Healy 2000, s. 167.

21 Se Hegstad som konstaterar att "[e]n ecklesiologi som enbart behandlar kyrkan i en specifik kontext är problematisk, inte minst mot bakgrund av den teologiska övertygelsen att det är en och samma kyrka som existerar på olika platser och i olika tider". Hegstad 2013, s. 6.

22 Hegstad 2013, s. 3.

Så länge som kyrkan är på väg finns ständigt nya saker att upptäcka och nya utmaningar att möta.

Metoder och tillvägagångssätt

Val av församlingar

Forskningsprojektet som ligger till grund för den här boken har genomförts på uppdrag av Svenska kyrkans forskningsenhet. Bakgrunden till att studera Svenska kyrkan i glesbygder var ett uttalat önskemål från företrädare för ledningen vid kyrkokansliet att öka kunskapen om de särskilda förutsättningar som Svenska kyrkan verkar under i sådana sammanhang. Jag har sedan fått stor frihet att själv utforma projektet och formulera dess frågeställningar i dialog med dåvarande chefen för forskningsenheten, Anne-Louise Eriksson. I ett tidigt skede beslutade jag, tillsammans med Eriksson, att fokusera på två församlingar eller pastorat i Norrland. Dels därför att vi uppfattade att det fanns tendenser att erfarenheter från stiften i Norrland inte beforskades i lika hög grad som erfarenheter från andra sammanhang, dels därför att glesbygds- och landsbygdsfrågor, som naturligtvis inte är begränsade till Norrland, är förknippade med särskilda utmaningar i denna del av landet.

För att välja lämpliga församlingar tog jag kontakt med representanter för stiftskanslierna i Härnösands och Luleå stift. De bidrog med ovärderlig kunskap om församlingar vilket gjorde det möjligt för mig att medvetet välja ett pastorat och en församling för min studie. Viktiga urvalskriterier var att församlingarna tillsammans skulle ge mig möjlighet att få möta så många olika aspekter av Svenska kyrkan i glesbygder som möjligt. Jag valde därför två platser i två skilda stift. Samtidigt begränsade jag mig till två sammanhang för att ha tid och möjlighet att gräva på djupet i respektive församling. Urvalet har alltså inte gjorts mot bakgrund av att jag vill jämföra församlingarna. Jag försökte också undvika församlingar där vissa perspektiv eller aspekter slog igenom så starkt att det skulle dominera bilden. Eftersom forskningsprojektet också krävde ett visst engagemang från församlingarna var det viktigt att det fanns ett intresse från de ansvariga i församlingarna att delta. Valet föll på Alsen och Offerdal församlingar i Härnösands stift som ingår i ett gemensamt pastorat och Arvidsjuars församling i Luleå stift.

Fältstudier

När kontakterna med församlingarna var etablerade och kyrkoherdarna hade förankrat förfrågan bland förtroendevalda och anställda medarbetare började jag planera för hur jag skulle gå tillväga för att samla in och skapa det material som skulle ligga till grund för min analys. Mot bakgrund av den ecklesiologiska ansats som jag har redogjort för här ovan använde jag mig av metoder inspirerade av discipliner som etnologi och antropologi där man genomför utförliga fältstudier. Under perioden januari – oktober 2013 genomförde jag fem, respektive sex, fältstudieresor á tre till fyra dagar till respektive plats. Det handlar därmed inte om en fullskalig etnologisk fältstudie, vilket skulle kräva mer tid, men jag har gjort bedömningen att den avsatta tiden har varit tillräcklig för att generera ett användbart källmaterial för att lösa studiens uppgift.

Fältstudierna har utgjorts av enskilda intervjuer, gruppsamtal, närvarande och deltagande observationer och insamling av skrivet eller publicerat källmaterial i form av församlingsinstruktioner, extern information, material från webbsidor, protokoll och bilder. Jag har också dokumenterat byggnader, rum och platser genom fotografering. Jag har tagit avstamp i de tydligaste uttrycken Svenska kyrkan tar sig i de bygder där jag har varit. Det betyder bland annat att jag har intervjuat anställda och förtroendevalda och att jag har deltagit i olika former av praktiker som den lokala kyrkan ansvarar för. Därifrån har jag sedan sökt mig vidare i bygderna. Jag har intervjuat personer som på olika sätt är involverade i organisationer, institutioner och verksamheter som bidrar till att forma olika former av kollektiv. Jag har också besökt platser, byggnader och institutioner som jag genom mina fältstudier har anat är väsentliga för bygden (bibliotek, hembygdsgårdar, skolor, butiker, fornminnen, turistbyråer och så vidare). Jag har sökt efter och läst skildringar av bygdernas historia och följt rapportering från bygderna i lokala medier.

INTERVJUER

Under fältstudierna har jag genomfört 29 enskilda intervjuer som till karaktären har varit öppna och i längd varierat mellan en till två timmar. Alla intervjuer har spelats in och ungefär hälften av dem har transkriberats i sin helhet medan andra har transkriberats delvis eller inte alls.

Utöver de enskilda intervjuerna har jag också genomfört tre gruppintervjuer, två med anställda medarbetare och en med deltagare i en gospelkör. Citaten från intervjuerna har jag i viss utsträckning anpassat till det skrivna ordet för att underlätta läsningen och för att det inte ska bli för stora skillnader i hur informanternas och mina tankar och reflektioner presenteras. Jag har varit noga med att mina anpassningar inte har varit av den karaktären att det har förändrat innebörden i det som informanten har uttryckt.

REFERENSGRUPPER

För att konkretisera och stärka studiens dialogiska karaktär skapade jag en referensgrupp i respektive pastorat/församling. Grupperna formade jag i dialog med kyrkoherdarna och de bestod av kyrkoherden, ytterligare två anställda medarbetare, två förtroendevalda och två personer som på något sätt var engagerade i församlingens verksamhet.

Jag träffade respektive referensgrupp vid tre tillfällen. Vid det första tillfället fick de tillsammans samtala om och beskriva bygdens och församlingens historia och mot bakgrund av beskrivningarna formulera utmaningar för församlingen och frågor som de ansåg att de behövde reflektera över. Dessa frågor har i viss utsträckning fått prägla de frågor jag har burit med mig under fältstudierna och analysarbetet.

Vi det andra tillfället genomförde jag en särskild form av gruppsamtal där referensgruppen samtalade om församlingens liv och kyrkans uppdrag i relation till en text ur Lukasevangeliet. I kapitel tolv, där jag redovisar och analyserar dessa samtal, redogör jag mer utförligt för hur samtalen genomfördes. Vid det tredje och avslutande tillfället fick gruppen läsa vissa utdrag ur källmaterialet som jag hade samlat in. Syftet var att gruppen skulle få bidra till tolkning och reflektion av innehåll i källmaterialet. [23] Samtliga samtal med referensgrupperna spelade jag in och transkriberade. Referensgruppssamtalen tillhandahåller ett intressant material där teologiska och ecklesiologisk tolkningar och reflektioner kommer till uttryck som säger något om hur företrädare för Svenska

---

23 En av grupperna fick också i uppgift att genomföra korta intervjuer med människor de möter i olika sammanhang. Frågorna de ställde rörde vilken betydelse kyrkan har för de människor de talade med. Gruppdeltagarna fick enkla instruktioner för hur de kunde genomföra intervjuerna och dokumentera vad som sades och materialet från intervjuerna mejlades till mig. Dokumentationen från intervjuerna har jag använt som delar i ett bakgrundsmaterial i mina tolkningar och analyser av de intervjuer jag har genomfört.

kyrkan i bygderna förstår och reflekterar kring kyrkans identitet och uppdrag. Samtalen fungerar samtidigt också som sammanhang där deltagarna och representanterna för församlingarna får möjlighet att konstruktivt reflektera över kyrkans uppdrag och identitet.

ANONYMITET

I boken har jag konsekvent tagit bort alla personnamn. När jag citerar personer eller hänvisar till vad enskilda personer har gett uttryck för har jag valt att presentera dem på det sätt som jag i det enskilda fallet finner relevant för resonemanget eller min argumentation. Ibland har det inneburit att jag har beskrivit någon som en äldre man i bygden eller en kvinna i 30-årsåldern som är uppväxt i bygden. I andra sammanhang har jag angett att det är kyrkoherden eller en diakon som jag citerar. Det betyder att jag inte har kunnat utlova någon total anonymitet. Därför har jag varit noga med att överväga om det finns information som jag har fått som skulle kunna vara känslig för den enskilde om det publicerades i boken. I vissa fall har jag och informanterna redan i intervjusituationen kommit överens om att vissa delar av samtalet inte kan citeras i boken. I de fall där jag av någon anledning har varit osäker i min bedömning har jag låtit den berörda personen läsa det aktuella avsnittet för att avgöra om de vill att jag publicerar det i boken eller inte.

Ett taktiskt förhållningssätt

När jag redogör för hur jag har gått tillväga för att tolka och analysera materialet från fältstudierna väljer jag att tala om analys*taktik* snarare än analys*strategi*. Bakgrunden är den franske filosofen Michel de Certeaus distinktion mellan *taktik* och *strategi*. Hans användning av begreppen kan vid en första anblick kännas lite bakvänd. Att tala om att någon agerar taktiskt förstås ofta som att personen har en tydlig baktanke med det man gör medan den som agerar strategiskt försöker agera klokt i förhållande till de förutsättningar som råder. de Certeau fyller begreppen med ett något annorlunda innehåll. Enligt de Certeau kännetecknas ett *strategiskt förhållningssätt* av att någon eller några har möjlighet att definiera och kontrollera en plats som sin.[24] En nationalstat har till

---

24 de Certeau 1984, s. 36. För en utförligare presentation av de Certeaus begrepp, se

exempel ett tydligt avgränsat territorium som man på olika sätt försöker försvara mot yttre hot. Utifrån ett territorium eller en plats som någon har definierat som sin har man också makt att omvandla omgivningen till något som kan mätas och kontrolleras. På så sätt blir den en del av det egna perspektivet. Kontrollen över en plats förutsätter att aktören har makt att definiera vilken kunskap som är relevant och viktig.

Den som saknar makten att definiera ett territorium som sitt eget tvingas istället agera på ”främmande mark”. Då får man enligt de Certeau agera *taktiskt*.[25] Taktikerns utrymme är den andres utrymme. Den som agerar taktiskt agerar utifrån de förutsättningar som ges och har inte möjlighet att omvandla omgivningen till objekt som kan mätas och vägas. Taktikerns förhållningssätt präglas av interaktion, dialog och samverkan.

Som forskare står jag i spänningen mellan ett å ena sidan omfattande, komplicerat och motsägelsefullt fält och å andra sidan ambitionen och uppgiften att svara på en vetenskaplig fråga och därmed ge en begriplig bild av detta fält. Det är i relation till denna spänning som det är värt att fundera på hur jag som forskare agerar i förhållande till mitt fält: *strategiskt* eller *taktiskt*?

Förhållande till fältet

Jag har inte under någon del av forskningsprocessen kunnat se på församlingarna på det sätt som jag såg spåren i snön från flygplanet. Forskningsprocessen har inte lett mig upp på något förklaringsberg där alla delar har fallit på plats till en helhet. Däremot har jag genom mina fältstudier i bygderna fått allt fler bilder av fältet som också har gjort det möjligt att börja ana vissa mönster i spåren jag har följt. Jag har inte på förhand kunnat avgöra vart spåren leder och vilka mönster de skapar. Fältet har i stor utsträckning varit främmande mark för mig och jag har fått agera taktiskt. Jag har tagit avstamp i vissa sammanhang och hos vissa personer, men hela tiden varit öppen för att söka mig vidare till sådana och sådant som jag på förhand inte har kunnat bestämma mig för att träffa eller besöka. I varje sammanhang dit jag har kommit har jag strävat efter att få en så tät bild som möjligt genom intervjuer, sam-

Ideström 2009, s. 68–72.

25 de Certeau 1984, s. 37.

tal och observationer. Men mina bilder och min förståelse av fältet har förutsatt interaktion och samtal. Det är i en pågående tolkningsprocess i mötet med platser och människor som bilderna jag redogör för i den här boken har växt fram.

Mitt taktiska förhållningssätt har också inneburit att jag hela tiden har försökt att hitta en balans mellan bredd och djup i materialet från varje enskilt sammanhang och möte. Det har varit en svår balansgång. Det finns utan tvekan sammanhang och personer jag borde ha besökt och samtalat med likaväl som det finns observationer och intervjuer som jag i efterhand ser skulle ha behövt få mer djup och täthet. Men när jag ser på materialet som jag har samlat in och skapat, i sin helhet, drar jag ändå slutsatsen att det är fullt tillräckligt för att kunna säga något väsentligt om vad det, utifrån ett teologiskt perspektiv, kan innebära att vara kyrka i norrländska glesbygder.

Analys av det material jag har samlat in och skapat

Men hur har då analysen av materialet gått till? Även vad det gäller materialet i form av fältstudieanteckningar, transkriberade intervjuer och intervjuer som jag har lyssnat på och sammanfattat i anteckningar, tryckt och skrivet material och bilder så har jag inte vid någon punkt kunnat ha en fullständig överblick. Man kan kanske föreställa sig att forskaren som har samlat in sitt material får en överblick som gör att fältet som har studerats framträder på ett klart och tydligt sätt. Det är inte min erfarenhet. Snarare utgör det brokiga och rika materialet ett nytt fält som jag tvingas vandra runt i och lära känna. Även i denna analysfas har jag haft ett taktiskt snarare än ett strategiskt förhållningssätt. Jag har läst och lyssnat på intervjuer och tagit anteckningar. Jag har återvänt till mina fältstudieanteckningar och jag har tittat på mina bilder.

En skrivarprocess utan genvägar

Och så har jag skrivit. Det är genom skrivandet som den bild jag slutligen kan ge av fältet tar form och denna skrivprocess erbjuder inga genvägar. Ofta har jag tagit min utgångspunkt i ett enskilt sammanhang, det kan ha varit en gudstjänst eller en intervju, och sedan har jag börjat söka efter vad jag skulle kunna beskriva som mönster i väven. När dessa analystexter långsamt har tagit form har jag också kunnat se förbindelser mellan det enskilda sammanhanget och andra sammanhang. Men det är viktigt att betona att detta har varit en skaparprocess där mina personliga erfarenheter och föreställningar har varit både förutsättningar och begränsningar för de mönster jag har skrivit fram och de röster jag har fört in i resonemangen. Detta är inget unikt för den här studien. Som Ian Barbour konstaterar rymmer all typ av forskning, även naturvetenskaplig, steg där forskaren tvingas vara kreativ och bidra till skapandet av sina resultat genom att bland annat använda olika former av metaforer.[26]

Men det betyder inte att resultaten är godtyckliga. Genom att skriva mig fram genom materialet med utgångspunkt i vissa delar har jag också kunnat se allt fler förbindelser mellan bitar och delar och därmed också kunnat skönja mönster. Denna allt tätare relation till materialet har gjort att jag också har kunnat fatta medvetna beslut om vilka exempel jag slutgiltigt har valt att lyfta fram i beskrivningar och tolkningar. I texten talar jag om dem som *nedslag*. Det är nedslag som jag bedömer bidrar till en fördjupad förståelse av hur kyrkan framträder i Alsen, Offerdal och Arvidsjaur. På ett sätt skulle man kunna se varje sådant nedslag som en begränsad fallstudie som säger något väsentligt om ett vidare sammanhang samtidigt som det i viss utsträckning också är något unikt.[27]

En sådan förståelse av relationen mellan nedslagen och det vidare sammanhanget är förankrad i aktörs-nätverksteorins förståelse av hur enskilda människor, byggnader och sociala praktiker i grunden är relationella.[28] De är på ett avgörande sätt sina relationer. Det innebär att varje avgränsat sammanhang därför också bär på förbindelser till sin omgivning vilket innebär att en analys som tar sin utgångspunkt i en begränsad praktik, en byggnad eller en person kan ge viktig kunskap om ett vidare sammanhang utan att ett enskilt *fall* kan sägas rymma en bild av helheten.[29] Varje nedslag som jag har gjort och som nu är viktiga delar

26 Citerade i Fiddes 2012, s. 21.

27 Teologen Luke Bretherton utvecklar liknande tankar, bland annat med hjälp av antropologen Michael Burawoy och hans resonemang kring vad han beskriver som "extended case studies". Bretherton 2012. För ett utvecklat resonemang om "extended case studies" och vad Burawoy beskriver som reflekterande vetenskap, se Burawoy 1998.

28 John Laws bok *Organizing modernity* har varit en viktig inspirationskälla för hur jag har närmat mig fältet, se Law 1994. För ett intressant resonemang om forskarens förhållande till sitt fält, se Latour 2004.

29 Exempelvis kan analysen av materialet jag samlade in och skapade när jag besökte byn Lauker, som presenteras i kapitel fem, säga något väsentligt om hur en by framträder och på vilka sätt kyrkan framträder i förhållande till byn. Även om Lauker i någon mening är

i texten har föregåtts av mer eller mindre omfattande bakgrundsarbete som inte syns i texten. Utöver dessa nedslag i konkreta sammanhang har jag också fördjupat mig i vissa teman. De ska förstås som tematiseringar av några av de mönster jag har sett i materialet. Men även dessa teman är tydligt kopplade till konkreta sammanhang, platser och personer. Mer om detta i bokens sista kapitel.

Forskningsöversikt

Empirisk eller konkret ecklesiologi

Innan jag börjar presentera och analysera materialet från mina fältstudier ska jag ge en kort översikt över några relevanta forskningsfält. Här ovan har jag beskrivit min forskningsansats som *etnografisk ecklesiologi*. Den är en del av ett akademiskt fält som har genomgått en omfattande utveckling under de senaste tio till femton åren och som kan samlas under benämningar som empirisk eller konkret ecklesiologi.[30] Inom fältet förs idag diskussioner om hur ecklesiologiska studier kan göra rättvisa åt kyrkans sociala och kroppsliga uttryck i ljuset av traditionen och doktrinära föreställningar om kyrkans identitet och uppdrag. Mycket av forskningen sker i Storbritannien och USA och präglas naturligtvis av de särskilda förutsättningar som råder för kyrkor och teologi där. Men det finns också intressant forskning i nordiska sammanhang som liknar den svenska kontexten i större utsträckning. I Norge har Menighetsfa-

ett unikt sammanhang kan jag i relation till annat material jag har samlat in och litteratur jag har läst se mönster som återkommer i andra sammanhang samtidigt som jag också ser förbindelser från Lauker till andra plaster, sammanhang och personer. Att det blev just Lauker som fick bli nedslaget är inte alldeles lätt att redogöra för. Det handlar för det första om hela den process som ledde fram till att jag valde att ta kontakt med personer i Lauker och boka tid för att få träffa dem vilket bland annat inbegrep att jag tillbringade tid på internet och gick in på olika byalags hemsidor inom Arvidsjaurs geografiska församlingsgränser. Det gav mig en viss överblick över vad som pågick i de olika byarna. Jag hade också genom intervjuer och samtal med företrädare för församlingen fått kunskap om att Svenska kyrkan hade återkommande verksamhet i Lauker vilket blev en viktig faktor när jag fattade mitt beslut att åka dit. Avgörande blev också att byalaget arrangerade en loppis en helg då jag genomförde fältstudier i Arvidsjaur. Det handlar för det andra om de val jag har gjort under analysprocessen då jag beslutade mig för att skriva en text som tog sin utgångspunkt i materialet jag hade samlat in och skapat i Lauker. En viktig anledning var att materialet hade en rikedom som gjorde det möjligt att skriva fram en förhållandevis tät beskrivning och analys av hur byn och kyrkan framträder och hur dessa framträdandeformer relaterar till varandra.

30 Se till exempel Ward 2012; Scharen 2013; Hawksley 2013. För en redogörelse för utvecklingen mot en ökad användning av etnografiska metoder inom ecklesiologi, se Phillips 2012.

kultet (MF) under perioden 2008–2011 genomfört forskningsprojektet *Menighetsutvikling i folkekirke*.[31] Målsättningen för projektet har varit att "bidra till premisser og metoder for menighetsutvikling i en folkekirkelig kontekst" genom att: analysera teologiska och organisatoriska premisser för församlingsutveckling inom folkkyrkan; utveckla verktyg för församlingsanalys; undersöka om en församlingsanalys kan fungera som utgångspunkt för en utvecklingsprocess i en församling.[32]

Det norska projektet har flera intressanta beröringspunkter med den studie som ligger till grund för den här boken. En likhet är att det är församlingar i två folkkyrkor som studeras. Även om det finns viktiga skillnader mellan Norska och Svenska kyrkan är likheterna påfallande, inte minst om man ser forskningen i ett internationellt perspektiv. Projektets uttalade teologiska ansats med fokus på kyrkans praktiska dimensioner är också en viktig beröringspunkt. Harald Hegstad, som är en av dem som har lett arbetet med projektet, placerar det inom disciplinen praktisk teologi men konstaterar samtidigt att praktisk teologi idag är mer fokuserad på kyrklig praxis och att man därmed lika gärna kan tala om praktisk ecklesiologi.[33]

Projektet beskrivs också som ett bidrag till aktionsforskning inom praktisk teologi.[34] I likhet med min glesbygdsstudie är syftet med projektet inte begränsat till att beskriva och analysera församlingar utan också att bidra till förändrings- och utvecklingsprocesser i dessa. Det sker bland annat genom att församlingarna själva är aktiva i studieprocessen. Men det är också i relation till aktionsforskningsperspektivet

---

31 Det norska folkkyrkoprojektet involverade tio församlingar i Norge och kan beskrivas både som ett nationellt och ett lokalt projekt och en viktig del i dynamiken har handlat om samspelet mellan de två nivåerna. På MF har projektet letts av tre projektledare och i varje församling har man skapat en styrgrupp med personer från den lokala församlingen. Under de tre år som projektet har pågått har styrgrupper från församlingar i samma stift träffats för två eller tre så kallade dialogkonferenser. Syftet med dialogkonferenserna har varit att utbyta erfarenheter och att introducera kommande uppgifter i projektet. Konferenserna har också varit ett tillfälle för projektledarna att träffa styrgrupperna. I församlingarna har man arbetat med flera olika metoder under projekttiden: statistisk data; enkäter; intervjuer; tecknande av en tidslinje för församlingen; framställnig av en karta över församlingen. Källmaterialet från enkäter och intervjuer har analyserats av en läsargrupp, bland annat med en forskare från MF, och analysen presenterades i en rapport som församlingen sedan fick ta del av.

32 Birkedal, Hegstad och Skorpe Lannem 2012, s. 3. 2014 inleddes ett projekt i Göteborgs stift, Fokus församling, som i stor utsträckning är inspirerat av det norska projektet.

33 Hegstad 2012, s. 10.

34 Birkedal beskriver det som "sosiokulturell fortolkende aksjonsforskning", Birkedal 2012, s. 52.

som det är viktigt att uppmärksamma skillnader mellan projekten. Det norska projektet är ett uttalat församlingsutvecklingsprojekt. Den direkta intentionen med projektet är att utveckla de församlingar som ingår i projektet samtidigt som man också genom projektet vill utveckla metoder och kunskap som kan användas av andra för församlingsutveckling. Den här studien har inte samma tydliga och direkta inriktning på församlingsutveckling. Syftet med den norska studien är att mycket konkret bistå de församlingar som deltar i projektet med utveckling av deras arbete och uppdrag. I mitt fall bidrar studien till Svenska kyrkans arbete i glesbygd mer indirekt. Dels genom att jag under fältstudierna är inbegripen i reflekterande samtal med företrädare för församlingarna, dels genom att studiens slutsatser kan utgöra ett viktigt bidrag till de samtal som förs om kyrkans identitet och uppdrag i glesbygder på olika nivåer inom Svenska kyrkan.

Harlad Hegstads ecklesiologiska och kyrkosociologiska studie av tre församlingar i Norge är också intressant i relation till Svenska kyrkan i glesbygder.[35]

Det finns också viktiga beröringspunkter med forskargruppen LETRA (Learning Trajectories) vid MF i Oslo som använder olika former av sociomateriella teorier och aktivitetsteorier i studier av lärande och undervisning inom den Norska kyrkan.[36] Bland annat används de aktörsnätverksteorier som jag också har inspirerats av och som introduceras i kaptiel två. Forskargruppen har under delar av mitt arbete varit en viktig samtalspartner. I Storbritannien bedrivs teologisk aktionsforskning inom ramen för projektet Action Research: Church and Society (ARCS) som har sin bas vid Heythrop College i London.[37] Syftet med projektet är att bidra till teologisk reflektion med utgångspunkt i kyrkliga praktiker. I projektet kombinerar man aktionsforskningsmetodologin med en teoretisk modell som beskriver fyra teologiska röster för att kunna studera hur teologi kommer till uttryck i praktiker. Jag har till viss del influerats av ARCS-teamets arbete och den studie jag har genomfört har vissa drag och inslag av aktionsforskning utan att vara ett renodlat aktionsforskningsprojekt.[38]

---

35 Hegstad 1996.

36 www.letra.mf.no [2014-06-17].

37 För en presentation av projektet och teologiska aktionsforskning, se Cameron et al. 2010.

38 Jag för i ett annat sammanhang en utförligare diskussion om hur en av de metoder jag

Studien jag har genomfört bidrar på olika sätt till fältet empirisk ecklesiologi, nationellt och internationellt, och då framförallt med fokus på de delar av detta fält där man använder etnografiska metoder. Dels genom att ge kunskap om hur kyrkan framträder i svensk glesbygd och de särskilda omständigheter under vilka kyrkan existerar där, dels genom utveckling av teori och metod för studier i etnografisk ecklesiologi.

Teologiska och religionsvetenskapliga studier av kyrkan i Norrland

Ett annat fält som studien relaterar till är teologiska eller religionsvetenskapliga studier av Svenska kyrkan i norrländska glesbygder. I boken *Den Sorglöst försumliga kyrkan* argumenterar Jørgen Straarup och Maywor Ekberg för att Svenska kyrkan inte har tagit sitt ansvar vad gäller undervisning i kristen tro och tradition i takt med att skolan har tagit ett allt mindre ansvar. [39] Forskarna belyser frågan utifrån ett norrländskt perspektiv med bland annat material från en intervju- och enkätstudie i en församling i Luleå stift. Vid Umeå Universitet bedrivs forskning kring Norrländsk kyrkohistoria som är intressant i relation till den studie jag har genomfört. Under perioden 2012–2015 bedrivs projektet Norrländsk kyrko- och utbildningshistoria vid Institutionen för idé- och samhällsstudier vid Umeå Universitet.[40] Särskilt relevant är den historiebruksforskning som bedrivs inom projektet och som bland annat studerar hur lokala identiteter skapas och upprätthålls genom kyrkliga strukturer och berättandet av församlingens historia.[41] Frågor om religiositet på landbygden studeras också i en magisteruppsats av Evelina Juel, även om det då är en församling i södra Sverige som står i fokus.[42]

---

använder och som presenteras i kapitel tio förhåller sig till aktionsforskning, se Ideström 2014a.

39 Straarup & Ekberg 2013.

40 Projektet har ambitionen att ”bidra till en vitalisering av kyrkohistorieskrivningen genom att bedriva gränsöverskridande forskning som både överskrider traditionella ämnesgränser, kombinerar teoretiska perspektiv, korsar geografiska gränser och kritiskt granskar den egna forskningstraditionen”. Nordbäck 2014, s. 9. Projektet finns också presenterat i Lindmark 2014.

41 Carola Nordbäck studerar till exempel dessa frågor med ett tvåhundraårsjubileum i Vilhelmina som exempel. Nordbäck 2014.

42 Juel 2014.

Under en period i mitten av 1990-talet hade man i Härnösands stift en person projektanställd för att arbeta med glesbygdsfrågor vilket bland annat resulterade i en rapport[43]. Två medarbetsmötesavhandlingar har också presenterats i Härnösands stift som båda på ett förtjänstfullt sätt teologiskt reflekterar över Svenska kyrkans identitet och uppdrag i stiftet. *Ett förlorat paradis* är skriven av Christin Nygren Sundvisson[44] och *Vi är redan där!* är skriven av Charlotte Ekelund.[45]Båda avhandlingarna är skrivna av präster med egna erfarenheter av att tjänstgöra i stiftet, bland annat som kyrkoherdar, och de tillför perspektiv som har bidragit till min egen analys och reflektion.

Andra relevanta fält

Uppsala stift publicerade 1994 rapporten *Tro på landsbygden – rapport från ett seminarium om kyrkans uppgift och förutsättningar på landsbygden idag*. Linköpings stift gav 1990 ut *Kyrka och glesbygd under 1990-talet – akademi för kyrka och samhälle*. Göteborgs stift producerade i mitten av 1990-talet *Landsbygdspastoral – några perspektiv på församlingens byggande på landsbygden*.[46]

I Finland gav Kyrkans landsbygdsgrupp 2002, ut boken *Kyrkan och landsbygden Ett diskussionsinlägg från kyrkans landsbygdsarbetsgrupp* (Evangelisk-lutherska kyrkan i Finland, centralförvaltningen, serie C 2003:5). Syftet med boken var dels att presentera arbetsgruppens förslag till åtgärder för att möta landsbygdsförsamlingarnas inre behov, dels att beskriva hur kyrkan stöder landsbygden. [47]

I Storbritannien finns ett utvecklat arbete som rör kyrka och landsbygd både i form av litteratur och arbete vid olika center. 1990 färdigställdes en rapport från Engelska kyrkan, *Faith in the Countryside*,[48] som analyserar och diskuterar landsbygd och kyrkans uppdrag där. Tim Gibson har skrivit boken *Church and Countryside. Insights from Rural Theology*[49] i vilken han argumenterar för att kyrka och teologi har

43 Se Ronnås 1997.

44 Nygren Sundvisson 2006.

45 Ekelund 2012.

46 http://www.svenskakyrkan.se/default.aspx?id=656050 [2014-10-27].

47 http://www.svenskakyrkan.se/default.aspx?id=656050 [2014-10-27].

48 Faith in the Countryside 1990.

49 Gibson 2010.

viktiga perspektiv att bidra med till landbygdens sammanhang. I Storbritannien finns också vid Glyndwr University i Wrexham ett center för studier kring kyrklig verksamhet i landsbygd (Centre for studies in rural ministry).[50] Centret publicerar också tidsskriften *Rural theology*. Undervisningen vid centret sker bland annat i samarbete med det ekumeniska The Arthur Rank Centre som arbetar för att ge stöd till kyrkor på landsbygden. [51]

Ytterligare ett relevant fält är landsbygds- eller ruralforskning. I Sverige präglas forskningen till stor del av en kulturteoretisk ansats med forskare inom kulturgeografi, kulturantropologi, etnologi, medieforskning och ekonomisk historia. Ett genomgående drag, åtminstone mot bakgrund av vad jag har kunnat överblicka, är att kyrkor eller andra religiösa aktörer generellt sett är osynliga i forskningen.[52]

Mot bakgrund av forskningsöversikten framgår det att studien som presenteras i den här boken kan bidra med viktig kunskap till flera olika fält. I en svensk teologisk kontext handlar det om en utveckling av fältet etnografisk ecklesiologi och studien visar hur en sådan ansats kan bidra till att skapa relevant kunskap om kyrkans identitet och uppdrag i det svenska samhället och samtidigt tillhandahålla kyrkan konstruktiva redskap för teologisk reflektion.[53] Studien kan också mot bakgrund av de särskilda förutsättningar som gäller kyrkans identitet och plats i en

50 http://www.arthurrankcentre.org.uk/mission-and-ministry/centre-for-studies-in-rural-ministry [2014-06-18].

51 "I över 40 år har the Arthur Rank Centre mött både andliga och praktiska behov för den kristna gemenskapen på landsbygden genom ett program med sociala projekt, tillhandahållande av resurser och utbildningar." http://www.arthurrankcentre.org.uk/about-arc/what-we-do [2014-06-18].

52 Se till exempel Stenbacka 2011; Andersson & Jansson 2012 (Inom forskningsprojektet Rural Networking/Networking the Rural, 2008–2011); Vid Karlstads Universitet finns Centrum för regional utveckling (Cerut), http://www.kau.se/cerut [2014-06-18]; Vid SLU bedrivs forskning kring landsbygdsutveckling, http://www.slu.se/sv/institutioner/stad-land/forskning/landsbygdsutveckling/ [2014-11-07]; Vid Umeå Universitet bedrivs forskning om regionalitet vid institutionen för kultur och medievetenskaper. Institutionen har 2014 tilldelats medel från vetenskapsrådet för projektet Rural moral: mening, mobilisering och medborgarskap i initiativ för hållbar norrländsk landsbygd, http://www.kultmed.umu.se/om-institutionen/nyheter/nyhetsvisning/forskningsprojekt-om-hallbar-norrlandsk-landsbygd-tilldelas-618-miljoner-fran-vetenskapsradet.cid242092 [2014-11-07]. Vid Umeå Universitet och den statsvetenskapliga institutionen bedrivs också forskningsprojektet Hållbar landsbygdsutveckling – på vems villkor? http://www.pol.umu.se/om-institutionen/personal/visa-forskningsprojekt/?code=810&currentView=base&doSearch=&scbCode=&searchString= [2014-11-07]. Detta är några exempel på forskning om landsbygd och glesbygd i Sverige. Översikten är inte fullständig.

53 Den ecklesiologiska ansatsen som presenteras här bygger vidare på och utvecklar den ansats jag utarbetade och presenterade i min doktorsavhandling då jag studerade Svenska kyrkan i Flemingsberg, se Ideström 2009.

svensk kontext bidra med viktigt kunskap till internationell ecklesiologisk forskning och utveckling av teorier och metoder inom detta fält. I relation till glesbygds- och ruralforskning tillför studien viktig kunskap om kyrkans roll och funktion i glesbygder.

Därmed är det dags att rikta fokus mot de sammanhang där kyrkan framträder i Alsen, Offerdal och Arvidsjaur. Det första nedslaget gör jag i byn Glommersträsk och en högmässa som firades där i mars 2013.

2
ATT SÖKA EFTER SPÅR

Glommersträsk ligger fem mil söder om Arvidsjaur längs med väg 95 som fortsätter vidare till Skellefteå vid kusten. Kyrkan i Glommersträsk ligger väl synlig från vägen. Det är söndag och sista dagen på sportlovet i den här delen av Sverige. På vägen är det tätt mellan ekipagen med skotrar på släpen. Det är en strålande marsdag. Inne i kyrkobyggnaden har de som förbereder högmässan beslutat att fira den en trappa ner i Margaretasalen eftersom kyrkorummet inte har blivit uppvärmt. Salen har möblerats för gudstjänst. Några rader med stolar är vända mot väggen i öst som pryds av en stor bild av Jesus. Stolarna delas av en gång som leder fram till altaret som är dukat för nattvard.

Kyrkvärdar, präst, vaktmästare och musiker samtalar innan gudstjänsten i en foajé som ligger en halv trappa ner från entrén. När klockan närmar sig elva kommer fler. Det är tydligt att alla känner igen varandra. Kyrkvärden delar ut psalmbok och agenda vid ingången till salen. Vi är tolv personer som sitter på stolarna när en av kyrkvärdarna hälsar oss välkomna. Musikern sitter vid pianot till vänster framme i "koret".

I Margaretasalen i Glommersträsk denna söndag framträder Svenska kyrkan på ett av många sätt i Arvidsjaurs församling. I det här kapitlet utgår jag från denna plats och detta tillfälle för att redogöra för några viktiga perspektiv som ligger till grund för hur jag har studerat kyrkan i Alsen, Offerdal och Arvidsjaur. Med högmässan som utgångspunkt redogör jag dels för ett dialogiskt förhållningssätt till hur man på ett konstruktivt sätt kan studera och reflektera över kyrkans framträdandeformer, dels för en förståelse för hur det kollektiva formas och förmedlas och hur det kan studeras empiriskt. Jag lyfter fram några centrala perspektiv som nedslaget i Glommersträsk föranleder att reflektera vidare över och introducerar några begrepp som jag sedan kommer att använda i boken.

Kyrkan i Glommersträsk.

Högmässa i Glommersträsk

Åter till Margaretasalen i Glommersträsk och till predikan. Efter högmässans inledning har vi lyssnat till en text ur Andra Mosebok, som berättar hur Gud ger israeliterna föda under vandringen i öknen, och till en kort passus ur första Petrusbrevet där adressaterna uppmanas att "längta efter den rena, andliga mjölken för att växa genom den och bli räddade".

Ackompanjerade av pianot sjunger vi psalm 247 som inleds med orden: "Befall i Herrens händer din möda och din väg, och hur sig världen vänder, hans ord i hjärtat äg. Ty intet ord är givet som Herrens ord, så visst. Det visar vägen till livet, det för dig hem till sist."

Prästen ställer sig mitt i koret och läser ur Johannesevangeliet om hur folk söker efter Jesus efter att han har utfört brödundret. Jesus har dragit sig undan men de finner honom i Kafarnaum på andra sidan sjön och där talar han till dem. Prästen konstaterar med eftertänksamhet:

> Och så var Jesus borta. Jesus var inte där. Somliga av den här skaran på 5000 brydde sig antagligen inte. Men det fanns en hop som blev berörda av att Jesus inte fanns där. Det vart oro och oron födde aktivitet. Ganska viktigt att när vi känner oro att vi tillåter den föda en aktivitet...och senare finner de Jesus. Ibland så kan vi säga till varandra: sök det du söker men sök inte där du söker. Skulle jag tappa nycklarna mellan två lyktstolpar och går jag omkring och söker precis mitt under lyktstolpen, för att det är ljust där, så kommer jag ju inte att hitta nycklarna. Jag måste ju söka där jag tappade dem. Det kan vara ett gott råd. Där du miste relationen, sök där.
>
> De gav sig iväg till andra sidan, till Kafarnaum. Jesus har också definierat mötesplatser och de är viktiga också om vi saknar Jesus. Ordet, bibelordet, nattvarden och minns ditt dop, minns ditt dop. Mötesplatser...Jesus låter sig finnas. Han drar sig aldrig undan. Han är aldrig borta. Var och en som söker honom...finner honom.

I det här avsnittet framträder ett mönster som genomsyrar hela predikan. Prästen rör sig utan omsvep mellan ett bibliskt då och ett nu, i vilket vi befinner oss. Han återberättar hur Jesu frånvaro skapar en oro bland de som deltagit i brödundret och hur denna oro leder till att de börjar söka efter honom, för att i nästa andetag rikta en uppmaning till oss som lyssnar – låt känslor av oro få föda aktivitet. Och sedan åter till folket som söker Jesus. Samma mönster återkommer i fortsättningen av resonemanget. Prästen väver i sin predikan samman då och nu och evangeliernas berättelse blir på så sätt också en berättelse om de som är samlade till gudstjänst i Glommersträsk. Det är inget märkvärdigt med detta men det utgör ett exempel på ett mönster eller ett förhållningssätt som har relevans också utanför predikosituationen. I förkunnelsen bidrar prästen till att upprätta en dialog mellan det evangelieberättelsen skildrar och oss som sitter på stolarna i Margaretasalen i Glommersträsk. Han beskriver också hur bibelordet är en mötesplats som Jesus själv har definierat. I ordvalet och resonemanget framträder tankar kring kyrkans identitet och uppdrag. Ordet och sakramenten är avgörande mötesplatser för den enskildes relation till Jesus och därmed indirekt också identitetsformande mötesplatser för kyrkan.

En spänningsfylld dialog

Det dialogiska mönster som kommer till uttryck i prästens predikan är i linje med Gordon Lathrops tankar kring kyrkans identitet och uppdrag som jag kort introducerade i det inledande kapitlet. Enligt Lathrop är det just genom en pågående dialog mellan mänskliga behov och Guds helighet som kyrkan blir till och formas. Gudstjänsten utgör enligt Lathrop ett särskilt tillfälle då dialogen förkroppsligas genom att ting, vardagliga praktiker och handlingar, som att tala, äta och bada, sätts i en spänningsfylld dialog med det kyrkan beskriver som Guds ord. Han pekar på att detta är ett mönster som går att skönja genom kyrkans historia där de viktiga sakerna alltid har ställts i en spänningsfylld dialog med varandra i kyrkans liturgi.[1]

MENINGSSKAPANDE MÖNSTER

Ett viktigt perspektiv i Lathrops resonemang är att människorna som samlas, tingen, platsen eller handlingarna som utförs inte i sig själva är heligare än andra. Det är i den spänningsfyllda dialogen[2] mellan det i

1 Lathrop 1999, s. 113.

2 Jag använder uttrycket spänningsfylld dialog för att översätta engelskans juxtaposition som Lathrop använder.

grunden allmänmänskliga och Guds ord som de får en särskild karaktär. Lathrop understryker att kyrka uppstår och existerar när människor och ting vävs samman i meningsskapande mönster genom de gemensamma handlingar de utför. Det är i relationerna och rörelserna som mening skapas.[3] Men Lathrop påpekar också att de ting som bidrar till att forma kyrkan redan bär på mening och relationer innan de blir en del av till exempel en gudstjänst. Bröd, ljus, böcker, vatten och vin är ting som är en del av människors liv och vardag och därmed redan är laddade med innebörd och associationer.[4]

Men när de i gudstjänsten sätts i en spänningsfylld dialog med de texter som kyrkan förstår som Guds ord skapas ny mening. Måltiden som i de flesta kulturer bidrar till att stärka och upprätthålla olika former av gemenskaper får i mötet med berättelserna om hur Jesus äter med sådana som i hans tid var uteslutna ur gemenskaper också en annan innebörd. Nattvardsfirandet kan då inte enbart förstås som ett bekräftande av gemenskapen mellan de som samlas kring altaret utan fungerar också som en påminnelse om att människor i närmiljön och långt borta utestängs från gemenskaper. På samma gång som nattvarden bekräftar gemenskapen av dem som samlas bör den också få dem som samlas att fundera över vilka som av olika skäl inte kan dela gemenskapen. Den grundläggande förståelsen av att kyrkan framträder och formas genom en dialog mellan det konkreta och allmänmänskliga och Guds ord speglar den dialogiska ansats som den studie som här presenteras präglas av. I båda fallen handlar det om ett pågående samtal mellan flera olika röster, däribland röster ur texter och traditioner som är identitetsformande skrifter för kyrkan.

I högmässan i Glommersträsk är det flera olika ting som bidrar till att väva den väv av mening som skapas i liturgin. På altaret står till exempel en kalk och paté med vin och bröd och i nattvardsbönen upprättas en dialog mellan vanligt vin, enkla oblater, tacksägelse, Guds Ord, bön och måltid. I ord och handlingar gestaltas att brödet och vinet är Kristi kropp och blod och att församlingen är *en* kropp eftersom de får del av ett och samma bröd. I högmässan är det materiella en påtaglig del av den kristna tron. Det är i och genom högsta konkreta materiella saker och en vardaglig praktik som tro och tradition tar gestalt. Men bröd och vin

3 Lathrop 1993, s. 88–89.

4 Lathrop 1993, s. 87–91.

är inte de enda materiella uttryck som bidrar till att forma gudstjänsten och gemenskapen.

Predikosituationen

Låt oss för en kort stund frysa predikosituationen och se hur det fysiska rummet ser ut där högmässan firas och hur det bidrar till att forma en gemenskap.

Prästen står mitt i koret när han predikar. Till höger om honom, på väggen ovanför pianot sitter svartvita porträttfoton på präster som varit verksamma i Glommersträsk. Varje ansikte för oss till en period i kyrkans och den lokala bygdens historia. Bara det faktum att man satt upp dessa porträtt säger något väsentligt om hur man förstår sig själv som kyrka. Bilderna tydliggör hur predikosituationen är insatt i ett historiskt sammanhang. I samtal med människor jag möter lever minnet av en del av dessa präster. Bilderna förmedlar berättelser och föreställ-

Margaretasalen i Glommersträsk.

ningar som präglar gemenskapen. Bakom prästen finns en bild av Jesus. Mellan prästen och Jesus ett lågt altare med nattvardsgåvorna, ljus och en blomma. Till vänster om Jesus och prästen finns en lekhörna. Här bedriver församlingen öppen förskola. På väggen bredvid Jesusbilden finns tågvagnar och ett lok i papper. I vagnarna sitter små figurer med barnansikten och i loket en figur med prästkrage. Det är inga barn i högmässan. Men barnhörnan och bilderna på väggen skapar kopplingar till familjer och barn i omgivningen. Allt detta och mycket mer finns där som materiella uttryck som bidrar till att skapa det sammanhang i vilket prästen predikar och brödet bryts.

Redan när man låter blicken svepa över rummet ser man tecken på att högmässan inte är en isolerad kyrklig ö. Det som vid en första anblick framstår som tydligt avgränsat i både rum och tid visar sig, när man börjar skrapa på ytan, mer poröst. Den gemenskap som genom människor och fysiska objekt tar form i högmässan är i själva verket inflätat i en väv av relationer över rum och tid.

Människorna, som sitter på stolarna i Margaretasalen, har färdats dit med bil på befintliga vägar. Några har via telefonsamtal kommit överens om att ge varandra skjuts. De kommer från olika byar och gårdar i en varierande radie kring kyrkan. Alla rör de sig också in och ur andra rum och sociala praktiker där kollektiva tillhörigheter och uttryck formas och förändras: butiker, arbetsplatser, vårdcentraler, bönehus, ishockeyhallar, jaktmarker. Så bara genom att följa varje person som är i gudstjänsten, eller de föräldrar och barn som regelbundet samlas kyrkans verksamhet i rummet där mässan firas, framträder en komplex väv av relationer som bidrar till att skapa gemenskaper och tillhörighet.

I en väv av relationer

Den franske sociologen Bruno Latour har, bland andra, utvecklat tankar och teorier om hur mänskliga gemenskaper och kollektiv framträder i vävar av relationer och förbindelser. Teorierna som brukar samlas under begreppet aktörs-nätverksateorier (ANT) är inte först och främst tänkta som förklarande teorier. Syftet med dem är snarare att peka på ett sätt att närma sig mänskliga kollektiv som forskare. Latours teorier och exempel har varit viktig inspirationskälla för mig under hela forskningsprocessen. De gjorde det möjligt för mig att utarbeta studiens övergripande ansats. Men ANT har för mig snarare fungerat som en inspirationskälla och en vägvisare än som teorier jag har använt i tolkningen och analysen av det material jag har samlat in. Och jag uppfattar att det är helt i linje med vad Latour försöker förmedla.[5]

Vad är då ANT? Jag ska presentera några viktiga beståndsdelar som kan bidra till att göra min ansats något tydligare. Latour själv beskriver ANT som "den sociala teori som har fattat beslutet att följa informanterna vilka metafysiska virrvarr de än leder oss in i".[6] Genom att skriva samman aktör och nätverk vill man göra tydligt att en aktör inte är en stabil enhet som kan förklara varför saker händer. Forskarens uppgift är istället att försöka synliggöra hur en aktörs handlingar står i förbindelse med andra aktörer och handlingar. Det är i dessa komplexa nät av relationer och förbindelser som vi kan börja få en fördjupad förståelse för en viss händelse eller en viss situation. Personer är därför inte som stabila noder i ett nätverk. De är istället både aktörer och nätverk på en och samma gång.

Ta prästen i högmässan i Glommersträsk som exempel. Vem vore han och det han bidrar med i högmässan utan en mängd relationer till personer i historien och i nutid, böcker han har läst, språket han har tillgodgjort sig, de utbildningar han har genomgått, huset han bor i, praktiker han utför, medlemskap i föreningar och organisationer, de böner han ber, ett svenskt medborgarskap och så vidare? Det betyder att prästen i gudstjänsten både är en aktör och ett nätverk, på samma sätt som vi andra som firade högmässan också är aktörer och nätverk som interagerar med själva byggnaden och Margaretasalen, altaret, psalmboken och så vidare.

Men det som kanske utmärker ANT allra mest är att man inte nöjer sig med att beskriva människor som de enda aktörer som agerar och påverkar de kollektiv som framträder i vävar av relationer. Saker, byggnader, texter och en mängd andra objekt är också delaktiga i formandet, förmedlandet och upprätthållandet av olika former av kollektiv.[7] Poängen är att organisationer, församlingar, arbetsplatser eller föreningar förutsätter saker och artefakter av olika slag för att över huvud taget

5 För den som är intresserad av att fördjupa sig i ANT kan jag rekommendera Bruno Latours *Reassembling the Social. An Introduction to Actor-Network Theory* som är en bra introduktion till ANT, se Latour 2005.

6 Latour, 2004, s. 62.

7 Johan Law talar om "relationell materialitet" för att beskriva detta faktum, se Law 2007, s. 2.

existera. En enskild människas ord når inte särskilt långt i rum och tid om de inte förmedlas på något sätt. De kan skrivas ner på ett papper med hjälp av en penna eller sparas som en fil i en dator och spridas genom sms, e-post, sociala medier och fysiska brev. Röster kan förmedlas via mobiltelefoner. Dessa artefakter som bär på och förmedlar människors ord och tankar är förutsättningar för att olika former av mänskliga kollektiv ska kunna existera.

Vad vore Svenska kyrkan i Glommersträsk utan ett kyrkorum, utan altaret, utan psalmböckerna, utan kalk, utan biblar, utan telefoner, utan vägar, utan fotografier, utan lekhörnan, utan instrument, utan datorer, utan kopieringsapparater? Alla dessa saker är enligt ANT så integrerade i skapandet och upprätthållandet av mänskliga kollektiv att man kan se på dem som aktörer. De påverkar och formar tillsammans med människor hur olika former av kollektiv framträder. Naturligtvis är det stora skillnader mellan olika typer av material som till exempel texter, tekniska hjälpmedel, symboler och kroppar men det går inte på förhand att säga att några av dem skulle vara viktigare än andra.[8]

Följa spåren

Enligt ANT är alltså forskarens uppgift, om denne vill beskriva eller studera ett kollektiv, att försöka följa de spår som skapas genom interaktioner mellan olika aktörsnätverk och Latour konstaterar att:

> [V]arje given interaktion tycks svämma över med element som redan finns i sammanhanget från en annan tid eller plats och som är skapad av någon annan aktör [...] handlingar är alltid utlokaliserade, artikulerade, delegerade och översatta. Det betyder att om en observatör troget följer i de riktningar som detta överflöd pekar i kommer hon att föras bort från den givna interaktionen till någon annan plats, tid och någon annan aktör.[9]

Latour vill rikta uppmärksamhet på det som faktiskt pågår hos de och det som studeras. Det är inte forskarens metaforer och bilder om det sociala som är intressanta utan de metaforer som används av de som

8 Callon & Law 1997, s. 168.

9 Latour 2005, s. 166 [min översättning].

studeras och hur de bidrar till att skapa och upprätthålla kollektiv. Skall man lyfta fram en uppmaning från Latour så är det: följ informanterna, vart de än leder dig och ta deras metaforer, begrepp och tolkningar på allvar.

Latour beskriver forskarens insamlande av material på fältet som en tvådimensionell rörelse. Uppgiften är att söka efter spåren som förbindelser mellan olika människor, saker och platser lämnar efter sig. Ju fler spår man kan följa desto tätare blir bilden av det sammanhang man studerar. I detta arbete vill Latour uppmuntra forskaren att inte ha för bråttom att" hoppa upp" en nivå och försöka beskriva ett sammanhang från ovan. Han ser stora problem med forskare som genom att använda begrepp och teorier utifrån tror att de kan upprätta en bild av vad som faktiskt sker på marken. Den tredje dimensionen, alltså föreställningar om hur saker och ting hänger ihop, finns redan på fältet i form av tolkningar och föreställningar som till exempel människor uttrycker.

För att ta exempel från materialet jag har samlat in så möter jag olika föreställningar om vad som utgör en viss bygd eller socken. De här olika föreställningarna låter sig sällan sammanfogas till en enhetlig och homogen bild. Min uppgift som forskare är då inte att försöka lägga bitarna tillrätta genom att tillföra en teori om vad bygden eller socknen "egentligen" är. I stället är min uppgift att försöka skapa mig en så god förståelse som möjligt för de olika föreställningar som kommer till uttryck hos de människor jag möter och förmedla det genom de texter jag skriver. Latour och andra företrädare för ANT förespråkar därmed det jag har beskrivit som ett *taktiskt* förhållningssätt snarare än ett *strategiskt*.

Jag ska nu exemplifiera och konkretisera de här teoretiska perspektiven genom att redogöra för en intervju jag genomförde med en person som är en av många som på olika sätt har haft och har en relation till kyrkorummet i Glommersträsk och gudstjänster som firas där.

En person – ett spår

Högmässan i Glommersträsk var inte mitt första besök i kyrkobyggnaden. Tidigare hade jag bland annat firat en sinnesromässa i kyrkan och då haft möjlighet att samtala med några av gudstjänstdeltagarna efter mässan. En av personerna som jag talade med hade en förhållandevis lång relation till kyrkan i Glommersträsk och när vi talade med varandra berättade hon om några av sina minnen, bland annat genom att visa mig några av fotografierna som hängde på väggen ovanför pianot i Margaretasalen. När jag senare under mina fältstudier funderade på vem jag skulle kunna intervjua för att få en tätare bild och djupare förståelse för hur kyrkan framträdde i Glommersträsk, i relation till de observationer jag hade gjort, bestämde jag mig för att ta kontakt med kvinnan från sinnesrogudstjänsten. Med Latours begrepp kan man säga att jag valde att följa en förbindelse i den väv av relationer som kyrkan i Glommersträsk framträder i och genom. Valet var alltså inte godtyckligt, även om jag inte på förhand kunde veta vad det skulle tillföra till den bild jag redan hade.

”Då var det knökafullt i kyrkan”

Kvinnan är i 40-årsåldern och det är en varm majdag när vi sitter ner och samtalar. Hon berättar om sin egen uppväxt där kyrkan har funnits som en mer eller mindre naturlig del av livet. Men hon konstaterar samtidigt att hon idag inte är särskilt kyrkligt aktiv och hon väljer medvetet att inte beskriva sig som kristen. ”Jag tror men jag är inte kristen.” När jag ber henne utveckla vad hon menar hänvisar hon till svårigheter hon har med bibeln.

> Alltså jag är ju så ifrågasättande, det är så mycket jag ifrågasätter i bibeln. Det är ju det där att jag tycker att den är så halv [...] jag har svårt att läsa bibeln i mångt och mycket eftersom jag känner att det är så mycket som saknas. Just eftersom jag vet att det finns pergament som har skrivits av kvinnor men som inte tagits med. Men samtidigt så är ju Gud levande hela tiden i alla möten.

Hon berättar också om hur det var i kyrkan i Glommersträsk när hon var yngre och när hennes egna barn var små. I hennes beskrivning framträder bilden av en levande gemenskap.

> När barna var små då var det knökafullt i kyrkan. Alltså den generationen fanns ju kvar plus att vi var kanske åtta-tio stycken som fick barn samtidigt som varit med i KU [Kyrkans Ungdom] så vi hade söndagsskola och man behövde bara ha en gång per termin [...] vi var ju många och det var mycket som hände och alltså det var roligt.

Då var hon själv aktiv i verksamheten som bedrevs i kyrkobyggnaden, men med tiden har relationen förändrats.

> Hur man än vrider och vänder så handlar kyrkan inte så mycket för mig om lokal utan det handlar om gemenskap och...jag vet jag har nästan blivit besviken flera gånger...men det ska man inte säga men...för vi var ju ett stort gäng. Och jag kan ju inte säga om de har kvar sin tro eller inte eller om det bara är vardagen men att de inte kom och till slut så blev det ju att man själv slutade gå

Hon upplever också att kyrkan har blivit alltmer tungrodd och att gemenskap och personliga relationer har fått träda tillbaka för organisation och ekonomiskt tänkande sedan relationsförändringen mellan stat och kyrka. Den kyrkliga organisationen har "blivit en börda idag för att tron ska växa" och hon ser väckelsen som en inspirationskälla för en nödvändig förändring.

> Alltså jag tror att man måste komma tillbaka till de här små mötena där liksom, som det var i väckelsen. De här små grupperna där man samtalade och det fick växa något nytt. För det blir ju en naturlig del när man hittar det där att man vill dela det och då behövs det alltid någon karismatisk. Alltså det kan man aldrig komma ifrån att det behövs en karismatisk person på gott och ont för det kan ju barka iväg, men som får människor att vilja vara i den gemenskapen. Och jag kan känna ibland att jag längtar otroligt mycket efter en gudstjänst där det är fullt med folk som bara sjunger liksom, bara tycker att det är...vittnesbörd, ord, predikan där gemenskapen är...som man liksom.

Gemenskap och kyrkorum

Gemenskapen är alltså avgörande för hennes förståelse av kyrkans identitet och uppdrag och hon tycks inte lägga någon större vikt vid kyrkobyggnaden. Men bilden visar sig vara mer komplicerad än så. Sedan hon var liten har hon haft tillgång till olika kyrkorum för att kunna öva musik och när hon berättar om dessa tillfällen får rummet nästan karaktären av en person hon har en relation till. Hon berättar till exempel om ett tillfälle då en präst bad henne berätta om en person som betytt mycket för henne.

> Jag funderade jättelänge, och för mig var det ju inte någon person utan det var ju kyrkobyggnaden [...] jag kunde gå dit och sitta vid, antingen var det orgeln eller pianot, och sitta i timmar och som bara fyllas av rummet. Jag kände mig aldrig rädd eller ensam. Det är lite kontra mot vad jag säger att man behöver gemenskapen. För mig har musiken och orden när jag har suttit med micken och fått sjunga så har väl orden blivit gemenskapen.

Men hon beskriver också erfarenheter i kyrkorummet som är relaterade till gudstjänster och en sådan är nattvarden. Hon talar om sin tro i relation till utdelandet av bröd och vin vid altarringen.

> Nattvarden för mig det är ju...vad ska jag säga, avstjälpningsstationen. Där jag liksom bara får känslomässigt. Jag brukar tänka altarringen...att jag liksom får öppna en lucka och tömma ut in innanför ringen och så får jag ta emot något nytt och friskt.

Och hon berättar vidare om hur hon tänker kring nattvarden.

> Även om jag egentligen inte fullständigt tror på att Jesus dog och uppstod fysiskt. För det står ju faktiskt att han uppstod i Ande och de kände inte igen honom. Allstå för mig är det ju att visa att livet inte tar slut men jag kan haka upp mig på att många liksom är i att Jesus uppstod i kropp men om man läser riktigt tydligt så står det ju faktiskt inte det...*men* för mig spelar det ingen roll för det är lika verksamt ändå.

Iakttagelser och tolkningar

Genom att inleda ett samtal med en av de personer som har en förhållandevis tät relation till kyrkan i Glommersträsk öppnas horisonter som bidrar till att bilden av kyrkan i Glommersträsk breddas och fördjupas. Redan genom detta enda samtal tillförs viktiga perspektiv och erfarenheter till förståelsen av hur kyrkan framträder och tar sig uttryck. Här finns bland annat tolkningar av kyrkans tradition och lära som visar hur de kan ta sig uttryck i enskilda personer som deltar i kyrkliga praktiker – ett tolkningsarbete som sällan formuleras i skrift eller uttrycks offentligt.[10]

I kvinnans berättelse finns också flera exempel på det som Latour beskriver som aktörs-nätverk som är integrerade delar av hennes liv och hennes förhållande till kyrkan. Bibeln är ett sådant aktörs-nätverk och i hennes berättelse framgår det att den inte fungerar som en behållare med information som har förmedlats till henne. Tvärtom är det tydligt att hennes relation till bibelns böcker och berättelser präglas av tolkning och brottning som också utgör viktiga aspekter av hennes förhållande till kyrkan. På liknande sätt rymmer hennes berättelse bilder av en dynamisk och levande relation till kyrkorummet och några av dess artefakter. Inte heller kyrkorummet är en behållare som rymmer information som förmedlas till henne utan att också förvandlas och förändras. Altarrundeln blir i hennes erfarenheter och meningsskapande en "avstjälpningsplats" som därigenom också är relaterade till ett annat aktörs-nätverk, nattvardens praktik och teologi. Så kan man fortsätta att synliggöra och skriva fram förbindelser och relationer som kommer till uttryck i hennes berättelse som kan bidra till en fördjupad förståelse för hur kyrkan framträder. I samtalet finns också flera intressanta teman som rör förhållandet mellan kyrka och bygd som är möjliga att arbeta vidare med. Jag väljer här ett av dem som jag mot bakgrund av andra observationer och intervjuer ser som betydelsefullt.

Ett "gudsrum" på nätet

I flera samtal jag har med människor som lever i och omkring Arvidsjaur berättar man om svunna storhetstider i byar och samhällen kring tätorten. Man berättar om allt det som fanns i form av butiker, caféer eller skolor av vilket mycket är borta idag. Saknaden är påtaglig och konkret. Saknanden kommer också till uttryck i samtalet med kvinnan. Den handlar både om hur det har varit i Glommersträsk och om den gemenskap hon tidigare upplevde i kyrkan.

Men hennes berättelse har också personliga dimensioner av saknad som flätas samman med minnena av livet i Glommersträsk och i kyr-

10 I boken *Exploring ordiniary theology* diskuterar författarna fenomenet teologi som formuleras av personer som inte är teologer i formell mening, se Astley & Francis 2013.

kan. Och i relation till dessa minnen och hur hon hanterar dem gör jag några iakttagelser.

Vid några tillfällen i samtalet använder hon bilden av att något måste dö för att något nytt ska kunna födas och hon uttrycker att allt har en mening.

> Det finns en mening med allt [...] det är svårt när man är mitt i någonting att se att det har en betydelse, men när man tittar tillbaka så kan man se den röda tråden och jag brukar tänka liksom allt man går igenom och gudstron att ju krokigare väg man har haft desto tätare väv och mer solid blir ens tro ju mer trådar [...]. Om man inte har vandrat i mörkret...då kan man inte förstå hur fantastiskt ljuset är och det är väl det tror jag som är grundkärnan i tron. Att kyrkan...alltså nu är bibelorden...vinträdet som är dött måste man kapa ner för att det ska bli något nytt.

Samtalet präglas inte av uppgivenhet eller bitterhet trots flera exempel på erfarenheter av motgångar och minnen av mer blomstrande tider. Hon talar om grundkärnan i tron och i relation till samtalet som helhet framgår det att nattvarden, kyrkorummet, musiken, den kyrkliga gemenskapen och enskilda präster har varit betydelsebärande delar i hur tron har förmedlats och formats. Hon berättar vidare om hur hon på nätet har funnit sammanhang där hon kan vara ett stöd för andra människor och hon ser det som en kallelse hon har fått från Gud.

> Vad Gud har gett mig är tid. Alltså jag har jättemycket tid och vad jag gör är att jag hjälper människor på nätet. Människor som mår dåligt då kan jag lyssna, läsa och svara, de ringer när det är kris [...] det kanske är min livsresa att i dagens stressade samhälle kunna ge människor tid utan att de behöver gå till en psykolog. Det kändes så rikt när människor, både killar och tjejer, tackar mig för att jag har lyssnat och liksom kunna stärka dem...någonstans känner jag att jag får mitt gudsrum där.

Genom datorn och internet finner hon nya rum där hon möter människor som behöver stöd och hjälp genom samtal. Hon beskriver det själv som *gudsrum*. I ljuset av samtalet som helhet är det inte långsökt att se på dessa rum och samtal som sammanhang där den gemenskap hon längtar efter faktiskt tar form. Liksom hon i nattvarden får lämna det som är svårt och jobbigt för att fylla på med något nytt kan hon fungera som en altarring för dem hon samtalar med på nätet.

Utan att dra för stora växlar baserat på det här begränsade materialet öppnar de här reflektionerna och tolkningarna upp för intressanta iakttagelser kring hur kyrkan framträder i Arvidsjaur och dess omgivningar. I exemplet jag har använt här kan man tolka det gudsrum kvinnan skapar och verkar i på nätet som ett kyrkligt rum där hon förvaltar en kallelse. Även det rummet har sina materiella förutsättningar i form av datorer och internetuppkopplingar, men det är samtidigt ett rum som skapar gemenskaper mellan människor som befinner sig i olika fysiska rum. Genom dialog och relationer skapas därmed ett rum där människors liv kan förändras och hopp kan förmedlas. Och det är ett rum som står i relation till kyrkorummet i Glommersträsk men som också förutsätter en tro och föreställningar om Gud som har formats genom förbindelser till kyrkan och dess framträdandeformer. Exemplet visar hur gemenskaper och relationer formas och förmedlas i relation till gemensamma praktiker, byggnader, datorer och en mängd andra aktörs-nätverk. Det kyrkliga rummet på nätet står inte i något konkurrensförhållande till kyrkorummet i Glommersträsk, lika lite som mötesplasten i högmässan konkurrerar med de möten som uppstår i samtalen på nätet. Tvärtom berikas de båda rummen och praktikerna av relationen de har till varandra. De kan bidra till att föda och nära hopp i människors liv som av olika skäl präglas av saknad.

Vägar vidare

Med utgångspunkt i en högmässa i Glommersträsk har jag nu redogjort för några viktiga perspektiv som har varit vägledande för mig i det här arbetet. Dels handlar det om en förståelse av kyrkan som något som blir till och formas genom dialog mellan det konkreta och i många stycken allmänmänskliga och Guds helighet, dels handlar det om en förståelse av det kollektiva som något som formas, förändras och framträder i vävar av relationer mellan människor, platser, byggnader och olika former av saker och artefakter. Men analysen av högmässan och samtalet med kvinnan ger också några viktiga perspektiv som jag kommer att återvända till vad gäller kyrkans framträdandeformer i bygderna där jag har utfört min studie. Ett sådant tema handlar om vemod och saknad över något som har varit och som inte finns längre. I flera av bygderna där jag rör mig möter jag sådana erfarenheter. Men jag möter också reflektioner bland företrädare för kyrkan som ser problem med att människors föreställningar om kyrkan i allt för hög utsträckning präglas av det som har varit. Jag återkommer till de frågorna.

Ett annat tema som, åtminstone indirekt, framträder i observationerna från Glommersträsk och intervjun med kvinnan handlar om förhållandet mellan centrum och periferi, eller kanske snarare föreställningar om vad som är centrum och vad som är periferi. Ett sådant tema kan handla om förhållanden mellan olika byar och platser inom de geografiska församlingarna likaväl som om frågor om vad som utgör centrum i församlingens liv och verksamhet. Är och bör gudstjänsten vara församlingens centrum och nav? En annan fråga som också indirekt aktualiseras av nedslaget i Glommersträsk handlar om vilka som är och uppfattas som kyrkan i bygderna. Vad krävs för att man ska säga att kyrkan har varit närvarande i något som sker i bygderna? De här frågeställningarna är alla olika teman på studiens övergripande frågeställning om hur kyrkan framträder i bygderna och hur det kan beskrivas, tolkas och förstås teologiskt.

Innan jag nu i nästa kapitel gör ytterligare nedslag i bygderna ska jag kommentera ett begrepp som jag redan har använt och som är viktigt för de resonemang jag kommer att föra. Det är begreppet *föreställningar* som motsvarar engelskans *imaginations*, som på svenska också kan översättas med fantasier. Men ordet fantasier för snarast tanken till föreställningar som inte har någon verklighetsförankring, vilket är en alltför snäv förståelse av det engelska begreppet. *Föreställningar* syftar snarare på de olika sätt på vilka människor tänker och beskriver sitt eget och andra sammanhang. Samtidigt ska inte *föreställningar* förstås som något statiskt – som tankar och bilder som på ett direkt sätt återger och avspeglar en yttre verklighet. Människors föreställningar skapas och formas genom processer som ger utrymme för tolkningar och värderingar. *Ecklesiala föreställningar* är föreställningar som människor har och uttrycker om vad kyrkan är och bör vara. Sådana föreställningar formuleras och uttrycks både av personer som företräder kyrkan och av andra som betraktar och förhåller sig till kyrkan utifrån.[11]

---

11 I studier av kyrkor används begreppet ecklesiala föreställningar av bland annat Craig Dykstra och Dorothy Bass, se till exempel Dykstra 2008, s. 57–61. Dykstras defintion av ecklesiala föreställningar (ecclesial imaginations) är snävare än den jag använder i den här

Jag väljer medvetet att tala om *ecklesiala föreställningar* istället för *ecklesiologier* när jag analyserar tankar och bilder om vad kyrka är och bör vara som kommer till uttryck i materialet. Begreppet speglar bättre karaktären på de ofta fragmenterade tankar och bilder av kyrkan som uttrycks i ett sammanhang. Begreppet *ecklesiologier* använder jag istället för mer holistiska och sammanhängande bilder av kyrkan. Sådana kan dels finnas formulerade och möjliga att studera, dels kan de, vilket jag redogjort för i inledningskapitlet, vara resultat av en analys där olika delar förs samman i en holistisk bild och beskrivning.

Efter dessa inledande kapitel är det nu i bokens andra del dags för att mer oreserverat göra nedslag i Alsen, Offerdal och Arvidsjaur.

---

boken. Han förstår ecklesiala föreställningar som ”det sätt att se och vara som framträder när en trosgemenskap, tillsammans som en gemenskap, i allt högre grad delar kunskap om Gud och lever ett liv i överflöd – inte bara i kyrkan utan också i de många kontexter där de lever sitt vardagsliv. Ecklesiala föreställningar framträder bland människorna själva och formar ett sätt att se och vara som i viss mån skiljer sig från den omgivande kulturen vad gäller innehåll, kvalitet och karaktär”. Dykstra 2008, s. 57 [min översättning]. Dykstras definition beskriver ecklesiala föreställningar som en form av förkroppsligad självförståelse som är en del av mer eller mindre tydliga kyrkliga sammanhang eller en kyrklig gemenskap. Jag definierar begreppet på ett sätt som gör att det inte är begränsat till föreställningar inom en kyrklig gemenskap utan också kan användas för att hänvisa till föreställningar om kyrkan som förekommer i och utanför kyrkliga gemenskaper. Den kanadensiske filosofen Charles Taylor talar om sociala föreställningar och understryker då att han inte syftar på distanserade intellektuella beskrivningar av samhället eller ett socialt sammanhang. I stället handlar det om ”det sätt på vilket människor föreställer sig sin sociala existens, hur de hör ihop med andra, hur saker och ting går till mellan dem och andra, de förväntningar som oftast uppfylls, och de djupare normativa aningar och bilder som ofta ligger under dessa förväntningar”. Taylor 2004, s. 23 [min översättning]. Taylor konstaterar också att våra sociala föreställningar är i varje givet tillfälle komplexa och de rymmer en känsla av hur vi hör ihop när vi utför våra gemensamma sociala praktiker. Och en sådan förståelse är enligt Taylor både faktisk och normativ: ”Vi har en känsla för hur saker brukar avlöpa, men det är sammanflätat med en idé om hur de borde avlöpa och om vilka felsteg som skulle innebära att praktiken förlorade sitt värde”. Taylor 2004, s. 24 [min översättning]. Resonemanget betyder att sociala praktiker rymmer implicita föreställningar om har saker och ting är och bör vara. Men de här sociala föreställningarna är alltså inte det samma som sociala teorier om verkligheten. Enligt Taylor förhåller sig istället dessa implicita föreställningar till social teori som förmågan att hitta i välkänd terräng förhåller sig till en karta som avbildar terrängen. Taylor 2004, s. 26.

DEL 2

BYAR, BYGDER OCH KYRKAN

I bokens första del har jag gjort ett inledande nedslag i ett av de många sammanhang som jag har besökt under mina fältstudier. Glommersträsk är en av flera byar som ligger inom det geografiska område som utgör Arvidsjaurs församling. I de kapitel som nu följer och som utgör bokens andra del kommer jag att göra ytterligare nedslag på platser och i sammanhang som kan tillföra viktiga perspektiv till den övergripande bilden av hur kyrkan framträder i Alsen, Offerdal och Arvidsjaur. Syftet är att ge konkreta och relevanta exempel på hur kyrkan framträder i förhållande till byar och bygder inom de geografiska församlingarnas gränser. Jag börjar i en samling av byar inom Alsens församling som benämns Västbygden, för att därefter i kapitel fyra förflytta mig till byn Ede i Offerdal där jag tar min utgångspunkt i ett dop som firades i Offerdals kyrka.

I kapitel fem återvänder jag till Arvidsjaurs församling och till byn Lauker där jag har träffat personer som är engagerade i byns bygdegårdsförening. Jag redogör också för de föreställningar jag möter i Arvidsjaur om byarna Moskosel och Glommersträsk och de spänningar jag kan skönja mellan tätorten och byarna. I kapitel sex stannar jag kvar i Arvidsjaur och ger ett exempel på hur det samiska framträder i tätorten och i relation till kyrkan. De här nedslagen har jag valt för att de på ett särskilt sätt bidrar med intressanta och klargörande perspektiv till en mer övergripande bild av hur kyrkan framträder i förhållande till olika former av kollektiv. I kapitel sju gör jag ytterligare nedslag, nu med utgångspunkt i en gudstjänst och ett musikspel i Alsens kyrka. I samband med min analys av dessa praktiker synliggör och utvecklar jag också teologiska reflektioner om förhållandet mellan det partikulära och gemensamma i relation till föreställningar om kyrkans katolska (allmänneliga) identitet. De reflektionerna utvecklas och fördjupas sedan i kapitel åtta med reflektioner från samtal med referensgrupperna.

Dörren till Kluksbua i Västbygden.

3
”NATURLIGT ATT KYRKAN STÅR DÄR DEN STÅR” – BYAR OCH BYGDER I ALSENS FÖRSAMLING

Kluksbua, butiken i Kluk, ligger vid vägen som går genom några av de byar som utgör Västbygden i Alsens församling. Jag har parkerat bilen vid bensinpumpen, stannar en stund framför anslagstavlan för att se vad som är på gång och går sedan in i butiken för att handla något att äta. Jag har stannat och handlat och ätit här tidigare. Då satt jag inne i ett litet personalrum i butiksbyggnaden och talade med en av dem som drev butiken. Därför vet jag att det är nya personer som driver butiken vilket förklarar att de fortfarande verkar lite ovana.

Jag köper mat och ber att få den värmd vilket går bra. Hela tiden kommer och går det personer i butiken och det är tydligt att de känner varandra. Jag sätter mig i cafédelen och väntar på maten. När maten kommer och jag pratar lite kort med en av dem som nu driver butiken reser sig en äldre man som sitter närmare entrén och kommer och pratar med mig. Han undrar om jag har flyttat dit. Jag berättar kort vem jag är. Han är inte från Västbygden men har nu bott här ett tag. Jag säger att jag har förstått att det är en god gemenskap i Västbygden. Jo, det håller han med om men samtidigt är det olika släkter och mellan dem tycks det inte bara vara sämja. ”Den som har mest när man dör vinner”, konstaterar han. Vi kommer att prata om kyrkan och han berättar att han vill bli begravd i en av de andra församlingarna inom Krokoms kommun och han tycks utgå från att kyrkoherden i Offerdal och Alsen också är kyrkoherde i den församlingen.

Västbygden – ett tiotal byar

Västbygden utgörs av ett flertal mindre byar. När jag ber en annan boende berätta vad som utgör Västbygden säger han att det är

> ett 10-tal byar. Det är Bleckåsen längst i söder, där du svängde av, där det står lanthandel 2 km. Om du hade fortsatt har du Bleckåsens by där, den är 3 km lång och går där...vetter mot Mörsil. Det är den sydligaste delen. Sedan har du Kluk där affären ligger och så har du Östbacken där skolan ligger och så har du Kougsta [...] när du kommer från Östersund och Vången så passerar du ett vägskäl nere i Slåtte, man kan åka den vägen också ibland om man vill och där åker man över Hällebergs byar och där kommer man upp här till Truvbacken...och Västbacken och så är det Nordbyn ganska logiskt längst i norr här innan det blir skog i några kilometer och det kommer till Kaxås. Då är man inte i Västbygden längre. Det står välkommen till Kaxås där gränsen går.

Flera av byarna uppfattas av alla jag talar med som självklara delar av Västbygden. Dock inte alla. Det är intressant att se hur den geografiska avgränsningen av Västbygden inte är helt självklar. Det visar sig i relation till vissa frågor som är aktuella i byggden.

Byaskolan

I Västbygden är det framförallt en fråga som tar stort utrymme, byaskolan i Östbacken. Sedan det blev känt att Krokoms kommun hade planer på att lägga ner skolan och låta barnen åka till skolan i Hov som ligger 8 kilometer söderut i byn vid Alsens kyrka har byaföreningen protesterat och försökt få kommunen att tänka om. Så blev det inte. Sedan några år bedrivs ingen undervisning i byaskolan. En följd av engagemanget kring skolan har blivit att det har uppstått motsättningar mellan föräldrar i Västbygden och föräldrar som har barn på skolan i Hov. Motsättningarna tar sig bland annat uttryck i form av insändare i Östersunds Posten (ÖP) men personer jag talar med berättar också att det förekommer en del gruff på nätet, bland annat på kommunens hemsida och i kommentarfält där, men också på facebook. Någon berättar att ”vissa samlar kommentarer och mejlar vidare”.

Men motsättningarna kring skolfrågan påverkar också personer som inte har barn i skolåldern. Bilden som framträder är att skolfrågan i vissa sammanhang fungerar som en vattendelare. Är man för en byaskola i Västbygden eller är man mot. Jag frågar en av eldsjälarna i Västbygden om ett mindre område av byar som jag i olika beskrivningar av Västbygden har förstått ligger i vad som kan beskrivas som ett gränsland mellan Västbygden och Alsen. Några av dem som bor i en av byarna i området definierar sig inte som boende i Västbygden, men mannen från Västbygden uppfattar att ”de tillhör Västbygden fast många av dem är ju pro Alsenbor på något sätt”. När jag ber honom utveckla vad han menar med uttrycket pro Alsenbor så fortsätter han:

> Jo, i till exempel den här skolstriden så är det ju ett antal som av naturliga skäl känner för Västbygden och att det är här skolan ska vara kvar, men det finns ju då i [byarna i gränsområdet] som ligger lite grann på gränsen så där är det ju flera av dem som bor där, de flesta har nog gått i skola nere i Alsen, som barn och det har nog gjort att det har blivit ett engagemang åt det hållet och man har tagit ställning för att skolan bör vara där. Och det är lite granna svårigheterna i det här att vi inte har varit totalt eniga i den här skolstriden...då hade det aldrig blivit nedlagt för ett och ett halvt år sedan men det var några stycken som tyckte att man skulle satsa på Alsen.

Han är samtidigt noga med att understryka att han inte uppfattar att det är ”någon osämja mellan Västbygden och Alsen...det är inget mera konstigt än att Sundsvall och Härnösand slåss om Mittuniveristetet”. Men han menar samtidigt att det, så långt han kan minnas, har varit en dragkamp mellan Västbygden och Alsen. ”Allting har ju legat centralt i Alsen så man har ju upplevt att man åker baklänges upp till Västbygden. Så är det. Vi har väl upplevt att det har varit lite storebrorssyn på oss”. Mannen berättar också om spänningar mellan bygderna som går längre tillbaka i tiden och som enligt honom handlar om att de som ägde de större gårdarna bodde nere i ”Asjenbygda” medan det var fattigare folk som bodde uppe i Västbygden. Han berättar samtidigt att andra som bor nere i Alsen reagerar när han drar de här historiska parallellerna, de tycker inte att det ligger något i det. Sådana kommentarer hör jag också i samtal med andra personer i Alsen och Offerdal.

Identifikation med byar och bygder

Det är inte möjligt för mig att avgöra vilka skälen är till de föreställningar som idag präglar hur människor identifierar sig med vissa platser, byar eller bygder. Men så mycket står ändå klart, mot bakgrund av den bild som långsamt har växt fram under mina fältstudier och när jag analyserar allt det material jag har samlat in, att det är många olika faktorer som samverkar. Till historiska skäl som går långt tillbaka kan också läggas rent geografiska och mer samtida faktorer. En man som har god kännedom om Alsen och de olika delarna inom det han beskriver som Alsens socken pekar på avståndet till tätorten Krokom som en viktig faktor för människors föreställningar om de kollektiv de tillhör. Dessa faktorer är enligt honom viktiga för att förstå skillnader mellan Västbygden och andra delar av Alsens socken vad gäller engagemanget för den egna bygden. Avståndet till Krokom är helt enkelt betydligt större för de som bor i de västra delarna av socknen, det vill säga Västbygden, jämfört med de som bor i de östra delarna eller i Trångsviken. Han berättar också att Alsens socken tidigare var en egen kommun och det fanns olika åsikter inom den dåvarande kommunen kring vilken kommun man skulle slås samman med när det blev aktuellt för 50 år sedan.

I Västbygden var relationerna västerut mot Mörsil och Mattmar naturligare än relationerna österut. Många som var uppväxta i Västbygden hade till exempel gått i skola i Mörsil. För de som bodde längre österut i socknen var det naturligare att tänka sig att gå samman med Rödöns kommun som sedermera blev Krokoms kommun. Så blev också beslutet som fattades vid ett kommunstyrelsemöte, vilket har inneburit att Alsens socken i dag är en del av Krokoms kommun. Det är också intressant att se att Västbygden utgör ett område som ligger "mitt emellan", som mannen uttrycker det.

Geografiskt är det också intressant att se vilken roll Alsensjön har spelat för hur olika delar av socknen har relaterat till varandra genom historien. I ett samtal med referensgruppen, där jag bad dem att berätta om församlingarnas och bygdens historia, var sjön och relationerna mellan olika delar av den geografiska församlingen ett tema.

> Sjön har ju varit vägen mellan olika delar av Alsens församling. Mellan Trångsviken och Alsen... schismer brukar ju finnas på alla ställen mellan alla folk. Och här var det ju när järnvägen kom till Trångsvi-

ken så förstärktes ju det här med att järnvägen stod för pengarna och industrin och det var ju där djävulen fanns och på den här [norra] sidan var ju kyrkan. På den sidan [södra] har vi ju Trangia, och det är företag och företagande och så här är det ännu mer jordbruksfastigheter och det är Vången [travcenter] och så. Det är mycket som har präglat. Bygden är också präglad av den flyttvåg som härjade under 60-talet. Det gav ett befolkningstapp som fortfarande känns av.

Trångsviken, som är det samhälle som ligger söder om sjön, har betydligt starkare band öster och västerut på grund av E 14 och järnvägen som löper i dessa riktningar genom samhället. De här geografiska och socioekonomiska aspekterna får också tydliga konsekvenser för hur människor där relaterar till andra platser och med vilka sammanhang man identifierar sig. Kyrkoherden ger ett konkret exempel på hur det påverkar kyrkan.

Avsaknaden av en tydlig centralort präglar bygden. Både förut och nu. För vi har två centralorter, Trångsviken och Alsen, och ingen av dem är stark. Finns ingen som har en hel F-9 skola. Bara F-6 skolor och det påverkar inte minst konfirmandarbetet där det blir väldigt splittrat för då åker alla som bor längs E 14, alla högstadieelever, de åker till Nyheden och går högstadiet där, i Krokom. Och då tappar vi jättemycket konfirmander så att vi har en väldigt dålig konfirmandstatistik i Alsen. För vi har ingen centralort där kyrkan kan vara en naturlig del på skolan utan det blir uppdelat på förut tre små skolor och nu är det två små skolor där inte kyrkan räcker till för att vara närvarande. Det är mycket enklare om det är större. Och jag tror att vi tappar väldigt mycket kontakt med barnen på grund av det.

Engagemang för bygden

Under tiden jag rör mig i Alsen och Offerdal är det återkommande två frågor som har skapat motsättningar jag hör berättas om. Den ena handlar om byaskolan i Västbygden och den andra rör vindkraftens vara eller inte vara i Kaxås. Till skillnad från skolfrågan har vindkraftsfrågan i Kaxås skapat motsättningar inom en by.[1]

1 Jag har inte satt mig in i vindkraftsfrågan i Kaxås. Däremot har flera personer jag talar

Båda dessa frågor är sådant som företrädare för Svenska kyrkan på något sätt måste förhålla sig till. Inte minst gäller det kyrkoherden. I ett samtal jag har med kyrkoherden ber jag honom ta mig genom församlingarna och de olika byarna och bygderna. Han börjar i Trångsviken, via Alsen, det vill säga byn i anslutning till kyrkan, och Valne innan vi kommer till Västbygden.

> Människorna de älskar sin bygd. De älskar Västbygden. De älskar den skola som eleverna nu är flyttade ifrån. De som är engagerade i föreningslivet är så väldigt engagerade i det som de gör. Nu har de ju byggt en bowlinghall också och det är helt unikt. Och den binder upp en massa frivilligresurser. Så för kyrkan att få in en fot där är inte helt lätt. För det är inte så mycket tid över för människor. Förut har det varit gudstjänst på skolan där men nu när skolan stängde ner var det lite svårt att använda lokalen och då har jag börjat ha gudstjänster på Kluksgården. Men för att det ska komma folk måste man engagera fler och flera gånger har jag haft med mig konfirmander dit. Det blir jättehärliga gudstjänster och de spelar roliga draman så folk skrattar. Det är synd att det är så många som missar de där roliga konfirmanderna.

Kyrkoherdens beskrivning bekräftar den bild jag har fått i samtal med boende i Västbygden att det finns ett starkt engagemang för bygden. Liksom i Lauker i Arvidsjaur församling, som jag berättar om i kapitel fem, har inte kyrkan några egna byggnader eller lokaler i Västbygden men man har ändå firat gudstjänster i bygden, dels på skolan, dels på Kluksgården. Inför gudstjänsterna på Kluksgården har kyrkoherden samverkat med en av bygdens eldsjälar och jag kan i samtalen med dem båda konstatera att de delar en vilja att tilldela människor uppgifter och få dem engagerade och delaktiga i det som sker. På så sätt speglar gudstjänsterna som firas på Kluksgården också en anda som präglar Västbygden.

Inte heller kyrkoherden är säker på om byarna som ligger i gränsområdet är en del av Västbygden eller inte. Han berättar om personer som är engagerade i församlingen och som bor i dessa byar och en-

---

med i olika sammanhang, både i och utanför Kaxås, talat om motsättningarna kring vindkraften.

ligt honom ”bor de nog i Västbygden...eller om det är mitt emellan”. Kyrkoherdens ord fångar väl dessa byars karaktär som gränsområden. Han berättar också hur han uppfattar att dessa personer försöker hitta ”försoningsvägar”, bland annat genom att se till att vissa församlingsaktiviteter ömsom förläggs till Alsen, ömson till Västbygden. Men det sker också genom att aldrig tala illa om någon grupp, person eller bygd. Kyrkoherden själv berättar att han ”ligger väldigt lågt med att ha några skolpolitiska uppfattningar officiellt och hoppas att kommunen hittar de bästa lösningarna”.

Jag möter inte heller några förväntningar i Västbygden på att företrädare för kyrkan ska ta ställning i skolkonflikten eller i Kaxås vad det gäller vindkraften. I stället framträder en intressant skillnad i synen på kyrkan och andra samhällsaktörer och institutioner i relation till frågor som rör Västbygdens förhållande till Alsen.

Föreställningar om kyrkan

I ett samtal med en av eldsjälarna i Västbygden talar vi om hur han minns kyrkan när han växte upp i Västbygden på 40-talet.

> Vi hade elva kilometer till kyrkan härifrån. Och det var rätt långt på den tiden när alla transporter skedde med häst och kärra eller med cykel eller promenader. Vi vart av naturliga skäl inte särskilt kyrkliga på grund av det fysiska avståndet. Jag vet inte hur det var nere i Alsen på 40-talet heller men jag tror att fortfarande var det hyggligt välbesökt på högmässan, det låg väl kvar den här traditionen att man skulle gå i kyrkan att det var ett krav på människor att de skulle gå i gudstjänsten. Det jag minns från 40-talet alldeles särskilt det var ju att den här tiden mellan elva till halv ett på söndagen det var en helig tid...man fick inte lägga en fotbollsmatch klockan tolv heller...gudstjänsten fick inte störas.

Han ser också en stor skillnad mellan hur kyrkoherden arbetar idag i jämförelse med hur det såg ut när han var yngre.

> Nu har man flyttat ut kyrkan på ett helt annat sätt. Med min konfirmationspräst var det nog ganska statiskt. Jag minns inte att mina föräldrar hade något hembesök av honom någon gång. Jag tror inte

att man jobbade på det sättet på den tiden. [Kyrkoherden idag] han dyker ju upp lite här och där när som helst.

Han berättar vidare att han ser sig själv som troende men att han "aldrig har älskat att sitta i kyrkan".

> Jag har aldrig varit något tilltalad här av alla symbolerna, Jesus på korset och allt det här som hänger i kyrkan. Allt det här. Det har liksom inte varit något tilltalande för mig.

Mot bakgrund av att mannen i vårt samtal understryker vikten av att det finns skola och butik i Västbygden undrar jag om han inte ser det som ett problem att Svenska kyrkan är så tydligt representerad i Alsen med kyrkobyggnaden och församlingshemmet, men inte i Västbygden.

> Jag har aldrig tänkt på kyrkan på det sättet som man tänker att vi ska ha vår affär, vår skola och våra vägar och så vidare. Jag har nog mera tagit det som naturligt att kyrkan står där den står på något sätt. Jag har aldrig tänkt att kyrkan borde ha legat här eller där.

Däremot upplever han den stora kyrkobyggnaden i Alsen som otidsenlig.

> Det har man ju sett med de stora prästgårdarna...det har ju blivit väldigt omodernt. Och när kyrkan brann här 1919...så byggde man ju den här kyrkan och idag skulle man kanske önska att man hade haft den där lilla kyrkan kvar. Kyrkan vars inredning åkte upp till Kolåsen och så vidare. Så att jag känner att om jag går på någon gudstjänst på en söndag eller någon dag så gör jag det på församlingshemmet, jag gör det gärna nere på Kluksgården. Eller tidigare hade man på skolbespisningen här nere på skolan. Mysiga fina små lokaler där närheten och värmen känns mer påtaglig än i storkyrkan. Men jag har aldrig tänkt på att det finns någon inneboende konflikt i att den ligger där den ligger. Jag ser ju mera historiskt på det här att, så här har det varit, kyrkan har varit en sådan oerhörd maktfaktor i samhället så att det har ju sin naturliga förklaring. Tänker man tillbaka historiskt. Kyrkan har väl varit väldigt toppstyrd. Biskopsämbeten har styrt och en gång i tiden tillhörde vi

> Uppsala...jag har inte tänkt så mycket. Kanske handlar det om ointresset för lokaler när det gäller det andliga.

Han resonerar också kring viktiga skillnader som han ser mellan det han beskriver som det *världsliga* och kyrkan.

> Inom det här världsliga är det så olika förutsättningar på olika ställen på jorden. Men inom kyrkan så har man ett gemensamt, det finns bara en Gud och där borde det vara mera enhetligt...det spelar ingen roll om jag bor på Sri Lanka eller om jag bor [i Västbygden].

Kyrkans tro på en Gud innebär enligt mannen att kyrkan också företräder en annan syn på det gemensamma, till skillnad från det världsliga som i stor utsträckning är präglat av skillnader. Det innebär också att han har andra förväntningar på kyrkan än på företrädare för andra aktörer eller institutioner. Han förväntar sig helt enkelt inte att till exempel kyrkoherden skulle ta ställning i skolstriden.

Sammanfattande reflektioner

Materialet som jag har presenterat i det här kapitlet ger några intressanta bilder av hur byar och bygder kan framträda som kollektiv i de vävar av relationer och förbindelser som vävs över tid inom gränserna för en geografisk församling. Analysen av materialet ger några exempel på faktorer som kan spela viktiga roller i hur lokala kollektiv och föreställningar om tillhörigheter formas och förändras. Det kan handla om beslut om kommunindelningar, geografi, sociala och samhällsekonomiska faktorer, kommunikationer eller enskilda personer. Av redogörelsen har det också framgått att fenomen som bygder och byar inte är statiska och tydligt avgränsade enheter. Det kan, som i fallet med Västbygden, finnas olika föreställningar om hur man ska dra gränserna för eller definiera sådana kollektiv. Materialet har också bidragit med några bilder av hur kyrkan kan framträda i relation till dessa olika kollektiv.

I fallet med Svenska kyrkan i Alsen är det intressant att se att trots att kyrkobyggnaden och församlingshemmet ligger i en viss by tycks det inte innebära att Svenska kyrkan identifieras starkare med den platsen än med andra platser inom den geografiska församlingens gränser. Analysen ger några antydningar om vad som kan vara orsaken till det. För det första finns det föreställningar om kyrkan bland människor som bor i byarna och bygderna som innebär att man inte ser på eller bedömer den lokala kyrkans organisation och verksamhet utifrån samma kriterier som andra samhällsaktörer eller institutioner. För det andra agerar företrädare för Svenska kyrkan, företrädesvis kyrkoherden, på ett sätt som bidrar till att människor upplever att kyrkan inte är mer lojal med någon by eller bygd än någon annan.

I exemplen från byarna och bygderna som ligger inom gränserna för den geografiska församlingen Alsen framgår det att församlingsnamnet Alsen för de flesta associeras med den by eller bygd som ligger kring kyrkobyggnaden. På jämtska talar man ömsom om *Asjenbygda* eller helt enkelt bara *e bygda* eller *kyrkbygda*. Även om Alsens socken och Alsens församling används för att beskriva ett större geografiskt område finns det inga starka gemensamma föreställningar om Alsen som socken som jag möter i mina samtal med människor. Annorlunda är det i Offerdal. Jag har under mina fältstudier kunnat konstatera att Offerdal är ett församlings- och sockennamn som används flitigt och som för många är en väsentlig del av deras självbeskrivningar. Många identifierar sig som boende i Offerdal trots att de också bor i någon av byarna inom socknens gränser.

För att tillföra ytterligare perspektiv till bilden av hur kyrkan framträder i relation till byar och bygder förflyttar jag mig därför nu till byn Ede som ligger inom den geografiska församlingen Offerdal.

4
"SLÄKTENS RAD HÄR FUNNO SITT HEM" – OFFERDAL

En kvinna jag talar med som är född och uppvuxen i en av byarna i Offerdal och som sedan några år har flyttat tillbaka säger att hon med stolthet brukade berätta att hon kom från Jämtland och Offerdal.

> Jag har väldigt starka band till Offerdal, alltid vurmat för denna vackra bygd. När jag presenterade mig sa jag alltid att jag kom från Jämtland och Offerdal. Det är en stark identitet. Det har liksom funnits med hela vägen och det är också någon slags trygghet som har funnits med. Det är jordnära och släkt [...] jag längtade tillbaka till fjällen, vyerna och friheten jag känner här. Här har man stjärnorna som tak. Det är skönt att finnas i ett sammanhang, det är som en vagga. Jag tillhör någonting.

På hemsidan offerdal.se där många av företagen och byalagen i Offerdal är företrädda skriver man att "Offerdal är en socken och församling i Härnösands stift i Krokoms kommun i Jämtlands län."[1] Det finns också en utvecklad samverkan inom Offerdal mellan de olika byarna och byalagen. Enligt information på Offerdal.se har:

> Samtliga byar i Offerdal [har] gemensamt bildat en ideell förening som går under benämningen OfferdalsBygden I Samverkan och tillsammans arbetar vi för att göra Offerdal till ett mer attraktivt område att besöka och att bo i. Om du känner att detta skulle vara något för dig så är du varmt välkommen på våra möten. Mer folk betyder fler idéer och bättre samverkan![2]

---

1 http://www.offerdal.se/index.php/template-info/mer-om/fakta [2014-03-27].

2 http://www.offerdal.se/index.php/foretagochforeningar/foreningar/offerdalsbygden-i-

Vägskylt.

Församlingsnamnet sammanfaller alltså inte med någon specifik by eller bygd utan är kopplat till ett vidare område inom vilket det finns en mängd byar. En kvinna jag talar med berättar om en person som följde skyltarna från Krokom mot Offerdal för att sedan till sin förvåning upptäcka att det inte fanns någon specifik by med namnet Offerdal. Det betyder också att Offerdals kyrka inte bär namnet av den by, Ede, där kyrkan ligger. I Alsen är det annorlunda. Där ligger Alsens kyrka i byn Alsen. Trots att Alsen och Offerdal sedan 2002 ingår i samma pastorat, vilket bland annat innebär att de anställda medarbetarna är gemensamma för båda församlingarna, att man har ett gemensamt kyrkofullmäktige och en gemensam församlingsexpeditionen i Ede, så vittnar flera av dem jag talar med om att församlingarna i stor utsträckning uppfattas som två skilda sammanhang. En av de anställda medarbetarna beskriver det som att företrädare för respektive församling värnar om den egna församlingen, utan att det är fråga om avundsjuka. I samtal med referensgruppen använder en av personerna bilden av en vinägrett för att beskriva hur han upplever försöken att föra samman de två församlingarna.

samverkan [2014-03-27].

> Jag tycker att det känns lite som att Offerdal och Alsen är lite grann som olja och vinäger...vinägrett...man kan sätt dem i en burk, en glasburk och skaka och det blir gott men sedan om det står i kylskåpet ett tag eller på bordet så blir det oljan och vinäger...jag tycket det känns lite så.

I det här kapitlet kommer Offerdal att stå i centrum och jag ska analysera hur kyrkan framträder i relation till föreställningar om Offerdal som bygd, socken och församling. Analysen tillför ytterligare perspektiv till bilden av hur kyrka och bygd framträder i förhållande till varandra. Jag tar min utgångspunkt i Offerdals kyrka och området och byggnaderna som ligger i direkt anslutning till kyrkobyggnaden. Där tar sig förhållandet mellan kyrka och bygd konkreta och materiella uttryck, inte minst i relationen mellan kyrkobyggnaden och hembygdsgården. Jag börjar min analys i en dopgudstjänst som firades i Offerdals kyrka. Dopet har genom kyrkans historia synliggjort föreställningar om förhållandet mellan den enskilde personen, kyrkan och omvärlden. I dopet ställs frågor om personlig och kollektiv identitet på sin spets. I olika tider, sammanhang och kyrkliga traditioner har föreställningarna tagit sig olika uttryck. Maxwell E. Johnsons omfattande genomgång av dopets historia visar på ett tydligt samband mellan hur dopet förstås och hur det faktiska förhållandet mellan kyrkan och omvärlden ser ut.[3] I dopet framträder därmed intressanta bilder av hur olika kyrkor föreställer sig förhållandet mellan den enskilde, Gud och olika former av kollektiv. Mot bakgrund av detta är det intressant att ta utgångspunkt i en dopgudstjänst för att dels se hur den väv av förbindelser ser ut i vilken dopgudstjänsten firas och fylls med mening, dels se vilka föreställningar som kommer till uttryck i dopet och vad de kan säga om förhållandet mellan kyrka och bygd.

Ett dop i Offerdals kyrka

”Välkommen till Offerdals kyrka. Idag är det glädje och fest när [NN] ska döpas och hans namn skrivs in i livets bok i himlen”. Prästen står framme i koret i Offerdals kyrka tillsammans med dopfamiljen. Framför dem på golvet står en ängel i trä som håller dopskålen i sina händer. På ett litet bord en kanna med vatten och ett dopljus i en keramikljus-

---

3 Johnson, 2007.

stake tillverkad av en konstnär i Offerdal. Kristusljuset är tänt och står på golvet framför dopskålen. Vi sjunger gemensamt psalm 791, *Du vet väl om att du är värdefull* och pappan ber sedan en tackbön. Prästen läser evangeliet om Jesus och barnen, frågar föräldrarna om vilket namn de har gett sitt barn och ber sedan befrielsebönen:

> Gud, du som ensam räddar från allt ont, befria [NN] från mörkrets makt skriv hans namn i Livets bok och bevara honom i ditt ljus, nu och alltid. Tag emot korsets tecken på din panna, din mun och ditt hjärta. Jesus Kristus, den korsfäste och uppståndne kallar dig att vara hans lärjunge. Amen.

Prästen läser Matt 28:18–20 och håller sedan ett doptal. Hon berättar om Martin Lönnebos frälsarkrans och om dopets pärla och konstaterar att ”dopet är det allra viktigaste vi gör i kyrkan och allt annat vi gör hör ihop med dopet.” Hon återger sedan vad som berättas om doppärlan vilket sker i form av en bild av ett dop och säger sedan att bilden också är en bild av det här barnets dop.

Vi sjunger psalm 901 *Lilla liv* och därefter leder prästen den apostoliska trosbekännelsen som flera av oss stämmer in i. Prästen frågar sedan om föräldrarna vill att deras barn tillsammans med församlingen ska leva i denna tro och de svarar ja. När storasyster har hällt upp vatten i dopfunten ber prästen:

> Himmelske Fader, du skapar genom vatten och Ande ett folk, som är förenat med dig i Jesus Kristus. Vi tackar dig för att du gör detta vatten till en nådens källa och ger honom som här ska döpas del i din Sons segerrika död och uppståndelse. För vår Herre Jesus Kristi skull.

Prästen tar barnet och döper det i ”Faderns, Sonens och den heliga Andens namn”. Storasyster hjälper till att torka huvudet med en torkduk och prästen ber sedan med orden: ”Livets Gud uppfyll [NN] med din heliga Ande och hjälp honom att dag för dag leva i sitt dop. Amen”. Hon lyfter upp barnet mot församlingen och säger: ”Jesus sa, den som i mitt namn tar emot ett sådant barn tar emot mig”. Prästen hälsar barnet välkommen in i församlingens gemenskap och en av faddrarna tänder sedan barnets dopljus på Kristusljuset och prästen säger att ”ljuset är en påminnelse om Jesus som sa att: ”Jag är världens ljus, den som följer mig ska aldrig vandra i mörker". Prästen tänder även storasysters dopljus. En flicka sjunger och spelar en sång på gitarr. Prästen ber en förbön, leder Fader vår och ber välsignelsen innan vi avslutningsvis sjunger psalm 248, *Tryggare kan ingen vara*. Efter dopgudstjänsten samlas några ur dopfamiljen framme i koret och fotograferar dopbarnet och familjen.

Offerdals kyrka

Offerdals kyrka ligger i Ede vid Hällsjön. Det finns några olika sägner som berättar om varför kyrkan ligger där den ligger. Enligt en av dem, som berättas för mig av en kyrkvärd, beror det på att en stavkyrka i Åflo brann på 1100-talet och att man inte kunde komma överens om var den nya kyrkan skulle byggas. För att lösa tvisten släppte man en stock i ån och bestämde att dit den flöt där skulle man bygga kyrkan. Det blev Ede. Kyrkan som står där idag byggdes i mitten på 1700-talet och för kyrkvärden jag talar med är åldern en faktor som enligt honom gör kyrkan speciell.

> Det är en av de vackraste kyrkorna vi har i Jämtland. Alsen är väldigt fin men du har en ålder i kyrkan här som är 250 år och med vissa renoveringar under årens lopp. Men sedan 1800-talet är det lite som har hänt. Det ger nu en helt annan klang, eller berörelse, hur man blir berörd i kyrkan, som man kanske inte upplever på samma sätt i andra kyrkor.

Även en av de anställda medarbetarna som i sin tjänst är verksam i både Offerdals och Alsens kyrkor ger uttryck för liknande karaktärsbeskrivningar när vi talar om skillnader mellan kyrkorna. "Det är ett öppnare kyrkorum i Offerdal och man kan känna mer närkontakt där [...] Alsens kyrka är så stor och kan kännas lite kall." En ung kvinna som har växt upp i en av byarna i Offerdal berättar att hon kan bli djupt berörd bara av att komma in i kyrkorum och tror att det har att göra med hennes uppväxt i Offerdal.

> Det har varit väldigt kraftfullt att gå in i en kyrka även när jag inte trodde. Idag har jag det problemet att jag ofta börjar gråta när jag går in i kyrkan. För att det blir så...ja det är någon väldigt stark trygghet som jag känner där. Och det tror jag nog att det har jag nog någonstans med mig från Offerdal.

GÄSTBOKEN

Efter dopgudstjänsten i Offerdals kyrka bläddrar jag i gästboken som ligger intill ett fönster till vänster om ingången till kyrkorummet.[4] Av anteckningarna framgår det bland annat att flera har besökt kyrkan för att visa den för släktingar eller vänner som varit på besök. Andra har tänt ljus eller deltagit vid någon kyrklig handling. "...tände ljus för avlidna klasskamrater och min farmor och farfar. Jag har även konfirmerat mig i den här kyrkan. Skönt att få finna frid för allt ont och gott, som man så lätt gör här", har till exempel en person skrivit för några år sedan. "Jag övar med kören inför julavslutningen i morgon [...] Skolavslutning i kyrkan är en tradition och mysigt" skriver några medan andra uttrycker sin sorg med orden "[t]änder idag ett ljus för dig morfar, saknar dig så mycket, tänker på dig. Hoppas du har det bra där uppe med änglarna". Flera personer som har rötter i Offerdal har också besökt kyrkan. "Besöker min födelsebygdskyrka och mina föräldrars grav på denna vackra kyrkorgård [...] Besökt kyrkan och min brors och morföräldrars grav." Jag ser också återkommande anteckningar då en präst har skrivit några ord inför kyrkliga handlingar. "Om några minuter ringer kyrkklockorna som kallar till [NN:s] begravning. Kantorn spelar fint på orgeln, många från Kälom har kommit till stunden då vi överlämnar [NN] i Guds händer. Ute yr nysnön i vinden, här inne är varmt och värme." Någon "var hit och åt våfflor på hembygdsgården och tittade till morfars, farfars och farmors gravar.

FÖRESTÄLLNINGAR OM DOP OCH KYRKOBYGGNADEN

Redan de här iakttagelserna gör det möjligt att peka på några intressanta förbindelser mellan föreställningar som formuleras i ord i dopgudstjänsten och föreställningar om kyrkobyggnaden och kyrkorummet. Ett återkommande tema i dopet är trygghet: "barnet vilar i en trygg famn...Guds kärlek bär dig varmt och tryggt...ingenting kan skilja dig från Gud". Kvinnan jag har talat med uttrycker att hon känner trygghet i kyrkan och även de korta anteckningarna i gästboken ger uttryck för liknande föreställningar om kyrkorummet och kyrkobyggnaden. Mot en sådan bakgrund är det också intressant att se hur prästen i doptalet

4 Den engelska teologen Sally Welch har genomfört en intressant studie av en gästbok i en kyrka på landsbygden utanför Oxford, se Welch 2013.

Offerdals kyrka

använder ord som "hit" och "här" när hon talar om dopet som något den döpte får återvända till. "Hit får du komma när du känner dig uppgiven, vilsen, när du vantrivs i livet. Här får du lämna vuxenheten när du kommer och blir barn på nytt". Det är tydligt att orden mycket väl också skulle kunna handla om kyrkorummet och att de ger uttryck för föreställningar som människor har om kyrkorummet och byggnaden. Utan att kunna belägga det, utifrån det här begränsade materialet, pekar de här exemplen på att det finns relationer och förbindelser mellan föreställningar om kyrkorummet, dess materiella utformning och de praktiker som återkommande utförs där. Rummet bidrar med mening till det som sker i gudstjänsten och gudstjänsten bidrar med mening till rummet.

I Offerdals kyrka firas vid sidan av dopgudstjänster också församlingens huvudgudstjänster och vigsel- och begravningsgudstjänster. I kyrkan framförs återkommande olika former av konserter. Just musiken och konserterna i kyrkan är något som flera personer återkommer till när de beskriver sin relation till kyrkan.

> Det är också som en konsertlokal. Så själva rummet som sådant har ju också liksom en annan funktion även om du inte vill gå in och lyssna på Guds budskap så kan du gå in och lyssna på musik. Så många går nog in och tänker att man inte behöver tro på Gud för att vara där.

Så beskriver en kvinna som har valt att går ur Svenska kyrkan kyrkorummet. En annan kvinna berättar att hon är medlem i Svenska kyrkan

> men av ett enda skäl, att jag tycker att vi har en bra konsertlokaler så jag vill vara med och bidra till dem. Resten, sin tro får de ha för sig själva (Skratt) och då vill jag bli respekterad för det så respekterar jag dem när de håller på med sitt. För min del är Svenska kyrkan en förening som vilken som helst som har fått ett antal arbetsuppgifter och hjälp med att ta in medlemsavgifterna från staten. Så att jag tycker att det är en föreningsfråga.

Det finns med andra ord olika föreställningar om kyrkorummet och om den egna relationen till rummet och de praktiker som utförs där. Studien kan inte svara på hur utbredda olika föreställningar är.

BEGRAVNINGSGUDSTJÄNSTER

Ser man till gudstjänstfirandet kan man enligt en av de anställda medarbetarna i församlingen beskriva det som att det i Offerdal finns fler "traditioner" kring gudstjänstfirandet än i Alsen. En sådan som nämns är att åtminstone en kyrkvärd medverkar vid begravningsgudstjänsterna i Offerdals och Rönnöfors kyrkor (som också tillhör Offerdals församling). En av kyrkvärdarna berättar att uppdraget innebär att de finns tillhands och tar emot människor som kommer till kyrkan. Vid avskedstagandet vid kistan går de också fram sist av alla och lägger en ros från församlingen på kistan och därefter läser de upp de texter och hälsningar som finns skrivna på blomsterbuketter och kransar. Anställda medarbetare och kyrkvärdarna själva vittnar om att de genom sin förankring i Offerdal blir betydelsefulla representanter för församlingen vid begravningsgudstjänsterna. En person berättar om ett tillfälle då kyrkvärden kunde hjälpa en präst som trots samtal med de närmast anhöriga hade en mycket begränsad bild av den döde. Kyrkvärdens berättelser kunde på ett konstruktivt sätt komplettera bilden som prästen tillgodogjort sig.

Prästerna och kyrkvärdarna berättar att begravningsgudstjänsterna inte sällan är gemensamma angelägenheter för byarna och att uppslutningen från vissa byar är stor. "Då kan det komma yngre personer också som är grannar till den avlidne", berättar en av dem. Efter begravningsgudstjänsterna samlas ofta begravningssällskapet till minnesstund i församlingshemmet som ligger ett stenkast från kyrkan. En av prästerna beskriver det som att minnesstunderna ofta kan vara relativt traditionella i jämförelse med hur det kan se ut i mer urbana miljöer. Dopgudstjänster och vigslar är inte alls i samma utsträckning gemensamma byaangelägenheter, enligt de personer jag talar med. Undantagen kan vara när dopgudstjänster firas i någon av byarna. Upplevelsen bland de som har insyn i gudstjänstlivet i Offerdal och Alsen är att det generellt är fler som deltar i gudstjänsterna i Offerdal än i Alsen även om det också i Offerdal kan vara ett relativt begränsat antal vid en huvudgudstjänst. Däremot finns det flera exempel på gudstjänster då det är relativt många som deltar. Enligt en av kyrkvärdarna är det till exempel:

> Julottan och advent. Och så familjegudstjänsterna, om de ligger på rätt tid. Tidpunkten på året är avgörande. På vårvintern då vill man vara ute och då kanske man har en morgongudstjänst. Påskotta med frukost. Börjar klockan åtta med en lättare gudstjänst och gemensam frukost. Då kan det vara mellan 20–40 personer. Det är en tradition vi har haft i fyra eller fem år. Vid familjegudstjänst då kan det vara 100 personer.

Hembygdsgård och kyrka

Offerdals kyrka ligger som sagt i Ede. I anslutning till kyrkan ligger flera byggnader som tillsammans utgör ett område som i stor utsträckning materialiserar föreställningar om Offerdal.

Förutom kyrkan är det hembygdsgården, som består av flera större och mindre byggnader, församlingshemmet och församlingsexpeditionen, ett äldreboende, prästgården och en sockenstuga. En person med god kännedom om Offerdal berättar om de olika byggnaderna och några av de arrangemang som brukar vara där. Hon konstaterar att "det är en naturlig mötesplats i Ede för alla. Alla upplevelser som glädje och sorg. Så det finns ju många delar på den här lilla geografiska plätten [...] Allt det här hänger ihop [...] en intressant miljö". En annan person som tidigare har varit engagerad i hembygdsföreningen upplever samtidigt att föreningen inte riktigt har en lika central roll i bygden som tidigare och hon känner en viss oro över vad som kommer att hända när den generation som nu bär upp arbetet inte längre orkar fortsätta.

I det här sammanhanget vill jag framförallt fokusera på förhållandet mellan kyrkobyggnaden och hembygdsgården. Att hembygdsgården ligger där den ligger är ingen slump. Kyrkoherde Elov Boman som var verksam i Offerdal 1947–1969 var en central och drivande person i det arbete som ledde fram till att hembygdsföreningen skapades (1949) och hembygdsgården etablerades.

Hembygdsgården är också en plats som på ett konkret sätt materialiserar Offerdals historia men därmed också föreställningar om Offerdal som bygd idag. Den kan ses som en tydlig parallell till Antes Gården i Lauker som jag skriver om i kapitel fem. Som bakgrund till hembygdsföreningen och hembygdsgården finns en medveten vilja att skriva och förvalta Offerdals historia. Men ett sådant projekt handlar i lika stor utsträckning om framtiden som om historien, vilket analysen av materialet som följer kommer att ge exempel på.[5] En sådan vilja kommer bland annat till uttryck i en text på en minnessten som är rest på hembygdsgårdens område: ”I vördnad för fädernas minne. Vi verka för nutid och framtid”. På den plats som utgör hembygdsgården står ett antal byggnader som är ditflyttade från byar i Offerdal. Den första byggnaden som kom på plats 1951 var en mangårdsbyggnad från Bångåsen.[6]

På hembygdsgården arrangeras valborgsmässofirande, som jag ser information om på anslagstavlor i Änge. Av anslaget, som pryds av en jämtlandsflagga, framgår också att en av prästerna, som endast omnämns med namn utan titel, håller tal. Enligt hembygdsföreningens hemsida arrangeras också under året en hembygdsfest med bland annat musik och buamat i juli, friluftsbio i augusti, en dag då man skördar och rycker lin och en ljusfest i november. Under sommaren finns ett café på

---

5 Jämför med Nordbäcks historiebruksperspektiv på jubileet i Vilhelmina. Nordbäck 2014.

6 På offerdal.se presenteras hembygdsgården på följande sätt: ”Hembygdsgården är vackert belägen vid kyrkan med utsikt mot Hällberget och Hällsjön. Offerdals hembygdsförening grundades år 1949 av dåvarande kyrkoherden Elov Bohman. År 1952 invigdes den första byggnaden på hembygdsgården, den s.k. Bångåsgården. Här finns Spruthus, kyrkstall, härbren, mangårdsbyggnad, lador, fäbodstuga, bakstuga, fotoarkiv. och mycket mera. Hembygdsgården har café sommartid och vissa helger under övriga året. Tunnbrödsbakning och försäljning i bagarstugan vissa dagar”. http://www.offerdal.se/index.php/template-info/besoksmal/sevardheter/hembygdsgarden-i-ede [2014-05-22].

hembygdsgården. Utöver arrangemang på hembygdsgården arrangerar hembygdsföreningen också föredrag och utställningar i församlingshemmet i Ede, i sockenstugan och i föreningshuset som ligger i Ede.[7]

Det är i flera sammanhang påtagligt att kyrkoherde Elov Bomans minne fortfarande lever i Offerdal. Några personer jag talar med är konfirmerade av Boman och jag får vid flera tillfällen höra historier om Boman i hans gärning som kyrkoherde. På biblioteket i Änge får jag hjälp att hitta hyllan där det finns litteratur om Offerdal och där finns tre böcker om Offerdal som Boman var med och sammanställde på 1950–60 talet. En kvinna som arbetar på biblioteket uttrycker stor uppskattning över böckerna och över vad Boman enligt henne har betytt för Offerdal. ”Det är så befriande med Elov Boman, han var så folklig.” Mot bakgrund av den centrala roll Boman har spelat i etablerandet av hembygdsföreningen och hembygdsgården, som också av allt att döma präglar föreställningar om Offerdal och dess historia även i nutid, är det intressant att se vilka föreställningar om Offerdal och kyrkan som kommer till uttryck i de tre böckerna om Offerdal som Boman har lett utgivningen av.

En bok om Offerdal – föreställningar om bygden och kyrkan

Den andra av de tre böckerna har rubriken *kulturlivet* och bokens kapitel, som är skrivna av flera olika skribenter, är indelade i olika delar som bland annat ”Bebyggelse och befolkning” och ”Kyrkor och kyrkoliv”. I förordet till boken skriver Boman att:

> Redan vid utgivandet av den första delen av Offerdals hembygdsbok förutskickades, att en andra del så småningom skulle utkomma. Då nu dessa planer infriats, och del II är färdig för överlämnande till läsekretsen, är det min varma förhoppning, att denna bok, som främst behandlar socknens kulturliv, skall få ett lika välvilligt mottagande som den föregående. Den första delen tillkom genom studiecirkelarbete i en av J.U.F. anordnad rikstävling, medan den nu föreliggande delen utgör resultatet av ett mera självständigt arbetssätt.[8]

7 http://www.hembygd.se/offerdal/ [2014-06-10].

8 Boman 1962a, [sidangivelse saknas].

Han berättar vidare att man planerar en tredje del som ska ha "uppsatser" med rubriker som "[g]eologi och flora, skola och folkbildning, folktro, föreningsliv, militärväsende samt emigration". Boman avslutar förordet med en förhoppning om att boken "mottages som ett led i hembygdsrörelsens strävan att till alla bringa en djupare och rikare kännedom om hembygden och dess förgångna liv, kultur och strävan".

HYLLNINGSSÅNG TILL OFFERDAL

Efter förordet finns en hyllningssång till Offerdal med musik och text av Siri Boman, Elov Bomans hustru. I sångtexten flätas Offerdals historia tydligt samman med Guds handlande. "Dig jag sjunger du stolta fria land. Danat i skönhet av Herrens hand. Släktens rad här funno sitt hem, Levde i ära och tro. Du är mitt hjärtas hem, Aldrig förglömda bygd. Du är vårt Offerdal." I sångtexten lyfter Boman fram sådant som enligt henne karaktäriserar Offerdal.

> Fädernas tempel aktat och prytt, en ädelsten skön i Offerdals bygd [...] Hälleberget speglar grönklädda stup, Ned uti Hällsjöns blånande djup. [...] skogarnas sus, Myrar och hedar, bergbäckens brus [...] Bergen de gömma silver och kristall, Furorna drömma runt fäbovall, Stugorna stilla i ensligt grå [...] Ängarna blomma som förr ändå. Brunkulla lyser på stängel så späd. Guckuskon skimrar vid stigen". Och texten avslutas med en bön om att "Gud oss välsigna, Hålle sin kärlekshand över vårt Offerdal.

Det är inte svårt att se paralleller mellan tematiken i sångtexten och de föreställningar om förhållandet mellan kyrka, folk och nation som J A Eklund formulerar i psalmen *Fädernas kyrka*. För Eklund var föreställningar om uppenbarelsens historiska karaktär centrala. Gud uppenbarar sig enligt Eklund genom kulturer, folk och nationer. Så kunde han se på det svenska folket som ett Guds folk som både vittnade om den Gud som skapat dem men samtidigt också hade ett ansvar att förvalta uppenbarelsens budskap och föra det vidare till kommande generationer.[9] Sådana föreställningar är också tydliga i hyllningssången till Offerdal . Offerdal är ett stolt "land" som har skapats av Gud och "landet" består både av berg,

9 Ekstrand 2002, s. 75. Se också Blückert 2000.

sjö, bäckar och andra naturfenomen i landskapet och av människorna och deras näringar och hus. Och bland husen nämns kyrkan (templet) och stugorna. Sången ger uttryck för ecklesiala föreställningar som har stora likheter med föreställningar om Svenska kyrkan som folkkyrka så som de formulerades under första halvan av 1900-talet.

Redan när begreppet börjar användas i Sverige är det rimligt att tala om folkkyrkotankar i pluralis.[10] Begreppet fylls med olika föreställningar kring "folk", "kyrka" och förhållandet dem emellan. I böckerna om Offerdal ser jag hur flera viktiga komponenter i folkkyrkotankarna som formulerades inom framförallt ungkyrkorörelsen kommer till uttryck. Det är därför intressant att analysera innehållet i böckerna i relation till hur folkkyrkotankarna formuleras hos tre inflytelserika företrädare för ungkyrkorörelsen: J A Eklund, Einar Billing och Manfred Björkqvist. Som analysen kommer att visa är det framförallt i relation till Eklunds och Björkqvists tankar jag ser intressanta paralleller. Syftet med att relatera texterna om Offerdal till folkkyrkotankarna är att bidra till en fördjupad förståelse för de föreställningar om kyrka och folk som kommer till uttryck. Det handlar därmed inte om att påvisa ett orsakssamband mellan folkkyrkotanken så som den formuleras av de nämnda förespråkarna och föreställningarna i boken, även om det är högst sannolikt att det finns ett sådant samband.

Folkkyrkotankar

Något förenklat kan man göra följande distinktioner mellan det ecklesiologiska innehållet i de folkkyrkotankar som formuleras av Eklund, Billing och Björkqvist:

För Eklund finns en tydlig identifikation mellan kyrkan och Sveriges folk. I större utsträckning än hos till exempel Billing är folket ett kollektiv som Gud har skapat och kallar att vara Guds folk på liknande sätt som det judiska folket i Gamla testamentet beskrivs som Guds utvalda folk. Gud uppenbarar sig, enligt Eklund, i och genom ett folks särskilda historia och kultur. Folket kan därför i Eklunds folkkyrkotanke beskrivas som ett kyrkans subjekt. Men det är inte, som hos en annan folkkyrkoteolog, Harald Hallén, ett folk som är baserat på den

10 För ett utförligare resonemangen om folkkyrkotankens innehåll, se Ideström 2012.

myndige medborgaren med ett eget hem.[11] Hos Eklund är kollektivet överordnat den enskilde.

För Billing är det Guds ord som konstituerar kyrkan och kyrkans uppgift är att förmedla syndernas förlåtelse till alla som lever och bor inom Sveriges gränser. Folket är för Billing inte primärt ett kollektiv utan en mängd enskilda personer till vilka Gud vill nå fram med evangelium. Dessa människor är objekt för kyrkans förkunnelse. Hos Billing tar sig uppenbarelsen främst uttryck i form av kyrkan som nådemedelsinstitution.[12]

Björkqvist är den som formulerade devisen ”Sveriges folk – ett Guds folk” som blivit förknippad med ungkyrkorörelsen. Den bör, enligt kyrkohistorikern Torbjörn Aronson, snarast förstås som en vision, ett mål att kämpa mot, för en kyrka som ser som sin uppgift att re-evangelisera Sverige. Liksom Billing lägger Björkqvist tonvikten vid den enskilde och dennes möjlighet att höra och ta emot evangeliets budskap. Till skillnad från Billing betonar han behovet av lekmannaengagemang och vill se kyrkan som en folkrörelse vid sidan av andra.

Ungkyrkorörelsens folkkyrkotankar bör också ses i relation till andra samtida och inflytelserika föreställningar om Svenska kyrkan som folkkyrka. Harald Hallén var präst och socialdemokratisk riksdagsledamot och i hans folkkyrkotanke kan Svenska kyrkan karaktäriseras som en folkhemskyrka.[13] Halléns folkkyrkotanke förutsatte föreställningar om att Gud också verkar genom folkrörelser som leder till att samhället utvecklas på ett sådant sätt att det allt mer liknar Guds rike. Kyrkan bör därför inte fungera som en rörelse vid sidan av andra rörelser utan vara en del av de rörelser som förändrar samhället till det bättre. I Halléns folkkyrkotanke föregår den enskilde samhällsmedborgaren och dennes tro kyrkan. Hos Hallén liksom hos Eklund är folket kyrkans subjekt även om deras förståelse av vad folk är skiljer sig åt. För Hallén är folket de enskilda medborgare som genom uppbrottet från enhetssamhället har myndiggjorts vilket också innebär att han betonar vikten av att kyrkan är demokratisk. [14]

---

11 Claesson 2004, s. 152. Harald Hallén var inte en del av ungkyrkorörelsen utan bidrog till att utforma en alternativ folkkyrkotanke som Urban Claesson karaktäriserar som en ”folkhemskyrka”, se Claesson 2004, s. 344.

12 Ekstrand 2002, s. 77–78.

13 Claesson 2004, s. 344.

14 Claesson 2004, s. 321.

Kyrka och folk i böckerna om Offerdal

Den här korta redogörelsen för distinktioner mellan olika folkkyrkotankar kan nu fungera som analysverktyg i läsningen av texterna i böckerna om Offerdal. Vad är det för föreställningar av vad kyrka och folk är som formuleras och hur föreställer man sig förhållandet dem emellan?

I bokens första kapitel med rubriken ”Bebyggelse”, som är skrivet av Elov Boman själv, konstaterar han att för den som rör sig kring kyrkbyn och ser kyrkan i relation till landskapet och har:

> [L]äst om dess många rikt begåvade märkesmän såväl bland allmogen som dess präster, blir själva stillheten en ljus sommardag fylld av en säregen stämning från det förgångna. Hjärtat fylles av en stark och djup beundran för alla dem som i idog strävan i både medgångens och motgångens tider byggt det Offerdal, som nu är.[15]

I kapitlet sammanfattar sedan Boman historien om Offerdal och han tar sin början i de arkeologiska fynd som tyder på att människor har varit bofasta i området redan för omkring 8 000 år sedan. Han konstaterar att den ”västra och äldsta delen av socknen befolkades västerifrån” men att det var först i och med ”kristendomens införande” som olika bygder förenades ”till ett mera helt Offerdal”. [16] Enligt källor som Boman hänvisar till bestod det ”egentliga Offerdal” 1588 av 33 gårdar eller byar med 85 bönder och invånareantal omkring 500 personer. Boman konstaterar sedan i sin historieskrivning att Jämtland under långa tider, fram till mitten av 1600-talet, fick styra sig självt ”på grund av de lösa statsförhållanden som tidvis rådde”. Boman är dock noga med att understryka att ”vår landsända huvudsakligen befolkats från Sverige och ursprungligen varit svensk”. Samtidigt slår han fast att:

> [J]ämtarna under den norska tiden aldrig kände sig som norrmän och ej heller som svenskar. Jämtland var något för sig, ett mycket litet rike, och för detta lilla rikes inbyggare var det sedan ganska likgiltigt, om det var ett sorts lydrike under Sverige eller Norge. De voro först och främst jämtar.[17]

---

15 Boman 1962b, s. 9.

16 Boman 1962b, s. 12–13.

17 Boman 1962b, s. 16.

Han sammanfattar också en redogörelse av flera av de nybyggare som bosatte sig i Offerdal genom att konstatera att det var ett hårt, villkorslöst och primitivt liv de mötte. En redogörelse för invånarantalet i Offerdal visar att den befolkningskurva som under lång tid har pekat uppåt efter 1945 ”ständigt gått nedåt, dels genom utflyttningar till städer och tätorter, dels också genom sjunkande födelsetal. Utflyttningen har drabbat de små byarna ute i periferin hårdast, i enskilda fall till total avfolkning”.[18] Och han konstaterar avslutningsvis att ”vi lever i ett nytt utvecklingsskede, och hur det kommer att sluta, kan väl knappast någon förutspå”.[19]

RASBIOLOGISKA PERSPEKTIV

I bokens andra kapitel skriver Lars Beckman om Offerdals befolkning och han konstaterar inledningsvis att Offerdal med sitt läge i Västjämtland och dess urgamla anknytningar mot väster är en särpräglad socken ”som bjuder på synnerligen intressanta befolkningsgeografiska förhållanden”.[20] Från vikingatiden och framåt menar han att man kan ser spår av ett dubbelt kraftfält mellan de östra och västra delarna av Jämtland i vilket Offerdal ”definitivt” tillhör den ”huvudsakligen västinfluerade delen”. Det är först från 1600–1700-talet som det enligt Beckman finns uppgifter om befolkningen och dess storlek och hans intresse är tydligt inriktat på befolkningen utifrån en ”biologisk (’raslig’) synpunkt” och han talar tidigt i kapitlet om ”främmande element” som kommit till socknen. Två sådana influenser som han menar att man historiskt kan belägga är ”[d]e lapska rennomaderna. [...] Offerdal har aldrig haft någon särskilt stor lappbefolkning. Dock bör det finnas en del lapsk inblandning i befolkningen i västra delen av socknen”.[21] Det andra exemplet hämtar han från en skrivelse till riksdagen 1731 där det skrivs om ”zigeuner som kommo över fjällen, stundom så manstarka att allmogen ej kan göra motstånd”. Men han konstaterar samtidigt att ”få av dem [torde] ha assimilerats i socknens befolkning”.[22]

I resten av kapitlet analyserars Offerdals befolkning utifrån ett uttalat rasbiologiskt perspektiv och Beckman konstaterar att man inom

18 Boman 1962b, s. 31.

19 Boman 1962b, s. 32.

20 Beckman 1962, s. 55.

21 Beckman 1962, s. 60.

22 Beckman 1962, s. 60.

den moderna antropologin, vid sidan av "klassiska egenskaper" i form av bland annat kroppslängd och huvudform, nu också använder människors blodgrupper som "rasmärken". Enligt Beckman finns inget i "de klassiska egenskaperna" som "pekar på främmande inslag i Offerdal".[23] Han slår också fast att "[b]efolkningen i Offerdal och de övriga västjämtska socknarna har att döma av alla undersökta blodgruppsegenskaper en i huvudsak västlig prägel" och han avslutar kapitlet med följande slutsats:

> Offerdal har till relativt sen tid varit en tämligen orörd bondebygd, där genom isoleringen en ursprunglig, kanske mycket gammal västlig befolkning kvarlevat. Omkring 1915–1920 bröts isoleringen och en stark såväl in- som utflyttning började, vilket gör att en ursprungliga befolkningens fysiska särdrag nu torde vara i försvinnande.[24]

EN SÄRPRÄGLAD BYGD MED EN SÄRPRÄGLAD BEFOLKNING

Sammantaget framträder i bokens inledande kapitel en bild av Offerdal och dess befolkning som en särpräglad bygd med ett särpräglat folk. Enligt resonemangen har av historiska skäl Offerdal blivit en kulturellt och "biologiskt" relativt homogent bygd även om modernitetens genombrott har inneburit att bilden förändrats och förändras. Siri Bomans sångtext visar också hur dessa föreställningar är tydligt förankrade i teologiska föreställningar om hur detta historiska skeende också är en del av Guds skaparverk och därmed också en tro på att Gud "hålle sin kärlekshand över vårt Offerdal". En stor del av innehållet i den andra boken handlar om kyrkliga byggnader i Offerdal och de texterna är skriva av Elov Boman själv. I inledningen till kapitlet om Offerdals kyrka skriver han att "[h]är liksom på många håll i Sveriges land har man kunnat konstatera, huru kyrkan redan tidigt blivit det centrala och enande i bygdens tillkomst och fortskridande utveckling".[25]

Han berättar vidare om de kapell som troligen var de första kyrkliga byggnaderna i Offerdal och konstaterar då att några av dem antingen kan spåras till den "första kristna tiden" eller så kan de ha tillkommit

23 Beckman 1962, s. 61.

24 Beckman 1962, s. 64.

25 Boman 1962c, s. 337.

senare som "en protest mot reformationen" vilket Boman förklarar med att "[k]atolicismen var nämligen starkt förankrad i skogsbyarna, och ännu långt efter reformationens genombrott i Offerdal florerade katolsk vidskepelse".[26] Han återger också två olika sägner som berättar om hur det gick till när platsen för Offerdals kyrka valdes[27] och konstaterar sedan att den första verkliga församlingskyrkan i Offerdal redan i "slutet av 1500-talet [var] gammal och förfallen".[28] Sedan följer en detaljerad skildring av historien kring Offerdals kyrka i Ede och olika artefakter som finns i kyrkan. Boman berättar bland annat om dopfunten i form av den snidade ängel som fortfarande är i bruk och om Offerdalskalken som enligt Boman har "bevisats vara tillverkad i sydschlesiska staden Neisse något av åren 1613–15".[29] Han avslutar återgivningen av historien kring kyrkan på följande sätt:

> Det vill städse minna bygdens folk om den plats, där Herren vill möta sin församling. Så lämnar Offerdals vackra tempel ett rikt och förpliktande arv till sentida Offerdalsbor. Det arvet bär på djupet inom sig den hårda ofta bittra kampen för tillvaron, men ock ett vittnesbörd om själar, som lyfta sig fria från jordlivets omsorger för att i templets hägn finna vila, tröst och vederkvickelse. Må helgedomen alltfort få bliva ett den andliga gemenskapens hem för både gammal och ung.[30]

Utöver Offerdals kyrka redogör Boman också ingående för Rönnöfors kyrka och församlingshem och för kapellet i Jänsmässholmen. Utan att gå in på detaljerna i hans redogörelser är det intressant att lyfta fram några perspektiv. Han uttrycker bland annat att han har kännedom om "rönnöforsbornas kärlek till sin kyrka" och att han därför känner sig "förvissad om, att de även i fortsättningen komma att värna och vårda sitt kyrkliga arv till tro och uppbyggelse".[31]

I kapitlet om kapellet i Jänsmässholmen återger han en del av det tal

26 Boman 1962c, s. 338.

27 En av dem är den som återgavs här ovan.

28 Boman 1962c, s. 339.

29 Boman 1962c, s. 356. Dopfunten är enligt Boman skapad av mäster Petter Blom i Gävle år 1716.

30 Boman 1962c, s. 365.

31 Boman 1962d, s. 410.

Altare och altartavla i Jänsmässholmens kapell.

han höll vid återinvigningen kapellet 1952. Talet tar sin utgångspunkt i Psaltaren 118 och vers 19: "Öppna för mig rättfärdighetens portar. Jag vill gå in genom dem och tacka Herran". Han tar i talet sin utgångspunkt i de första nybyggarna som sökte sig till området och finner det underbart att:

> [K]unna konstatera, hur människan är så av naturen danad, att hon längtar efter att skapa en plats för tillbedjan och helig gemenskap. Ofta nog var det så, att där fanns icke mycket att bygga med eller av, ty det kunde vara bistra tider och även nödens tider bland dessa förstlingar i våra avsides bygder".[32]

Han beskriver sedan i poetiska och målande bilder hur denna längtan så fått ta sig konkreta uttryck i en "helgedom med öppnade portar" och slår fast att från dessa platser "talde Gud själv i sitt heliga ord och sitt rika evangelium till sin lilla församling, bildad mitt i fjällvärldens vida famn". Han påminner också om att man inte ska fästa för mycket uppmärksamhet vid yttre tecken på förgängelse eller kapellets anspråkslöshet för:

> Guds väsen är ändock sådant, att han inte bara ser till de stora katedralerna i världen och de förnämliga byggverken och de märkvärdiga och stora människorna, som har namn av visdom och ära, utan Guds öga vilar med välbehag över varje människa, varje hem och varje liten by, där andäktig tro finnes.[33]

Föreställningar om Offerdal och kyrkan i förhållande till folkkyrkotankar

I det material jag har lyft fram från böckerna om Offerdal finns intressanta paralleller mellan föreställningar om Offerdal och kyrkan och ungkyrkorörelsens folkkyrkotankar. Ser man till föreställningarna om Offerdal som bygd och dess befolkning tycks de ligga närmast Eklunds folkbegrepp. Offerdal och de boende där är något både kulturellt och biologiskt särpräglat som samtidigt är en del av "riket Jämtland", de

32 Boman 1962e, s. 438.
33 Boman 1962e, s. 438.

är Jämtar. I kapitlet om befolkningen framträder en tydlig bild av en ursprunglig ”biologiskt” relativt homogen befolkning som i och med det moderna samhällets influenser börjar blandas upp. Men det är också ett ”folk” med en gemensam historia där de som har gått före genom sitt arbete och sina vedermödor har bidragit till att skapa den bygd som Boman och de övriga skribententerna lever i. Samtidigt är det viktigt att se att liksom Eklunds folkkyrkotankar inte låter sig fångas i enkla och schematiska beskrivningar så är föreställningarna om kyrka och folk inte entydiga i bokens texter. I Bomans egna texter framträder en förståelse av ”folket” i Offerdal som snarare vilar på teistisk än biologisk grund.

EN LOKALT FÖRANKRAD FOLKRÖRELSE

Torbjörn Aronson har beskrivit Manfred Björkquists folkbegrepp som ”teleologiskt” (styrt av ett mål) och präglat av ”ett teistiskt fundament”.[34] Det vill säga att Björkquist förstår det som att folket är något som blir till genom en dynamisk process där ”den kristna trons allt starkare inflytande i kultur och samhällsliv sågs som en nyckel”. En sådan förståelse går också att ana i Bomans texter. Det är enskilda människors arbete genom historien som i ”idog strävan i både medgångens och motgångens tider [har] byggt det Offerdal, som nu är”. Men som hos Björkquist är människors tro och kyrkans närvaro ofrånkomliga delar i denna historiska process. Kyrkan är ju enligt Boman ett synligt tecken på ett arv som inom sig ”bär på den hårda ofta bittra kampen för tillvaron, men ock ett vittnesbörd om själar, som lyfta sig fria från jordlivets omsorger för att i templets hägn finna vila, tröst och vederkvickelse”. Det finns inte heller en total identifikation mellan kyrkan och folket i Bomans resonemang. Han beskriver kyrkobyggnaden som en plats ”där Herren vill möta sin församling” och i kapellet i Jänsmässholmen ”talde Gud själv i sitt heliga ord och sitt rika evangelium till sin lilla församling, bildad mitt i fjällvärldens vida famn”. Han talar också om kyrkobyggnaden som ett ”hem för den andliga gemenskapen”.

I Bomans resonemang framträder föreställningar om församlingen som något som bildas och som förutsätter Guds heliga ord och evangelium. Kyrkobyggnaden är ett synligt tecken på en andlig gemenskap som inte är synonym med ”folket” i Offerdal men som inte heller kan

34 Aronson 2008, s. 228.

förstås skild från bygdens historia och människor och "Guds öga vilar med välbehag över varje människa, varje hem och varje liten by, där andäktig tro finnes". En annan intressant parallell mellan Bomans föreställningar och Björkquists folkkyrkotanke är betoningen av att kyrkan bör vara en lokalt förankrad folkrörelse. Bildandet av hembygdsföreningen och bokprojektet, lett av Boman, är konkreta exempel på hur han som kyrkoherde bidrog till skapandet av föreningsliv och folkbildning i det lokala sammanhanget. Ett sådant agerande är helt i linje med Björkquists tankar så som de presenteras av Aronson.

Det fanns hos Björkquist en strävan att "kyrkan skulle flyttas från det ämbetsmannamässiga, och med staten förbundna, till civilsamhället, frivilligsamhället ".[35] Svenska kyrkan skulle bli och vara en folkrörelse vid sidan av andra. Även om det utifrån det begränsade materialet inte går att säga något om hur Boman såg på förhållandet mellan prästen och lekmännen talar ändå hans arbete för att han ville förankra det kyrkliga i folkrörelseformer. Aronson pekar också på att Björkquist folkkyrkotanke och vision innebar att han betonade kyrkans folkomslutande karaktär.[36] Kyrkan skulle inte bidra till splittring mellan olika klasser eller grupper utan istället lokalt ge rum för en bredd av olika fromhetsriktningar.[37] Den skulle inte, med Björkquists ord, vara en "sektkyrka". Bomans föreställningar om förhållandet mellan kyrkan och Offerdal har också denna folkomslutande karaktär. Församlingen och kyrkan identifieras inte med någon särskild grupp eller kategori människor i Offerdal utan förstås snarare som en enande och omslutande faktor i bygden.

Slutsatser

I det här kapitlet har jag redogjort för och analyserat några av alla de delar som ingår i en väv av relationer, förbindelser och föreställningar i vilken Offerdal och kyrkan framträder. Av analysen framgår det att det finns starka förbindelser mellan kyrka och bygd. I praktiken går de inte att skilja åt som två separata fenomen. Kyrkan framträder i stor utsträckning i och genom bygdens framträdandeformer på samma sätt

35 Aronson 2008, s. 217.

36 Aronson 2008, s. 221. "Folkkyrkans folkomslutande karaktär fick, enligt Björkquist, två sociala konsekvenser: den måste verka för social försoning och den måste uttrycka kärlek och barmhärtighet till alla delar av befolkningen".

37 Aronson 2008, s. 218.

som bygden i väsentliga delar framträder genom kyrkans. Samtidigt är det också tydligt att bygd och kyrka inte föreställs som synonyma med varandra. I Bomans texter är det, som analysen har visat, till exempel tydligt att kyrkan inte sammanfaller med de boende i Offerdal, samtidigt som kyrkans historia och uppdrag på ett oskiljaktigt sätt är förbundet med människor som har levat och verkat i bygden. Men avgörande i föreställningar om kyrkan är att det är Gud själv som genom sin kyrka på ett särskilt sätt verkar i bygden genom förkunnelsen av Ordet och människor som kommer till tro. Kyrkobyggnaderna och kapellen är synliga och konkreta uttryck för Guds närvaro och engagemang.

Föreställningar om kyrkans uppdrag och identitet

Mot bakgrund av det som redogörelsen och analysen av materialet från Offerdal så här långt har gett ska jag nu föra resonemanget ett steg vidare. Jag gör det genom att reflektera över de föreställningar om kyrkans uppdrag och identitet som kommer till uttryck i materialet. Jag ser exempel på en viss spänning i Offerdal mellan olika föreställningar om kyrkans uppdrag och det finns därför anledning att fördjupa förståelsen för de faktorer, som på olika sätt, har bidragit till att prägla förhållandet mellan bygd och kyrka. Det är också intressant att se att det är i relation till kyrkorummet och de praktiker som utförs där som spänningen mellan olika eckesiala föreställningar blir som tydligast.

Utan att ge sken av att det handlar om en enkel motsättning mellan föreställningar om kyrkan som en konsertlokal eller ett rum för förkunnelsen av Guds ord så är det längs en sådan skala man kan skönja spänningen. I relation till de frågor jag ställer i den här boken kan spänningen sägas handla om hur man föreställer sig den roll kyrkan spelar och bör spela i relation till praktiker och föreställningar som är viktiga komponenter i de vävar genom vilka byar och bygder framträder i Offerdal. Det handlar om förhållandet mellan folk och kyrka. Därför återvänder jag nu till dopgudstjänsten och sedan till Bomans ecklesiala föreställningar för att söka efter användbara teologiska perspektiv som kan bidra till konstruktiva reflektioner kring kyrkans uppdrag och identitet i Offerdal.

Föreställningar om kyrkan i dopgudstjänsten

I redogörelsen för dopgudstjänsten i Offerdals kyrka var betoningen av trygghet tydlig. Psalmtexter och prästens doptal förmedlade framträdande föreställningar om att dopet bekräftar att Gud i dopet lovar att bära den döpte i sin famn och att återvända till dopet innebär att bli påmind om detta faktum: att vi är burna i Guds famn. Ett sådant budskap kan tydligt relateras till det Billing benämnde som Guds förekommande nåd. Så som dessa föreställningar kommer till uttryck i de ord som formuleras i dopgudstjänsten är det en tydlig fokusering på den enskilde. Det är relationen mellan den enskilde och Gud som bekräftas. Men det finns också andra perspektiv. Ett sådant förkroppsligas i kyrkorummet och Offerdals kyrka som i relation till området med hembygdsgården, församlingshemmet, äldreboendet, sockenstugan och prästgården framträder som ett bygdens rum. Att döpas i Offerdals kyrka innebär i någon mening att tillhörigheten till bygden som kollektiv och dess historia bekräftas. Även om det inte är något som explicit uttrycks i dopgudstjänsten finns sådana föreställningar implicita i den väv av förbindelser i vilken dopgudstjänsten ingår.

Men i gudstjänsten finns också explicita föreställningar som tillför andra perspektiv. Tydligast uttrycks de i befrielsebönen och dopbönen som bes när vattnet har hällts upp i dopfunten. I befrielsebönen säger prästen, vilket framgick här ovan, med ord ur dopliturgin att ”Jesus, den korsfäste och uppståndne, kallar dig att vara hans lärjunge”. Vid sidan av dopet som en bekräftelse på Guds förekommande nåd finns därmed också ett kallelsemotiv. Den döpte kallas till att vara en lärjunge till Jesus Kristus. Vad det mer konkret innebär är naturligtvis öppet för olika tolkningar men i kallelsen finns ändå ett motiv som handlar om den enskildes ansvar i relation till Jesus Kristus. I dopbönens ord tillförs ytterligare perspektiv till den enskildes relation till Jesus Kristus. Genom dopet, genom ”vatten och Ande”, skapar Gud ett folk som är förenat med Gud själv i Jesus Kristus. Här kompletteras föreställningarna om den enskildes lärjungaskap och ansvar genom tanken på att dopet innebär att den döpte också blir en del av ett folk som gemensamt är förenade med Gud i Jesus Kristus. Sådana teologiska föreställningar genomsyrar också Bomans ord om att kyrkorummet är ett hem för ”den andliga gemenskapen”. I Bomans ecklesiala föreställningar finns ingen motsättning mellan den enskildes ansvar och relation till Gud och trons kollektiva dimension. Det är genom att Gud med sitt ord, som förkunnas i kyrkobyggnaderna, når till den enskilde och väcker tro som den andliga gemenskapen tar form.

ANDLIG GEMENSKAP INTE SYNONYM MED BYGDENS GEMENSKAP

För Boman är kopplingen mellan "tillbedjan" och "helig gemenskap" tydlig. I likhet med ungkyrkorörelsens företrädare förutsätter Bomans resonemang att uppenbarelsen är historiskt förmedlad och att det på ett mycket konkret sätt sker genom att Guds ord förkunnas och människor tillber i kyrkorummen. De fysiska rummen och de konkreta praktikerna är därmed förutsättningar för den andliga gemenskapen. Men hos Boman finns också en tydlig relation mellan bygdens historia och kyrkans uppdrag och identitet. Det är "märkes*män*" [sic!] bland både allmogen och prästerna som har tagit ansvaret för att bygga och förvalta de rum i vilka ordet har förkunnats och den andliga gemenskapen byggts upp. Så följden av Bomans resonemang blir att bygden och dess befolkning har ett ansvar för att förvalta och tillhandahålla de rum där Guds ord kan förkunnas och människor kan tillbe Gud så att människor kommer till tro och en andlig gemenskap kan skapas. Denna gemenskap är inte synonym med bygdens gemenskap. Men den bör samtidigt inte på ett självklart sätt tolkas som en osynlig gemenskap i kontrast till den synliga kyrkan och gemenskapen. Detta är en gemenskap som tar sig både konkreta och synliga uttryck i form av människor som ber, firar gudstjänst och berättar om sin tro, vilket inte betyder att den är möjlig att slutgiltigt avgränsa eller definiera.

I Bomans föreställningar bör också finnas utrymme för att se kyrkans folkomslutande karaktär i ett ekumeniskt perspektiv. När han i sin predikan i Jänsmässholmens kapell, där senare en ekumenisk väckelse tog form som präglar de kyrkliga relationerna i bygden än idag, talar om att Gud ser till varje människa, varje hem och varje by där "andäktig tro finnes" är det inte långsökt att tänka sig att det också inkluderar människor i bygden som tillhör andra samfund och som samlas i andra rum och byggnader än de kyrkor som förvaltas av Svenska kyrkan.

I de föreställningar om ”ett folk skapat i vatten och Ande förenat med Gud i Jesus Kristus” och kyrkan som ett hem för ” en andlig gemenskap” framträder aspekter av kyrkans uppdrag och identitet som inte på ett självklart sätt låter sig förenas med en stark betoning av kyrkan som upprätthållare och förvaltare av bygdens historia, kultur och identitet. Återigen går det att se ett släktskap med Manfred Björkquists folkkyrkotankar. Som Torbjörn Aronson visar betonade Manfred Björkquist förhållandet mellan kultur och kyrka men inte såsom kyrkan mot kulturen eller kyrkan genom kulturen. För Bjökquist var kyrkans uppgift att genom dialog och samverkan med kulturen bidra till förändring och förvandling av densamma. Ett sådant förhållningssätt ligger nära det Boman ger uttryck för vad gäller kyrkans förhållande till Offerdal och dess kultur, historia och identitet. Mot bakgrund av de här perspektiven i Bomans texter och den bild jag får av hur arvet efter Boman idag förvaltas i Offerdal är det relevant att fråga sig vilket utrymme det finns för Bomans ecklesiala föreställningar och de dimensioner i dopet som tydliggör att den döpte också blir en del i ett folk skapat av vatten och Ande och inte av blodsband, kulturella rötter eller gemensam historia.

Genom nedslag i Alsen och Offerdal har jag nu bidragit med perspektiv till bilden av hur kyrkan framträder i relation till byar och bygder. Jag har också visat att det i praktiker såsom dopet och i bygdens historia finns resurser för att teologiskt reflektera över kyrkans uppdrag och identitet. Nu förflyttar jag mig till Arvidsjaur, eller närmare bestämt till byn Lauker, som ligger några mil från tätorten för att tillföra ytterligare perspektiv och nyanser till bilden av hur kyrkan framträder i relation till byar och bygder.

5
"HÄR SPIRAR FRAMTIDSTRON" – LAUKER

"Det är som en stämning." Jag står med en kvinna från Lauker i byns bönhus. Vi har vandrat den korta biten från vägen där bilen står parkerad. Bönhuset ligger avskilt men väl synligt från vägen som leder genom byn. "Det är så vackra fönster". I bönhusets kyrksal är fönstren något högre än i den andra delen av byggnaden och de har en tringelformad överdel. Utifrån bidrar fönsterformen till att ge bönhuset en kyrklig karaktär. Annars finns det inga tecken på husets utsida som signalerar att det är ett hus avskilt för bön och gudstjänst. Kyrksalen är möblerad med fyra till fem bänkrader uppdelade på två sidor om en mittgång som leder fram till ett enkelt väggfast altare i furu. Till höger om altaret en predikostol, också den i furu med ett kors på framsidan. Ovanför altaret hänger ett träkors på en brun bakgrund. Till vänster om altaret ett piano och på pianot en bössa som föreställer en afrikansk pojke i vita kläder. I fönstren hänger vita gardiner och i taket lampor i form av takkronor.[1] "Jag tror att det samlades in pengar till en av takkronorna i samband med att en ung man dog i TBC". Kvinnan berättar vidare:

> Här var jag på söndagsskola och jag minns det så väl. Vi var många barn...det var nog att sitta stilla och så var det från bibelns berättelser och sjunga och så få guldstjärnan. Vi satt i bänkarna. Det var ju så mycket barn. Söndagsskolefröken var Vera och hon tillhörde pingstförsamlingen. Hon hade en väldigt fin sångröst.

1 För ett utvecklat resonemang om ecklesiologiska analyser av bönhus och frikyrkliga kyrkorum, se Fahlgren 2008.

Bönehuset i Lauker.

Kvinnan berättar att hon själv i sju eller åtta årsåldern valde att åka till söndagsskolan. Hennes pappa var kommunist. Han gick inte i kyrkan men kunde sin bibel.

> Han ville ju inte, men jag ville dit men det var ju en ångest för mig också för man trodde ju på det där med himlen. Men vem tar jag med mig? Det är ju bara jag. Ja mormor kanske. Pappa har aldrig sagt ett ord. Han läste mycket och uppmuntrade till att läsa. Det var ju självklart. Jag fick guldstjärna. Jag blev väldigt botad en gång från det där. Vi hade en söndagsskolefröken och vi hade badat och då kom det en man och frågade fröken om hon hade badat också..."Nä hä", sa hon, "det är ju så kallt i vattnet". Hon ljög ju. Hon hade ju badat hur kunde hon ljuga? Vilken lättnad att även hon kunde ljuga.

Hon berättar vidare om finska krigsflyktingar som bodde i bönhuset på 40-talet. De hade delat in huset i mindre avdelningar och försökt skapa en viss avskildhet med hjälp av pappskivor. "Dopfunten är gjord av en man i byn", säger hon och pekar på en dopfunt svarvad i ljust trä med en metallskål som står vid altaret. På väggen vid sidan av altaret hänger två tavlor målade av en lokal konstnär, den ena föreställer den korsfäste

Kristus där en kvinna ligger vid korsets fot och sörjer och den andra en herde som finner ett förlorat får i ett bergigt landskap.

Bönhuset byggdes 1936 och används än idag, framförallt för kyrkliga handlingar som dop och vigslar. Ett par i byn ansvarar för skötsel och underhåll.

Laukers historia

Någon timme tidigare har jag suttit tillsammans med ett par Laukerbor i Antes gården, ett knuttimrat hus som idag fungerar som ett lokalt museum, vid byastugan i Lauker. I byastugan pågår en loppis och jag har hunnit sitta ner och fika innan vi har gått över till Antes Gården. Där berättar de om Laukers historia och om engagemanget för byn. Jag får veta att kvinnan som senare visar mig bönhuset "kan allt om det som har hänt i Lauker" och hon är också den som driver arbetet med det lokala museet. I rummet där vi sitter och på övervåningen finns mängder med bruksföremål från Lauker. I huset finns också en stor mängd historiskt material. "Vi har haft cirklar med de som hade minnen av hur det var här förr och det finns dokumenterat". Allt från begravningsannonser till större reportage om Lauker finns sparade. En del av dokumentation skedde i samband med 200-års jubileet av byn. 1785 kom de första nybyggarna från Glommersträsk till Lauker. Platsen var inte obebodd. Tre samebyar gränsade mot varandra där byn ligger idag. De berättar om de första generationerna nybyggare som de själva är ättlingar till. För nybyggarna handlade det om att anlägga odlingsbar mark, då fick de skattebefrielse från kronan. Långt senare blev skogen en viktig inkomstkälla och domänverket byggde bostäder i byn. Lantbruk och skogsbruk har sedan existerat parallellt i byn vilket också har format det sociala livet. De berättar att väckelserörelserna har präglat livet i byn under deras egen uppväxt.

> Jag tror att det var omkring efter spanskan som de första väckelsepredikanterna kom hit. Det finns en berättelse om en präst som heter Ramselius, som gick ur statskyrkan och blev frikyrklig. Han skulle till Lauker och man upplevde att folk var i behov att få tröst så han tog sin cykel och så åkte han till militärvägen vid Gråträsk och så skulle han hämtas av bönderna och ros till Lauker. Men han for vilse. Han hade druckit ur nattvardsvinet. Och sedan, dagen

därpå, kom han och bönderna hämtade honom. [...] När han kom var det möte hela tiden och stor själanöd. Samuelsson som var kyrkoherde har skrivit om det här. Det var ju också en fruktans tid. De vuxna betedde ju sig inte som vanligt det var ju åkallan och knäböjande och de trodde ju att det var domens dag för barnen förstod ju inte alls. Och många föll ju.[2]

De berättar att EFS-föreningen var aktiv i byn och att det var de som byggde bönehuset. Men de kom också i kontakt med Sion- och Filadelfiaförsamlingarna i Arvidsjaur och Frälsningsarmén hade välbesökta möten i bönehuset. En av kvinnorna som jag talar med berättar att "där var jag på möten med farmor och var tvungen att sitta i bagarstugan och knäböja. Det var ju lite pingsthalleluja".

När vi besöker bönehuset berättar kvinnan jag är där med om att byn var delad när hon var ung.

Det fanns som en skiljelinje. Det här var den religiösa delen av byn och de flesta här tillhörde församlingen. Den andra delen av byn där fanns då den här dansanta ogudaktiga delen och där låg en nöjeslokal där man dansade. Sedan kom Astoria som låg åt det här hållet. Det sågs ju inte med så blida ögon. Man accepterade alla för vad de stod för. De flesta var ju släkt.

Kyrkan och Lauker

"Kyrkan", det vill säga Svenska kyrkan, är inte särskilt framträdande i berättelserna från deras uppväxt. Nog var prästen här ibland, konstaterar de. Idag är kontakterna med Svenska kyrkan mer utvecklade.

---

2 Boken hon hänvisar till är Lars Samuelssons doktorsavhandling. I den skriver han bland annat att "[i]ngen av de präster och predikanter, som stod med i 'Laukerväckelsen' 1918–1919 utom Per Westerlund hade haft någon närmare kontakt med pingströrelsen. Ingenting tyder heller på att de bar fram något annat budskap än det som var vanligt i kyrkligt rosenianska sammanhang. Men då man långt efteråt betraktar det som hände i 'Laukerväckelsen', kanske man med ett visst fog kan säga att den var ett preludium till den pingstväckelse i mera snäv mening, som 1923–1924 vann insteg i Arvidsjaur". Samuelsson 1983, s. 102. Samuelsson döljer inte var han har sina sympatier och antipatier i den historia han skildrar. Han konstaterar till exempel i avhandlingens slutkapitel att "[b]l.a. genom skolläraren och EFS-kolportören Zackarias Lindmarks och kyrkoherden Magnus Theodor Berlins visliga ledning kom väckelsen och kyrkoförsamlingen att förenas i en positiv gemenskap, som bevarade fromheten i 'sunda', kyrkligt lutherska fåror och hindrade nya läror från att få fotfäste i bygden". Samuelsson 1983, s. 133.

En gång i månaden håller en diakoniassistent, som är anställd av EFS, träff för dagledigа i Lauker. De samlingarna inleds och avslutas alltid med en andakt. De berättar också om de präster som har kommit till Lauker och som de har lärt känna. En av prästerna, som också är knuten till EFS men anställd av församlingen, beskriver de som en präst som är "som en vanlig människa" eftersom han pratar bondska, en av de lokala dialekterna. En tidigare kyrkoherde beskriver de som en ovanlig präst "som var så ärtig med sina röda strumpor och fina skor". De berättar också om en av de "gamla" prästerna, "de riktiga prästerna... svartrocksprästerna" som nu är borta. De konstaterar att de inte är så vana vid kvinnor som är präster och berättar att den nuvarande kyrkoherden har haft dop och vigslar i bönehuset och att hon "har pratat lite värmländska med oss".

De berättar också att det ibland firas dop i bönehuset eller i Antes gården och det är tydligt att det är viktiga händelser för dem. "Två dop har varit här. Och det har varit så fint. Det är ju enastående. Det har ju varit som ett lyft för oss med inflyttningen. Flera som flyttar in jobbar i föreningen för byn". Dopen av barn i Lauker får en särskild innebörd då de också blir tecken på hopp och framtidstro. Överhuvudtaget är det faktum att unga familjer bor i Lauker något som har stor betydelse för de jag talar med. När jag senare frågar kvinnan i bönehuset om hon kan känna missmod inför framtiden svarar hon ett entydigt nej och fortsätter:

> Här spirar framtidstron...jag känner inget missmod. Nog kan man ibland rycka på axlarna och tänka att hur ska det här bli. Så länge som de unga familjerna bor kvar då känner man ju hopp men om de flyttade då skulle det nog ta knäcken på vem som helst, även på de mest inbitna.

De betonar också vikten av enhet i byn och de berättar om avskräckande exempel där byar har splittrats på grund av osämja.

> Vi aktiverar oss mycket. Vi har Laukerklassikern, cykel, skidor och löpning. Och så har vi Laukerdagen, som tidigare brukade vara en vecka. Den ligger mitt i juli, en sådan här hemvändardag. [...] Då är det hela byn som planerar.

De berättar också om framtidsträffar som anordnas i byn.

> Vi måste ju underhålla byastugan och få in pengar. Vi har takläckage. Vi har städardag då alla i byn ska hjälpa till. Vi försöker söka pengar men det är inte lätt. Det gäller för oss att jobba och göra det attraktivt att bo här. Hittills finns det inte tomma hus här. Det kanske är lite långt. Men vill man bo så här så är det inte det som avgör. Men att ha ett jobb är ju viktigt.

De förklarar också att de inte gnäller på kommunen eller staten när saker och ting inte fungerar.

> Vi har inte den inställningen här i byn. Jag kan ta gatlyset till exempel då hade man basarer och dylikt för att få till gatulyset, så där struntade man ju också i de här myndigheterna. Vi gnäller inte så mycket på, vi tar saken i egna händer. [...] Det gäller ju att man har en sammanhållning i byn. Vare sig religiöst eller profant...man har inte stängt dörren åt något håll...Alla arrangemang blir en byaangelägenhet, även de som kyrkan håller i. Alla kanske inte ber Fader vår men de är där.

Observationerna och intervjuerna från Lauker ger en bild av hur en by framträder som en plats där människors liv flätas samman och där föreställningar om något gemensamt formas, förmedlas och förvaltas. Det är några saker jag vill fokusera på i den korta skildringen från Lauker och de är relaterade till de tre byggnaderna som nämns: byastugan, Antes gård och bönhuset. Med utgångspunkt i de tre byggnaderna ger jag en fördjupad bild av hur Lauker framträder som en plats där föreställningar om en särskild kollektiv tillhörighet kommer till uttryck. En sådan bild kan bidra till att öka förståelsen för hur Svenska kyrkan framträder i relation till skilda sammanhang och kollektiv inom den geografiska församlingens område.

Byastugan

Byastugan och Antes Gård ligger en stenkast från varandra, där vägen som leder genom Lauker tar av från väg 94 som leder till Arvidsjaur eller Älvsbyn. Initiativet till att bygga byastugan togs sedan byns nöjeslokal och gemensamma samlingslokal Astoria brann ner 1971. En byastugeförening bildades 1978 och 1981 invigdes byastugan. I en redogörelse för byastugeföreningens historia citerar man verksamhetsberättelsen från året då byastugan invigdes.

> En förening blir alltid vad dess medlemmar gör den till. Styrelsen vill till slut uppmana alla medlemmar att aktivt delta i föreningens kommande verksamhet och därmed stärka sammanhållningen i byastugeföreningen.[3]

Och i texten, som uppenbarligen har kompletterats vart efter, konstaterar man sedan också att "[v]i kan i dag 20 år senare blicka tillbaka på en lyckad satsning trots misstro och belackare, ' hä lönch int'. Visst 'lönch hä' om man tror på en sak". Byastugan fungerar idag som en viktig lokal för gemensamma aktiviteter i byn. Men det korta utdraget ur historieskrivningen antyder också att byastugan fungerar som ett synligt och konkret tecken på en attityd och ett förhållningssätt som tillskrivs de boende i Lauker. De väntar inte passivt på hjälp utifrån utan arbetar gemensamt för att lösa problem och skapa förutsättningar för att byn ska kunna leva.[4] De här föreställningarna är viktiga komponenter i de självbeskrivningar jag möter i Lauker. Byastugan är den byggnad genom vilken dessa föreställningar tydligast materialiseras, dels genom byastugeföreningen och de aktiviteter som de arrangerar i byggnaden, dels genom själva förvaltandet och underhållet av byggnaden. Byastugan i Lauker fungerar som ett synligt tecken på att Lauker är en levande by.[5] När man vårdar sin byggnad är det också ett uttryck för hur man vårdar gemenskapen och byn.[6]

---

3 Lauker-Lövvikens byastugeförenings historia. http://www.lauker.se/foreningen.html [2014-03-20].

4 Ekonomihistorikern Maths Isacson skriver om byalaget som en utvecklingskraft i norrländsk avfolkningsbygd. Han konstaterar att man på flera platser i Norrland under "1970- och 1980-talet gick samman och bildade byalag" och att huvudskälet var "de gångna årtiondenas omfattande avflyttning och befolkningsförändring". Isacson 2009, s. 35. "Under 1990-talet och början av 2000-talet växte den till en folkrörelse med 4 500 lokala utvecklingsgrupper och 70 000 aktiva personer. Grupperna har olika namn, som byalag, samhällsföreningar, intresseföreningar eller utvecklingsgrupper. De arbetar 'för sin bygds utveckling och bästa". Isacson 2009, s. 35.

5 I en presentation av Lauker på hemsida skriver man bland annat att "Byastugeföreningen är det nav den sociala kontakten snurrar kring, med diverse aktiviteter året runt". http://www.bygdegardarnabd.se/laukerlapland/Lauker%20idag.htm [2014-03-20].

6 I sin forskning av bygdeutveckling i Västernorrland ser Forsberg att varje rum har en speciell betydelse men att det också "finns rum som betyder mer än andra och som är

Antes gård

Antes gård ligger i direkt anslutning till byastugan. Gården fungerar idag som ett lokalt bymuseum där Laukers historia berättas och förvaltas. I gården finns som sagt bruksföremål och olika former av dokumentation av byns historia. Arbetet med museet leds av en kvinna som kan beskrivas som en eldsjäl.[7] Hon är själv uppväxt i byn och hennes släkt och familj har rötter tillbaka till de första nybyggarna. I samtal med andra personer som är engagerade i byastugeföreningen framgår det tydligt att museet och det arbete som kvinnan har lagt ner värderas högt. Antes gård tycks förstärka föreställningar om platsens och byns värde. Gården i sin helhet materialiserar och sammanför berättelser och minnen från människor som har levt i Lauker genom historien och på så sätt bidrar den till att gestalta en kollektiv berättelse och ett kollektivt minne.[8] Ekonomihistorikern Maths Isacson har studerat utvecklingen av byalag i Norrland som, enligt honom, skjuter fart från 1970-talet och framåt som svar på avfolkning och befolkningsförändringar. Han konstaterar att ett engagemang i bygdens och byns historia inte är ett ovanligt inslag i arbetet för bygden. I ett byalag i södra Norrland som Isacson har studerat finns en eldsjäl som, på liknande sätt som kvinnan i Lauker, har lett arbetet med att dokumentera och samla material som skildrar byns historia. I byn ställdes hembygdens historia i ”förgrunden i arbetet med att mobilisera lokala krafter för byns överlevnad”.[9]

Antes gård fungerar därmed också som ett verksamt tecken på platsens och byns värde. Men gården erbjuder också ett rum som brukas för vissa aktiviteter. Ibland är det, till exempel, träffar för daglediga eller, som dem jag träffade i gården berättade, dop. Av berättelserna om dopen i Antes gård framgår det att de har varit mycket betydelsefulla för flera av de som har deltagit. Ett sätt att förstå den betydelse de tillskrivs är att se hur ett meningsskapande historieberättande, i form av byamuseet, möter ett synligt tecken på en hoppfull framtid, i form av barndop. De unga familjerna med sina barn är tydliga bärare av de äldres

förbundna med varandra. [...] Bygderummen har både konkreta och symboliska betydelser”. Forsberg 2010, s. 46.

7 För resonemang kring begreppet eldsjäl, se Forsberg 2010, s. 97–101. Forsberg skriver bland annat att eldsjälen är någon som ”står i kampens centrum” i ett arbete för bygdeutveckling.

8 Kyrkohistorikern Carola Nordbäck anlägger ett liknande perspektiv i sin analys av ett jubileumsfirande i Vilhelmina församling, se Nordbäck 2014.

9 Isacson 2009, s. 39.

Antes gård i Lauker.

hopp för bygdens framtid och dopet blir en praktik som i någon mån ritualiserar detta hopp. Det konkreta sammanhang när dopgudstjänsterna firas i Antes gård präglar naturligtvis också hur dopet tolkas och förstås av de boende i Lauker. Det är säkerligen, som på många platser i Sverige, en viktig gudstjänst för familjen och släkten men i Lauker får det en ytterligare dimension. Det är en gudstjänst som manifesterar och gestaltar gemenskapen i byn och hopp och framtidstro för byns framtid. Närvaron av en präst från Arvidsjaur församling och gudstjänstordningen, som följer den ordning som är gemensam för Svenska kyrkan, synliggör också det enskilda dopets relation till ett vidare sammanhang. I vilken utsträckning denna relation tar sig konkreta uttryck i Laukerbors föreställningar om dopet kan jag inte avgöra.[10] Det finns

10 Det vore intressant att jämföra föreställningar om dopet så som de kommer till uttryck när dopet firas i en by där det inte finns något kyrkorum med sådana som kommer till uttryck i relation till dop som firas i ett kyrkorum (som det i Offerdal till exempel).

naturligtvis intressanta paralleller att se till dopet som jag redogjorde för i Offerdals kyrka även om en viktig skillnad i det här fallet just är det faktum att dopet i Lauker inte firades i en kyrkobyggnad.

Bönhuset

Bönhuset är den tredje byggnaden i Lauker som spelar en viktig roll i berättelserna om byns historia och som även idag materialiserar kollektiva föreställningar om byn. Ett exempel på detta är en skildring av Laukerdagen 2009, en dag som fungerar som en form av hemvändardag.

> Lördagen den 4 juli arrangerade Lauker-Lövvikens byastugeförening "Laukerdagen" vid ***byastugan*** med omnejd. Under dagen kunde besökarna umgås, fika, köpa lotter, stå i kö i bagarstugan för att få köpa nybakad god kaka. [...] ***Byamuseet "Antes"*** lockade med gamla tiders boendemiljö och möjlighet att titta på alla byns gamla arbetsredskap. Inne på borden låg klippböcker, många gamla fotografier och hemvändare kunde forska i sin släkthistoria. Givetvis var notdragning också med bland dagens händelser. Mycket folk drack kaffe och åt korv i väntan på dagens fångst.
> Ett mycket uppskattat inslag var en historisk byavandring till fots med [NN, kvinnan som ansvarar för byamuseet] som guide. Hon berättade om byns olika gårdar och dess historia. Det var så uppskattat att det blev en repris under söndagen. Dagen avslutades med en gudstjänst i ett fullsatt ***bönhus*** där Arvidsjaurs nya kyrkoherde [NN] predikade och [NN] sjöng.[11]

Under Laukerdagen, som är ett av de arrangemang under året som tydligast gestaltar kollektiva föreställningar om byn, sker alltså aktiviteter i de tre byggnader som jag har fokuserat på här (dessutom bagarstugan som ligger i anslutning till byastugan). Bönhuset är den byggnad där dagen avslutas med en gudstjänst som leds av kyrkoherden. Angivelsen att det var fullsatt antyder att gudstjänsten fungerar som en gemensam aktivitet för byn. I relation till skildringarna av hur byggnaderna i byn tidigare var rum för skilda kollektiv spelar nu bönhuset en annan roll.

---

11 http://www.bygdegardarnabd.se/laukerlapland/aktiviteter.htm [2014-03-20] [Min fetstil].

Då samlades primärt de troende i bönhuset, det vill säga de som inte gick till nöjeslokalen Astoria, där ett annat kollektiv i byn samlades för dans. Bönhuset kan därmed sägas härbärgera olika framträdandeformer för kyrkan under den tid det har funnits i Lauker. Då det byggdes var det primärt ett rum för kyrkliga uttryck som var relaterade till väckelserörelserna.

Idag är det i betydligt större utsträckning en byggnad genom vilken Svenska kyrkan framträder i Lauker. Det innebär också att, som exemplet med Laukerdagen visar, att Svenska kyrkan bidrar till att forma och gestalta en kollektiv tillhörighet som är tydligt knuten till platsen och byn Lauker. I Lauker framträder Svenska kyrkan på ett konkret sätt genom samlingar för daglediga, gudstjänster och kyrkliga handlingar och det sker genom att man avsätter och tillhandahåller avlönad personal.

Bönhuset i Lauker.

Samtidigt bidrar också byn Lauker, genom dess framträdandeformer, med byggnader och rum genom vilka Svenska kyrkan framträder och är närvarande. Det betyder att den kyrkliga närvaron är buren av andra än kyrkan själv.

Föreställningar om byarna kring Arvidsjaur

Analysen av Lauker med utgångspunkt i de tre byggnaderna ger en bild av hur kollektiv och föreställningar om dem knutna till specifika platser framträder, formas och förvaltas. Lauker är ett av flera sådana exempel inom de geografiska församlingarnas gränser. Mina observationer i byar inom de geografiska församlingarna i Arvidsjaur, Alsen och Offerdal visar att det finns en relativt stor mångfald vad gäller hur olika byar eller bygder framträder och hur föreställningarna om dem ser ut. Det är också intressant att uppmärksamma de föreställningar som finns om de olika byarna bland människor inom de geografiska församlingarna som inte bor i dem. I Arvidsjaur har jag till exempel vid flera tillfällen stött på karaktäriserande beskrivningar av Glommersträsk och Moskosel i relation till varandra. Återkommande i beskrivningarna är att Glommersträsk, som ligger i den geografiska församlingens södra delar, karaktäriseras som en jordbrukarbygd där många är egenföretagare och att centerpartiet är relativt starkt företrätt. Byn beskrivs återkommande också som ”Saligglommers” eftersom den i stor utsträckning har präglats av den Rosenianska väckelsen.[12] ”Det är ett riktigt EFS-näste”, som någon uttrycker det. Återkommande i beskrivningarna är också att de boende i Glommersträsk är vana att ta saker i egna händer och lösa problem de ställs inför.”De är innovativa och entreprenörer.” Inte helt olikt självbeskrivningarna i Lauker. I Moskosel däremot, som ligger norr om tätorten Arvidsjaur, säger flera personer jag talar med att det råder en annan mentalitet. ”Där har alla varit anställda av stat, kommun och skogsbolagen, och där sitter man och väntar på att någon ska hjälpa dem.” Så uttrycker en person det och konstaterar samtidigt att det är med en viss raljerande underton.

Flera sammanfattar väckelserörelsens inflytande i området med att

12 En viktig person i den inomkyrkliga väckelsen i Västerbotten var Zackarias Lindmark som kom ifrån Glommersträsk. I Sveriges Kyrkohistoria, Folkväckelsens och kyrkoförnyelsens tid omnämns han på följande sätt: ”Bland de många lekmannapredikanterna kom Zackarias Lindmark (1833–1893) från Glommersträsk i Arvidsjaur att göra en betydande och bestående kyrklig insats som ännu låter tala om sig.” Bexell 2003, s. 209.

den inte nådde längre än till Glommersträsk när den kom från sydost. I Moskosel har arbetarrörelse och socialdemokratin varit viktigare än väckelserörelsen. "Socialdemokratin har varit religionen", som någon uttrycker det. De här föreställningarna om Glommersträsk och Moskosel är tydligt förankrade, om än i vissa variationer, bland företrädare för Svenska kyrkan och andra lokala sociala aktörer.

Stora skillnader mellan byar

I samtal med företrädare för församlingen framgår det också att de ser att det kan vara stora skillnader mellan olika byar inom den geografiska församlingens gränser. Vissa byar är närmast på väg att försvinna medan andra präglas av framtidstro och engagemang för byn. Diakoniarbetslaget i Arvidsjaur beskriver det på följande sätt:

> Vi lever ju i en glesbygd och många byar avfolkas ju. I många fall när en människa tvingas flytta eller dör så är ju huset tomt och då kan det vara två till tre år då barnen hjälper att hålla värmen igång och är där med traktorn och plogar. Sedan så orkar de inte och då blir det ju ett ödehus då det rimmar i fönstren och det blir oplogat. Så det är klart att för dem som är kvar så är det ju en sorg att se att en by som kanske var levande för 50 år sedan, nu är det bara skelettet kvar och en byagemenskap går förlorad. Man kanske är kvar några stycken men byn är så stor så man ser inte ens att det lys och så kom kommun och släcker ner gatlyset för att det kostar för mycket. Det har gått fort. Särskilt om man tänker på Moskosel som var en ganska stor by.

Själv bor jag vid ett av mina besök i byn Tjappsåive som ligger mellan Arvidsjaur och Moskosel. Ett par från Schweiz driver där ett bed and breakfast. Vi sitter tillsammans i deras stora kök och de berättar hur de hittade det gamla trähuset i en annons på nätet och bestämde sig med kort varsel att bryta upp från det stressiga livet i Schweiz och flytta till "Tjapps". De har renoverat huset och erbjuder idag flera sängplatser. Tjappsåive är en liten by och det lokala Tjappsbladet framgår det tydligt att de boende är stolta över att det idag finns flera företag i byn.

Spänningar mellan tätort och byar

Det finns alltså stora skillnader mellan olika byar både vad gäller sociala och ekonomiska förutsättningar och kulturella, politiska och religiösa influenser. I Arvidsjaur finns också tydliga skillnader och i vissa fall också spänningar mellan tätorten och byarna. Som en i diakoniarbetslaget uttrycker det:

> Ja, om du tänker på vår församling så bor ju storhopen i samhället och resurserna läggs på samhället. Och i byarna är det nästan ingenting som görs. Det var som jag skulle på ett symöte i Suddisjaur... och då jag frågade "vars bor du då", för de träffades i hemmet, "vars ska jag köra". "Ja" sa hon, "följ bara vägen och så stannar du där det är plogat".

En boende jag talar med i Glommersträsk uttrycker ett uttalat missnöje med hur kommunen behandlar byarna.

> Glommers har blivit så våldsamt styvmoderligt behandlat av Arvidsjaur, kommunen, det har ju varit som att de tror att kommunen slutar vid 50-skyltarna. Det som finns utanför ska ingenting ha. Så därför vill man ha så lite med Arvidsjaur som möjligt att göra.

Liknande spänningar mellan tätorten och byarna möter jag också i andra sammanhang. I Moskosel berättar några boende om hur flera i byn valde att lämna det Socialdemokratiska partiet när de fick höra att företrädare för partiet i Arvidsjaur hade försökt få in sina egna i kommunens styrelse och på så sätt "köra över byarna". Utan att jag kan avgöra vad som faktiskt har hänt är själva det faktum att det är så här det uppfattas av flera boende i Moskosel ett konkret exempel på spänningar mellan tätort och byar.

KYRKAN OCH SPÄNNINGARNA

Så vitt jag kan avgöra har inte företrädare för kyrkan tagit ställning i politiska frågor som rör förhållandet mellan tätorten och byarna. Jag har inte heller stött på något uttryckligt missnöje i byarna över hur Svenska kyrkan prioriterar sina resurser. Däremot möter jag i Glommersträsk berättelser om hur det var då byn hade en egen präst som bodde i byn. Som en företrädare för Svenska kyrkan och boende i Glommersträsk säger när jag frågar om vilka som varit de stora förändringarna i byn. "För kyrkans del är det väl det att prästen och prästgården försvann det stora. För så länge som prästen fanns i byn fanns ju kyrkan där på ett helt annat sätt." Någon beskriver också Svenska kyrkan i Glommersträsk som "Glommers fria församling" och bilden som framträder är att viljan att klara sig själv också i viss mån har påverkat relationerna inom Svenska kyrkan. Personen konstaterar samtidigt att flera av de personer som var drivande i Glommersträsk inte finns kvar idag. Viljan till att ta eget ansvar tar sig dock fortfarande vissa uttryck. Ett sådant exempel är blomsterfonden i Glommersträsk som fungerar som en förening med styrelse och egen kassör.[13] Kyrkoherden berättar att:

> Det finns blomsterfonder för både Arvidsjaur och Moskosel också men som sedan länge ligger inne som bara egna konton här men där det är öronmärkt naturligtvis. När beslutet togs för två år sedan att blomsterfonden i Glommers inte skulle fungera som tidigare så var ju min förförståelse att man skulle lägga in den precis som de andra...men då sa de att de ville veta vad som händer med pengarna så man har sin kassör.

Ordföranden i kyrkorådet i Arvidsjaurs församling berättar också att det i Moskosel finns en oro över att resurser flyttas från byn till tätorten vilket han mötte i samband med att en Moskoselbo testamenterade en gåva till kyrkan. Han berättar om ett möte han deltog i.

> Vi har fått ett arv från en person som egentligen var en av de första som flyttade till byn Moskosel eller det som uppstod och det dök upp på mötet och så hade ju byaföreningen fått en del av det också och så kommer det ett litet tonfall att det hade ju kyrkan fått då.

---

13 Jag deltog vid blomsterfondens årsmöte i Margaretasalen i mars 2013. Utöver val till styrelsens olika poster och ett beslut om att kassören skulle ges tillåtelse att själv tömma bössan med pengar till blomsterfonden som finns i kyrkobyggnaden diskuterade man också frågan om att ordna någon slags informationsskylt vid den nya klockstapeln vid kyrkogården i Glommersträsk. Klockstapeln byggdes efter det att ett äldre kapell hade bränts ner. Syftet med informationsskylten skulle vara att informera om kapellet så att minnet av det skulle kunna leva vidare. Vid blomsterfondens årsmöte blev kyrkoherden vald till mötets ordförande.

> Och då var jag tvungen att ta till orda, att det ska ni veta att dessa pengar som den här personen har skänkt till kyrkan ska enbart gå till Moskosels kyrka och kapell...de fick informationen att alla dessa pengar ska till kyrkan i Moskosel och det vart som en helt annan stämning. Det som jag tog illa upp var det där sista tonfallet, så gick det till kyrkan. Men när jag hade redogjort att de här pengarna ska tillfalla Moskosels kyrka och inget annat...ja man kände rent av en ro när jag hade presenterat det där.

Berättelsen säger något väsentligt om förhållandet mellan den egna byn och församlingen i stort och om relationen mellan bybor och kyrkan.

Samtidigt framkommer också i samtal jag har att relationen mellan bybor och församlingen inte är helt okomplicerad. Inte så att det tycks finnas något motstånd eller någon misstro mot församlingen snarare en tveksamhet till att låta kyrkan axla den roll som kommunen borde ta. Sådant motstånd framkom bland annat i samband med att församlingen skulle sälja församlingshemmet. Byalaget i Moskosel erbjöds att köpa byggnaden billigt men tackade nej. Några jag talar med tolkar beslutet som ett utryck för en ovilja att ta hjälp av kyrkan.

Vid sidan av denna tveksamhet inför att låta församlingen axla mer av ansvaret för det gemensamma i Moskosel är det påtagligt att kyrkobyggnaden har en viktig både symbolisk och praktisk funktion i byn, vilket jag återkommer till i kapitel nio.

Församlingshemmet i Arvidsjaur

Till den här bilden av några av de byar som finns inom gränserna för den geografiska församlingen i Arvidsjaur ska också kyrkan och församlingshemmet i tätorten Arvidsjaur läggas. Kyrkobyggnaden ligger väl synlig i slutet av den gata som leder från söder till norr genom samhället. Det är kring kyrkan och kyrkplatsen som samhället en gång har växt fram. I anslutning till kyrkobyggnaden ligger en kyrkogård med ett kapell och ett förhållandevis stort församlingshem med arbetsplatser för större delen av de avlönade medarbetarna. Där finns också ”pastors”, det vill säga församlingsexpeditionen, en stor sal med tillhörande kök och lokaler för verksamheter. På bottenplan ligger det som i stor utsträckning fungerar som ungdomslokaler. Idag är delar av den tidigare ungdomsverksamheten mer eller mindre vilande men bland annat konfirmander samlas i lokalerna. I församlingshemmet finns också ett andaktsrum, ett samtalsrum och ett personalrum med kaffeautomat, diskho och två större bord med stolar.

Kyrkobyggnaden, kyrkogården och församlingshemmet innebär att kyrkan framträder på ett tydligt och synligt sätt i tätorten. Mycket av Svenska kyrkans verksamhet utförs också i dessa byggnader och stora grupper av boende i Arvidsjaur kommer regelbundet till framförallt församlingshemmet. Inte minst handlar det om föräldrar som är hemma med sina barn. Kyrkobyggnaden fungerar också några gånger under året som en samlingsplats för många människor i tätorten. Det kan då handla om skolavslutningar, luciafirande, större konserter eller gudstjänster för bataljonen.

Svenska kyrkan framträder därmed, liksom kommunen och andra större samhällsaktörer, i huvudsak i tätorten. Utöver byggnaderna i Arvidsjaur äger och driver församlingen, som tidigare nämnts, kyrkobyggnaderna i Moskosel och Glommersträsk. I de båda byarna finns också begravningsplatser.

Som exemplen i det här kapitlet har visat finns det inom de geografiska gränserna för Arvidsjaurs församling stora skillnader mellan de förutsättningar som råder i olika byar. Det gäller också hur Svenska kyrkan framträder i byarna. Analysen av hur by och kyrka förhåller sig till varandra i fallet Lauker visade att det finns flera exempel på nära relationer och förbindelser dem emellan. Likaså finns mer eller mindre etablerade föreställningar om de olika byarna och sammanhangen som präglar hur människor beskriver och förstår varandra. Det har också framkommit att det förekommer spänningar mellan tätorten och byarna. Inom den geografiska församlingen Arvidsjaur framträder Svenska kyrkan, trots exemplen på motsatsen, i huvudsak i tätorten. Det sker genom kyrkobyggnaden och församlingshemmet, där de flesta av de anställda medarbetarna har sina arbetsplatser och där merparten av församlingens verksamheter genomförs.

Till bilderna av hur kyrkan framträder i Alsen, Offerdal och Arvidsjaur som presenteras i bokens andra del ska nu ytterligare en bild läggas som rör det samiska.

6
"HÄR LEVER TRADITIONEN" – LAPPSTADEN I ARVIDSJAUR

Bara några kvarter från Arvidsjaurs kyrka ligger Lappstaden som består av härbren och kåtor som ägs av samer. Lappstaden är en påtaglig påminnelse om samernas närvaro i Arvidsjuar. Jag kan inte mot bakgrund av det material jag har samlat in och skapat dra några generella slutsatser om samernas och det samiskas plats i församlingarna där jag har gjort mina studier, vilket inte heller är mitt syfte. Jag förhåller mig till de observationer jag har gjort och redogör för i det här kapitlet som exempel på kyrkliga framträdandeformer som kan ge en ökad förståelse för hur skilda kollektiva tillhörigheter kan existera i förhållande till kyrkan. Jag väljer därför i huvudsak att endast återge vad jag har observerat, vad personer berättar att de har upplevt och hur det samiska i historia och nutid återges i material som jag har kommit i kontakt med under mina fältstudier.[1] I kapitel nio återkommer jag också till erfarenheter bland samer i Offerdal av att vara utsatta för okunskap och ointresse från bland annat myndigheter och hur man förväntar sig att kyrkan ska stå på deras sida. Jag berör också det samiska i Alsen och Offerdal i samband med att jag redogör för ett samiskt musikspel i Alsens kyrka i kapitel sju.

1 För kort introduktion till samisk kyrkohistoria, se Rydving 2011. I sin artikel konstaterar Rydving att mycket av arbetet med samisk kyrkohistoria är ogjort och att mycket av "[v]år information om samiska kristna traditioner och om samisk missions- och kyrkohistoria bygger i hög utsträckning på föråldrad litteratur". Han konstaterar också att det modernaste översiktsverket fortfarande är "Jens Vahls fördomsfulla Lapperne og de lapske mission från 1866 (!)". Rydving 2011, s. 31.

Inget friluftsmuseum

Det är en varm vårdag när jag vandrar runt på gräset mellan byggnaderna. På en informationsskylt vid ingången till Lappstaden läser jag att:

> Lappstaden i Arvidsjaurs kyrkstad är unik; här har skogssamernas karaktäristiska kåtor bevarats – de timrade, fyrkantiga, med pyramidformat tak. I Norrland har kyrkstaden spelat en viktig roll. Här samlades man vid livets högtider – dop, vigsel och begravning – här träffade man släkt och vänner. Lappstaden är idag ett byggnadsminne, men inget friluftsmuseum, den är i bruk – här lever traditionen.

I en informationsfolder som producerats av Arvidsjaurs kommun och som är tänkt som en ”kort och lättfattlig sammanfattning av den samiska kulturen, mest inriktat på de skogssamiska samebyarna i Arvidsjaurs kommun”[2] understryker man också att Lappstaden är en del av en levande tradition. ”För skogssamerna i Arvidsjaurs tre samebyar är Lappstaden betydelsefull. Här finns minnen och gemenskapen”.[3]

På informationstavlan vid Lappstaden och i en broschyr som tagits fram av Arvidsjaurs turistbyrå berättas det att Lappstaden tidigare låg en bit norr om den nuvarande platsen men att den i samband med att en ny kyrka uppfördes i början av 1800-talet flyttades till sin nuvarande plats. I beskrivningen av Lappstadens historia på informationstavlan ger man en tydlig bild av att kyrkan har spelat en avgörande roll i framväxten av det som idag är Arvidsjaur. Området befolkades av skogssamer och med ”[k]yrkan skulle samerna kristnas och med hjälp av den kyrkliga organisationen kunde även kronan nå lappmarkerna – här hade staten svårt att hävda sin överhöghet”. Av informationen på tavlan framgår också att det finns historiska belägg för att det fanns ett kapell i Arvidsjaur vid slutet av 1500-talet och att den första kyrkan byggdes, efter samråd med samebyarna i området, 1607. I broschyren från kommunen berättar man att kyrkan uppfördes ”på ett skogssamiskt vinterviste”. Man berättar också att Lappstaden tidigare var en av tre

2 Jag bor i Arvidsjaur och i Sameland, s. 24.

3 Jag bor i Arvidsjaur och i Sameland, s. 7.

Lappstaden i Arvidsjaur.

”städer” vid kyrkplatsen, där fanns även ”en bondstad, där socknens bofasta hade sina kyrkstugor, samt en borgarstad, där köpmännen ägde hus. De senare har fått ge vika för det moderna Arvidsjaur, men Lappstaden den består!”. Vidare skriver man att ”[k]yrkstaden fyllde ett stort behov – det var en ’tillfällig stad’ i ett område som länge saknade hållbar grund för städer”. I broschyren finns också en beskrivning av kyrkhelgerna nedtecknad under 1950-talet av en kvinna med god insyn i de faktiska förhållandena.

> De gamla kyrkhelgerna var Höstböndagen, Allhelgonadagen och Vårböndagen. Senare blev den s.k. Storstämningshelgen, sista söndagen i augusti, den viktigaste kyrkhelgen. Eftersom det vid denna tid inte fanns vägar och avstånden var långa, flyttade hela samefa-

> miljer till Lappstaden under kyrkhelgen. Man stannade en vecka eller mer. Man träffade släkt och bekanta, ungdomarna roade sig med speciella samelekar, männen lade ut nät i sjöarna och gick på fågeljakt, kvinnorna satt hemma och pysslade med handslöjd och gick och hälsade på varandra. M.a.o. detta var samernas semester. Under kyrkhelgerna firades bröllop, barndop, även begravningar förekom naturligtvis. Var det bröllop, var det glädje, och då jojkades det glada låtar till de nygiftas ära. Var det begravning kunde jojken tolka den stämningen, som var ett med sorgen. (Karin Stenberg 1957.)[4]

På baksidan av skriften *Jag bor i Arvidsjaur och i Sameland* står det: "Om man bor i Arvidsjaur Kommun bor man i Lappland och i Sameland, Sápmi. Det tillhör vår historia och är vår verklighet idag. Denna skrift innehåller sådant vi alla bör veta om 'oss själva' och vår historia".[5]

Skildringar av historien

Skildringarna av Arvidsjaurs historia och kyrkans roll i denna historia är förhållandevis homogen i de olika källor jag tar del av, med undantag för skriften *Jag bor i Arvidsjaur och i Sameland*. I skriften, som ju syftar till att ge kunskap om den samiska kulturen med inriktning på samebyarna i Arvidsjaurs kommun, är kyrkan och det kristna nästan helt frånvarande. När man berättar om Lappstaden nämns det att det var en mötesplats vid kyrkhelger men när man sedan berättar om vad man gjorde, vid till exempel storstämningshelgen, nämns inget om kyrkliga handlingar som dop och bröllop. I skriften finns också återgivet en beskrivning av en samisk kvinna från 1920 och där skriver man att "[f]astän hon utåt sett var kristen så var hon under hela sitt liv en varm anhängare av sina fäders hedniska trosåskådning".[6]

De skilda perspektiven i historieskrivningen väcker frågor om vilken roll föreställningar om kyrkan och det kristna i förhållande till samisk kultur spelar idag. Carola Nordbäck bidrar, i den artikel om

4 Jag bor i Arvidsjaur och i Sameland.

5 Jag bor i Arvidsjaur och i Sameland.

6 Jag bor i Arvidsjaur och i Sameland.

historiebruk i Vilhelmina som jag tidigare har nämnt, med viktiga och konstruktiva perspektiv i relation till sådana frågor. I artikeln visar hon dels hur föreställningar om Vilhelmina församling formuleras och gestaltas i relation till samisk kultur och historia, dels hur placeringar av de kyrkor som byggdes i södra Lappland under perioden 1760–1860 och de norrländska stiftens församlingsstruktur "speglar kolonisationens utbredningsmönster och etableringsmakt".[7]

Kyrkan och det samiska idag

Jag talar med en päst efter en dopgudstjänst i Arvidsjaurs kyrka som jag har deltagit i. Vi pratar bland annat om de dop med samiska inslag som han leder och då berättar han om dopträdet som sedan en kortare tid tillbaka står framme i koret. Han påpekar att det inte är helt olikt ett renhorn till formen och att han har använt sig av den likheten i doptal. Renhornet har enligt honom en speciell ställning i ett samiskt hem och i det hänger man sådant man ser som viktigt och värdefullt, på liknande sätt som man i dopträdet i Arvidsjaurs kyrka hänger löv med namnen på barnen som döps. Genom att relatera en kyrklig symbolisk handling till en samisk tradition försöker han öka förståelsen för innebörden med dopträdet samtidigt som han också för in fler inslag av en samisk livsvärld i dopgudstjänsten.

Prästens agerande ligger helt i linje med en form av inkulturation av kristen trostradition som jag kommer att ge ytterligare ett exempel på i samband med att jag analyserar ett musikspel i Alsens kyrka om en samisk kvinna. Bibelordet och förkunnelsen måste, enligt honom, förmedlas in i de livsvärldar där människor lever sina liv.

Prästen i Arvidsjaur berättar vidare om hur det samiska kan synliggöras i dophandlingen.

> Svensk kyrkan har instiftat en gåva som man ger till varje dopfamilj som har samisk bakgrund. Då ska man gärna ha en samisk markör i gudstjänsten med någon psalm, bön eller jojk eller någonting. Då delas det ut en silverkula som barn brukar få, som skyddar dig mot onda makter. Tillverkad i Lycksele, jättefin silverkula. En del

7 Nordbäck 2014, s. 37. I Nordbäcks artikel finns för övrigt en användbar sammanfattning av det kyrkliga landskapets historia i södra Lappland. Nordbäck 2014, s. 34–38.

kallar den trollkulan. Metallen har varit viktig i alla tider både för svenskar och samer, men det skyddar mot onda makter och den har man i vaggan [...] den ger man och så finns det dopminnen på de fyra samiska språken.

På Luleå stifts hemsida går det att läsa om gåvan.

> Samiska arbetsgruppen har tagit fram dopminnesblad. De finns på nord-, lule-, syd- och umesamiska och är illustrerade av konstnär Britta Marakatt Labba. I samband med dopgudstjänst där det samiska synliggörs på något sätt, berättigar till ett dopsmycke i silver.[8]

Prästen berättar också att det inte är självklart för alla med samisk tillhörighet och bakgrund att bekräfta det samiska i samband med dopet. "Det kan upplevas som 'too much'...övriga släkten kanske inte tycker att det är så kul att det samiska finns nu, eller att det görs till någon grej av det".

Prästen uppfattar det som att det samiska inte tar sig så tydliga och konkreta uttryck i Arvidsjaur, vilket inte betyder att det är oväsentligt. Det handlar snarare, menar han, om skillnader mellan hur till exempel fjällsamiskt och skogssamiskt tar sig uttryck. Han kan också uppleva en viss exotisering av det samiska i arbetet med att marknadsföra Arvidsjaur och Lappland och då tenderar det fjällsamiska att premieras och lyftas fram på bekostnad av det skogssamiska. Han relaterar det till hur staten historiskt har uppfattat skogssamerna som försvenskade.

Utöver storstämningshelgen då det samiska tar tydlig plats i Arvidsjaur och i kyrkan har man också i högre utsträckning börjat aktualisera den samiska nationaldagen den 6 februari.

> På många platser i Sapmi så har kyrkan visat sitt intresse och vissa kyrkor har aktualiserat det här själva. Men här har den skogssamiska gruppen inte som tradition att aktualisera den 6 februari. Det är en ganska ny händelse. Men Norska kyrkan har ju gjort det till en gudstjänst. Man gör det till en gudstjänst, och det finns ett färdigt koncept också som används. Jokkmokk har också varit väldigt

---

8 http://www.svenskakyrkan.se/luleastift/samiska-arbetsgruppen [2014-03-03].

aktualiserat med marknad. Folkets marknad ligger parallellt och då har det varit stora jojkkonserter och så där, men kyrkan där har inte tagit beslag eller försökt göra det till sin egen grej utan man har upplåtit kyrkorummet. Och den attityden har vi haft här också, vi har upplåtit kyrkorummet.

Exemplen från Arvidsjaur visar hur sammanflätat kyrkans framträdandeformer är med det samiska i Arvidsjaur. Skildringarna av Arvidsjaurs historia och kyrkans roll i denna historia är förhållandevis homogen, men det finns också sådant som väcker frågor om vilken roll föreställningar om kyrkan och det kristna i förhållande till samisk kultur spelar idag. Det framgår också hur företrädare för kyrkan på ett medvetet sätt försöker hitta anknytningspunkter mellan kyrkliga traditioner och samisk kultur samtidigt som det också väcks kritik mot vad man uppfattar som ett exotiserande av det det samiska i marknadsförning av Arvidsjaur och Lappland.[9]

Den här bilden kan därmed läggas till övriga bilder i bokens andra del som visar hur olika kollektiv och föreställningar om kollektiven framträder och hur kyrkan på olika sätt framträder i relation till dessa. I nästa kapitel ska bilderna kompletteras med ytterligare några nedslag innan jag också söker efter och utvecklar teologiska perspektiv som kan bidra till en fördjupad och konstruktiv reflektion kring hur kyrkan framträder i glesbygder.

9 Jag återkommer till förhållandet mellan kyrkan och det samiska i kapitel sju och åtta.

Alsens kyrka.

7
”VI DELAR EN PLÄTT JORD HÄR I JÄMTLAND” – KYRKANS KATOLICITET

Jag har lämnat Nälden bakom mig och kör med bil den asfalterade vägen förbi några större hus och gårdar innan jag passerar avtagsvägen mot Änge. Ytterligare några kilometer framåt, när vägen löper längs med Alsensjön, ser jag på avstånd den vita kyrkan i Alsen. Som fond till kyrkan reser sig Åreskutan i horisonten. Innan jag når fram till kyrkan passerar jag vägen som leder till hällristningarna vid Glösa och längre fram, på höger sida, travcentret Vången där jag övernattat vid flera av mina besök. Kyrkan ligger som en av de första byggnaderna på vänster sida i byn. I anslutning till kyrkan, på motsatt sida vägen, ligger både det röda församlingshemmet och kyrkogården. Utöver kyrkan finns, längre fram längs med vägen, ett äldreboende, en hembygdsgård, ett litet badhus, förskola och skola i byn. En affärslokal står tom sedan en tid tillbaka. Det är kulturvecka i Krokoms kommun vilket märks i predikoturerna. Klockan är strax före elva och i kyrkan förbereder man en gudstjänst på jämtska. Ytterligare en gudstjänst på jämtska ska firas kommande söndag i kyrkan i Rönnöfors.

På kvällen framförs ett musikspel i Alsens kyrka om den samiska kvinnan Milla Clemensdotter. Ett och samma kyrkorum får ge plats åt två gestaltningar av skilda kollektiva berättelser och traditioner som utgör viktiga inslag i bygderna Alsen och Offerdal. I gudstjänsten och musikspelet framträder några aspekter av kyrkan som framstår som intressanta och viktiga i relation till materialet i sin helhet och resonemanget och analysen i det här kapitlet tar därför sin utgångspunkt där. Jag inleder med täta beskrivningar av de två praktikerna för att därefter inkludera observationer från andra tillfällen och platser och material från intervjuer. I fokus står frågor som handlar om vilken roll kyrkan och församlingen spelar i förmedlandet av kollektiva minnen och formandet av föreställningar om kollektiva tillhörigheter. Vad säger det om hur kyrkan framträder i dessa sammanhang?

Gudstjänst på jämtska

Vi är ett femtontal personer, utöver kören och andra medverkande, som sitter i bänkarna när prästen hälsar oss välkomna till Alsens kyrka för att fira "gudstjänst på jämtska den nittonde söndagen i trefaldighet". Innan klockorna ringer berättar hon att kollekten tas upp till Svenska kyrkans internationella arbete. Gudstjänsten innehåller psalmer, böner, bibeltexter och välsignelse på jämtska och i agendan vi har fått finns flera texter på jämtska. Förutom präst och musiker medverkar ordförande i Alsens kyrkoråd som kyrkvärd och en man från Alsen som talar jämtska och som bland annat syns och hörs i revyer i bygden. Han är klädd i skinnbyxor och friluftsskjorta vilket några personer jag talar med efter gudstjänsten poängterar när de uttrycker sin uppskattning över hans medverkan. Efter en körsång, psalmen *Blott en dag* (Sv.ps. 249) på jämtska, lovpsalm och bön läser kyrkvärden och mannen varsin bibeltext på jämtska.

Efter den andra texten, som är en av evangelieberättelserna om brödundret, ställer sig prästen och mannen som läst texten i koret och inleder en predikan och ett samtal. Prästen börjar med att fråga hur många av oss i kyrkan som förstår eller talar jämtska. "Ja det är några stycken" konstaterar hon sedan hon sett de armar som sträcks upp och frågar sig sedan vad jämtska egentligen är för slags språk. "Jämtska det kan vara så olika om man kommer från Åre, Offerdal eller Alsen, Strömsund, Frostviken eller Oviken. Vad är det egentligen för språk vi talar?" Hon vänder sig med frågan till mannen som berättar om hur jämtskan har varit en del av hans uppväxt och att språket är viktigt för honom. "Det finns många uttryck på jämtska som säger mer än ord", konstaterar han bland annat. Samtalet kommer sedan att handla om vikten av att hålla liv i jämtskan innan prästen återvänder till berättelsen om brödundret.

> Jesus delar brödet och fiskarna och så räcker det till väldigt många. Det var det allra nödvändigaste. Brödet och fiskarna var inte så färska där i ödemarken. Torra brödbitar inget färskt doftande bröd. Men det allra nödvändigaste. Men när man delar det

man behöver så räcker det till. Det är ju som hela den här jorden, hela den här planeten. Vi får hela tiden höra om klimatförändringarna och vi blir påminda om att vi måste dela allt på jorden. Vi måste dela bröd och mat och livsvillkor, inte för att rädda de andra utan för att rädda oss alla. Vi måste dela. Alla måste få bröd för dagen. Alla människor har rätt till en stolthet att vara de människor de är. Vi delar en plätt jord här i Jämtland, här där vi bor och vi delar språk. En del mer och andra mindre. Språket som krymper när färre människor kan det till slut. Vi måste dela och som [NN] säger, vi måste dela med oss för att det ska leva vidare och inte tala om för någon att så där kan du inte säga, det måste bli roligt att dela språket. Att använda jämtska i tal och musik, det handlar om att hjälpas åt och att göra så gott man kan. Det är alldeles nödvändigt för att kunna vara stolt över den man är, stolt över att vara jämte.

Efter predikan ber vi en gemensam bön på jämtska och mannen framför en sång på jämtska i koret som tas emot med många leenden och applåder. Vi står upp och läser trosbekännelsen på jämtska och sjunger en psalm, ger kollekt och ber en överlåtelsebön på jämtska. I förbönen som prästen och kyrkvärden leder tackar vi bland annat för ”vårt språk jämtskan. Hjälp oss att vara rädda om det och vara stolta för det. Låt det få leva vidare i många generationer och hjälp skolorna att ta med det i undervisningen.”

Vi ber *Vår fader* och sjunger *Tryggare kan ingen vara* på jämtska innan prästen ber välsignelsen, också det på jämtska. Prästen säger sedan:

Innan vi släpper fram kören har det blivit en tradition att berätta lite om kyrkans symboler. Alsens kyrka invigdes 1924. Det har funnits flera kyrkor på den här platsen. Det fanns en kyrka tidigare och ännu tidigare fanns det Lovisa Ulrika kyrka på den här platsen som byggdes. Och de här träskulpturerna som vi har fått ljus på här framme de symboliserar tro, hopp och kärlek. De ord som Paulus skrev…så har vi då tro, hopp och kärlek och störst av dem är kärleken. Det finns ett ankare och hon håller handen på sitt hjärta, det ska vara kärleken. Och däremellan finns krucifixet och man tror att det är ett segertecken för att det är gjort i guld men det är den lidande Kristus som avbildas […] man ser på anletsdragen att det är en lidande Kristus som visas. Vi ska avsluta med kyrkokören som sjunger för oss och sedan får vi alla sjunga med i Jämtlandssången.

Iakttagelser

Det finns några intressanta iakttagelser att göra med anledning av gudstjänsten. För det första är det tydligt att jämtskan som språk är ett viktigt uttryck för tillhörigheten till en plats, eller som prästen säger "en plätt jord som vi delar här i Jämtland", och därmed också till ett kollektiv av jämtar. Ett perspektiv som känns igen från analysen av böckerna om Offerdal. Det talas om "vårt språk" och om stoltheten att få vara den man är. I ett samtal med referensgruppen i Alsen Offerdal har jag hört beskrivningar som bekräftar att jämtskan är betydelsefull för personer som lever i bygden, även om de inte talar det till vardags. En av gruppdeltagarna berättar att hon tycker att mannen som medverkade i gudstjänsten läser så fint på jämtska.

> Han läste välsignelsen någon gång. Han satt och tjuvtränade i köket och det var någon barngrupp i Alsens församlingshem och jag skulle in och hämta ketchup eller något och då höll han på att läsa välsignelsen på jämtska och jag bara ställde mig och rös och jag ryser nu också när jag tänker på det. He va så vackert.

Hon berättar vidare om ett tillfälle då hon lyssnat på en inspelning av julevangeliet.

> Jag har ju jämtska, det var ju liksom det språk de pratade med mig när jag var barn. Så slutade jag själv när jag började skolan och jag kan idag själv inte prata jämtska. Men så säger Berta Magnusson [hon som har läst in julevangeliet] där att när Jesus hängde på korset så drog de stutt[1] om klea hans. Ja men det var du det de gjorde. De drog inte lott, de drog stutt om det. Och då förstod jag [...] det som är lite häftigt med det jämtska är att orden kan få en helt annan innebörd eller djup.

---

1 En av de andra gruppdeltagarna menar att *dra stutt* är synonymt med att dra strå.

Samtidigt som gudstjänsten på ett tydligt sätt bekräftar betydelsen av jämtskan som ett språk som skapar tillhörighet och stolthet finns det genom hela gudstjänsten sådant som nyanserar bilden och som öppnar för andra perspektiv än vad som skulle kunna uppfattas som uttryck för en form av lokalpatriotism.[2] Ett sådant exempel är prästens fråga i inledningen av predikan till oss som sitter i bänkarna om vi behärskar jämtska. Eftersom vi är flera som inte behärskar jämtska, inklusive prästen, känner åtminstone inte jag mig exkluderad.

Prästens fortsatta reflektioner kring brödundret i relation till jämtskan tillför också viktiga perspektiv till den helhetsbild som framträder. Genom att understryka att vi alla delar *en* jord och att vi har ansvar för varandra placerar hon jämtskan och Jämtland i ett vidare sammanhang. Liksom vi får dela det livsnödvändiga med varandra, i texten representerat av bröd och fisk, får vi också dela ett språk som jämtskan. Men hon understryker också att liksom alla har rätt till mat har vi alla också rätt att få känna oss stolta över de vi är. Ett sådant påstående beskriver och värderar det partikulära utan att spela ut det mot andra språk eller kulturer. Liksom jämtar har rätt att få känna sig stolta över sin tillhörighet och sitt språk gäller det också människor med andra språk och tillhörigheter. En sådan bild av ett ömsesidigt bekräftande av olika människors tillhörighet och ursprung kompletteras sedan också med betoningen av att jämtskan behöver delas och att fler behöver få möjligheten att lära sig språket. Det är i själva verket genom delandet som språket kan leva vidare.

Sammantaget framträder i prästens predikan och samtal med mannen en bild av jämtskan som något som kan bidra till att människor i Jämtland kan känna sig stolta över att de är de människor de är. Språket är viktigt och något som behöver delas för att det ska leva och i själva delandet ligger också möjligheter till att fler människor inkluderas i det kollektiv som föreställs i relation till jämtskan. Genom att peka på att

2 I en intervju med en kvinna som är uppvuxen i Offerdal och som sedan några år tillbaka har flyttat "hem" igen i vuxen ålder möter jag ett mer utvecklat ifrågasättande av föreställningar kring jämtskan och det jämtländska. Hon betonar att jämtskan "är en dialekt som måste kunna förändras" men hon möter hos vissa föreställningar om att jämtskan måste bevaras. Hon uppfattar det som en form av nostalgi. Hon uttrycker också att hon ibland kan känna ett visst obehag inför den "jämtländska patriotismen" som inte bara är på skoj. "Den stänger ute människor." Samtidigt berättar hon att hon under den period hon har bott i andra delar av Sverige alltid gärna har berättat om att hon kommer från Jämtland och Offerdal. "Det ger en stark identitet att komma härifrån. Det är någon slags trygghet, jordnära och så finns släkten här [...] man känner starkt för bygden. Jag känner mig stolt och Offerdal har gott renommé."

jämtskan i sig också tar sig olika uttryck på olika platser bidrar prästen till en nyansering av föreställning kring jämtskan som något som på ett entydigt sätt förenar en viss grupp människor. Innan jag fortsätter med en teologisk analys av gudstjänsten ska jag tillföra perspektiv som bidrar till att forma det sammanhang i vilket prästens reflektioner formuleras, lyssnas till och tolkas.

Flyktingar från Syrien

Sedan en tid tillbaka finns en grupp syriska flyktingar i Offerdal vilket har uppmärksammats på olika sätt i media, i lokala föreningar och i Svenska kyrkan. Syrierna bor i Änge och Kaxås och lokalt engagerade Röda korsrepresentanter spelar en viktig roll i de kontakter som knyts mellan syrierna och det lokala samhället. I Änge har till exempel Röda korset en lokal i samma byggnad som biblioteket och ICA butiken där de regelbundet träffas för bland annat språkcaféer.[3] Det övergripande intrycket jag får när jag i olika sammanhang hör människor prata om flyktingarna eller när jag tar del av skildringar i media är att många uppfattar att de har tagits emot väl. En berättelse som jag möter i flera olika sammanhang handlar om hur skidklubben i Offerdal arrangerade en kväll då syrierna fick prova på att åka skidor. Man hade lånat ihop skidutrustningar så att alla som ville fick prova. Östersunds Posten (ÖP) skrev en artikel om arrangemanget.[4] I artikeln som har rubriken "Flyktingar i Änge tar skidspåret till bygemenskapen" intervjuas en representant för klubben som bland annat säger att "alla här åker ju skidor, så det är klart att även flyktingarna ska pröva på det". Av artikeln framgår det också att det var drygt 50 syrier som kom till idrottsplatsen i Änge för att prova och att klubbmedlemmar i Offerdals SK ställde upp som instruktörer. Röda korset arrangerade skjuts till idrottsplatsen och representanten för klubben berättar också i artikeln att "prästen är här för att ... ja, han är en bra kontakt". I en tidigare artikel i ÖP berättar man om och intervjuar ICA handlaren i Kaxås som la ut en välkomsthälsning

3 En lokal representant för Röda korset jag intervjuar berättar att det kom 52 flyktingar från Syrien till Offerdal. Representanten berättar vidare att Migrationsverket inte har någon expedition i Offerdal utan att de regelbundet kommer ut och besöker flyktingarna på plats. Det innebär att Röda korset har fått hjälpa till med flera praktiska frågor som uppstår i vardagen som till exempel handlar om att fylla i blanketter.

4 http://op.se/lanet/krokom/1.5661152-flyktingar-i-ange-tar-langdsparet-till-bygemenskapen [2014-03-11].

Affisch på anslagstavla.

på Facebook till de syriska familjer som flyttat till Kaxås.[5] Handlaren fick ta emot en mängd både positiva och negativa kommentarer på sin välkomsthälsning och uppståndelsen på sociala medier ledde till att händelsen blev en riksnyhet under några dagar.

EN LUNCH FÖR NYANLÄNDA FLYKTINGAR

Svenska kyrkan arrangerade också i februari 2013 en lunch för de nyanlända flyktingarna i församlingshemmet i Ede, vid Offerdals kyrka. På församlingens hemsida berättar man om lunchen.

> När vi kom in i Offerdals församlingshem möttes vi av spelmanslaget. Med en ingångslåt ledde de alla gäster till bords. Vi var ca 80 personer, hälften av dem var syrier som kommit på grund av kriget i deras hemland. Kyrkorådet hade lagat mat, bakat, dukat och gjort fint. Vi fick se lite bilder från bygden och församlingslivet varvat med musik och tal. Det är så många syriska barn som har kommit. De är så glada. Hoppas att de ska trivas i skolan och få kompisar. Vid mitt bord satt välutbildade syrier: en läkare, en tandläkare, en apotekare, en maskiningenjör och en ekonom. Tänk att de har flytt från sitt land. Vilken förlust för alla. Förbannade krig som orsakar kaos. Måtte det sluta snart och må en mänsklig regim få makten. Den här vackra februaridagen är minnesvärd för oss alla. Vi svenskar måste våga ta steg för att möta våra nya vänner. Det är så mycket de behöver hjälp med och de behöver lära känna oss bofasta. Snälla offerdalingar, bed och arbeta för att vi ska kunna vara till varandras glädje! Migrationsverket och kommunen har begränsade resurser, vi församlingsbor måste hjälpa till.[6]

Texten är skriven av kyrkoherden och det är intressant att se hur han i sin uppmaning vänder sig till alla de som är bofasta i Offerdal och hur han betonar att församlingsborna har ett ansvar vid sidan av Migrationsverket och kommunen. Kyrkoherden berättar att han och ytterligare ett par medarbetare har besökt flyktingarna från Syrien och hälsat

---

5 http://op.se/lanet/krokom/1.5623730-11-979-tack-till-handlaren-i-kaxas [2014-03-14].

6 http://www.svenskakyrkan.se/default.aspx?id=970332 [2014-03-11].

dem välkomna. Några av syrierna är enligt kyrkoherden och en representant från Röda korset kristna. De har blivit bjudna till gudstjänster och när jag vid ett tidigare tillfälle firade gudstjänst i Alsens kyrka var en syrisk familj där. Då framgick det också att de lärt känna några av de som på olika sätt är engagerade i församlingens verksamheter. Vid sidan av de i huvudsak positivt präglade beskrivningarna av de syriska flyktingarnas situation i Offerdal möter jag också ett fåtal skildringar som är mer negativa eller problematiserande. I en krönika i ÖP berättar bland annat en författare från Offerdal om ett samtal hon hört på bussen från Offerdal till Östersund där en person ifrågasatte att några av syrierna hade råd med mobiltelefoner.[7] En person jag talar med i Änge upplever också att vissa bofasta är rädda för att ta kontakt med syrierna.

Den här utvikningen bidrar med en viktig bakgrundsbild till prästens predikan och de reflektioner hon formulerar där. Jag är övertygad om att jag inte är den enda som osökt kommer att tänka på de syriska flyktingarna när prästen talar om vikten av att öppna språket och inkludera fler in i det kollektiv som delar ett språk och en plätt land.

Kyrkans katolicitet – förhållandet mellan det partikulära och det universella

Bilden som predikan bidrar till att skapa förstärks sedan i förbönen där böner för människor och sammanhang utanför det egna sammanhanget förenas med tacksamhet för jämtskan och böner om att språket ska få leva vidare bland annat genom att det får ta större plats i undervisningen i skolan. Avslutningen av gudstjänsten, där prästen kort berättar om kyrkans historiska bakgrund och om trästatyerna framme i koret, och där vi gemensamt sjunger Jämtlandssången förstärker bilden av kyrkobyggnadens och kyrkorummets förankring i det lokala sammanhanget.

Utan att övertolka det som sker i gudstjänsten vill jag lyfta fram det som ett exempel på ett viktigt teologiskt och ecklesiologiskt perspektiv som har relevans utanför det här specifika sammanhanget. Det handlar om att synliggöra och peka på den roll kyrkan kan spela i relation till olika former av föreställningar om kollektiva tillhörigheter.

7 http://op.se/kronikor/1.6279212-de-dar-svenskarna-de-ar-val-sadana-som-glommer-bra-fort- [2014-03-14].

Ett decentraliserat centrum

I kyrkans tradition har sedan lång tid begreppet *katolsk* använts för att beskriva en väsentlig aspekt av kyrkans identitet som handlar om hur den lokala kyrkan förhåller sig till kyrkan i sin helhet. Som i den apostoliska trosbekännelsen där det i den svenska ekumeniska översättningen heter att ”vi tror på en, helig, *allmännelig* (katolsk) kyrka”. Det grekiska adjektivet katholikos kommer av orden kath' holou, ”i helhet”.[8] Katolsk översätts ofta med universell eller allmän men enligt den amerikanske teologen William T. Cavanaugh rymmer bruket av ordet i kyrkans historia också andra nyanser. Cavanaugh hänvisar till den franske teologen Henri de Lubac som pekar på att katolsk snarare syftar på ett ihopsamlande än ett utspridande (som han menar att ordet universell antyder). de Lubac konstaterar vidare att ”[katolsk] antyder föreställningar om en organisk helhet...om en kraftfull syntes, om en verklighet som inte är skingrad utan, tvärtom, vänd mot ett centrum som borgar för dess enhet”.[9]

Enligt de Lubac är det centrum som den sanna katoliciteten pekar mot eukaristin (nattvarden), men det är ett decentralicerat centrum som firas i mängder av lokala kyrkor spridda över världen och som inbördes rymmer en stor variation av riter, musik och liturgiska rum. Detta faktum innebär en speciell förståelse av förhållandet mellan det partikulära och det universella i en kyrka som förstår sig själv som ”katolsk”. Enligt Cavanaugh betyder det bland annat att det katolska är en region vars medelpunkt finns överallt (där eukaristin firas) vilket i sin tur får till följd att det som i olika sammanhang kan uppfattas som periferi i själva verket aldrig är långt ifrån centrum.[10] Denna föreställning har i kyrkans historia gestaltats liturgiskt och man har därmed synliggjort hur Kristi kropp är närvarande, inte bara delvis, utan i sin helhet i varje sammanhang där kyrkan firar sin liturgi.

> Det katolska utrymmet (space) är därför inte ett enkelt universellt utrymme som direkt förenar enskilda individer till en helhet; eukaristin bryter upp utrymmet på ett sådant sätt att man blir allt mer förenad med helheten desto mer knuten man blir till det lokala.

8 Cavanaugh 2002, s. 113.

9 Citerad i Cavanaugh 2002, s. 113 [min översättning].

10 Cavanaugh 2002, s. 114. Han citerar i sitt resonemang Hans Urs von Balthasar.

Den globala byn är inte en förstorad by utan istället "där två eller tre är samlade i mitt namn" (Matt 18:20).[11]

Cavanaungh påminner också om att i den tidiga kyrkan var inte sällan de som samlades till nattvard den enda nattvardsgemenskapen i en viss stad. Det innebar att nattvarden förenade alla som tillhörde kyrkan på en viss plats oavsett ålder, etnisk tillhörighet, kön, språk eller social klass.

Katolsk – ett ihopsamlande av det som splittrats

Begreppet katolsk, så som det tolkas av Cavanaugh, säger både något om vad kyrkan är och vad kyrkan bör vara: ett ihopsamlande av det som splittrats, ett svar på splittringen som följde efter byggandet av Babels torn. Den katolska kyrkan är alltså inte summan av en massa delar där varje del enbart rymmer en skärva eller liten del av helheten. Tvärtom framträder kyrkan i sin fullhet i det lokala. Men hur förhåller sig då dessa föreställningar till gudstjänsten i Alsens kyrka? På vilket sätt kan de bidra till en vidgad förståelse av hur kyrkan framträder i Alsen, Offerdal och Arvidsjaur och vilken roll kyrkan kan spela i det lokala? Innan jag fördjupar mig i dessa frågor behöver några kommentarer göras. I Cavanaughs resonemang är eukaristin på ett tydligt sätt kyrkans centrum. Det är när kyrkan firar eukaristi som Kristus är närvarande i sin helhet. En sådan syn på eukaristin centrala roll är varken självklar i Svenska kyrkan i Alsen, Offerdal eller Arvidsjaur. Gudstjänsten på jämtska är ju ett exempel på det då det är en huvudgudstjänst utan nattvard. Samtidigt firas regelbundet eukaristi i församlingarna och därmed också i Alsens kyrka.

Prästen som leder gudstjänsten är vigd till ett uppdrag som bland annat innebär att hon är satt att förkunna ordet och förvalta sakramenten. I kyrkorummet finns altaret från vilket prästen ber förbönen och kring vilket man regelbundet firar eukaristi. Det finns därför en förhållandevis tydlig relation mellan gudstjänsten som firas och eukaristin. Med tanke på att den apostoliska trosbekännelsen också läses i församlingarnas huvudgudstjänster, där man ju bland annat bekänner att kyrkan är katolsk (allmännelig), är det rimligt att se föreställningar om kyrkans

11 Cavanaugh 2002, s. 115.

katolska identitet som kommunicerbara med det sätt på vilket kyrkan framträder i gudstjänsten på jämtska. Jag ser också tydliga paralleller mellan prästens reflektioner och Cavanaughs tolkning av kyrkans katolska identitet. Genom att tillföra föreställningar om det katolska kan därför de föreställningar och tolkningar som kommer till uttryck i gudstjänsten vidgas.

KYRKAN I SIN FULLHET

Kyrkan i Alsen, så som den framträder söndagen den 6 oktober 2013 genom psalmer, texter och böner på jämtska, är kyrkan i sin fullhet. I någon mening är hela kyrkan närvarande. Det är något av detta perspektiv som prästen verbaliserar i sin predikan och i förbönen. De olika språken och de tillhörigheter de utgör en del av är viktiga samtidigt som de inte ska användas som avgränsande utan som ihopsamlande. Genom att dela jämtskan kan fler människor bli inkluderade i den tillhörighet som språket bidrar till att skapa och upprätthålla.

Samtidigt ger prästen också utrymme för att andra språk är väsentliga och att människor har rätt till sina språk. Gudstjänsten kan därmed, utifrån det som sker i rummet och prästens reflektioner, ses som ett ihopsamlande av bygden. I gudstjänsten framträder kyrkan som, å ena sidan, ett uttryck för ett jämtländskt kollektiv och, å andra sidan, som ett uttryck för ett kollektiv vars gränser inte går att dra kring det jämtländska eller bygden. Och det stannar inte vid ett kyrkligt världsvida kollektiv. I gudstjänsten antyds ett hopsamlande av hela skapelsen. Uttrycket med Cavanaughs terminologi kan man säga att kyrkans katolicitet här pekar bortom sig själv. När kyrkan framträder i det partikulära och lokala fungerar den, eller skulle åtminstone kunna fungera, som ett tecken på gemenskap och relationer som överskrider kyrkan själv.

Här finns ett tema som jag ser mönster av utanför den enskilda gudstjänsten i Alsen. Det är detta tema som handlar om det lokala och partikulära i relation till helhet och hopsamlande som jag nu ska utveckla vidare. Dels därför att jag ser hur det bidrar till att vidga förståelsen av hur kyrkan framträder i Alsen, Offerdal och Arvidsjaur, dels därför att det kan bidra med konstruktiva och vidgande utmaningar för församlingarna, bland annat i relation till de föreställningar om kyrka och bygd som analysen av kyrkan i Offerdal gav vid handen.

Millaspelet i Alsens kyrka

Jag återvänder till Alsens kyrka och musikspelet om den samiska kvinnan Milla som framfördes senare samma kväll som gudstjänsten på jämtska. Som redogörelsen och analysen kommer att visa bidrar musikspelet med fler viktiga perspektiv kring språk och tillhörighet i relation till bygden och kyrkan. Det är i huvudsak en helt annan församling som samlas i kyrkan när mörkret har lagt sig. Framme i koret står fyra mikrofoner, notställ och ett par gitarrer. Framför dem ett litet bord med ett ljus som inte är tänt och på golvet två svartvita bilder på en samisk kvinna. Två män och två kvinnor ställer sig bakom mikrofonerna och notställen. En av männen, som jag lärt känna, är klädd i kolt.

Klockorna ringer och sedan berättar mannen som inte är klädd i kolt att spelet är skrivet av Berta Magnusson från Krokom. Han sätter också in spelets handling och huvudpersonen, den unga samiska flickan Milla Clemensdotter, i ett historiskt sammanhang. Han berättar att hon föddes för två hundra år sedan och han påminner oss om många av de saker som har hänt sedan dess. Milla Clemensdotter är den samiska kvinna som bland annat kom att spela en viktigt roll i Lars Levi Leastadius andliga utveckling.[12] Det är ett kultur- och musikspel som skildrar en period av Millas liv med fokus på hur hennes kristna tro förändras mot bakgrund av det hon är med om. Vi som sitter i bänkarna är snarare publik än gudstjänstfirare eller deltagare. Men mot slutet av spelet händer något. I spelets sista replik citeras Lars Levi Laestadius som enligt spelets författare ska ha skrivit om mötet med Milla att:

> Hon hade erfarenheter i nådens ordning som jag aldrig mött förr. Här är en Maria som sitter vid Jesu fötter och först nu ser jag själv vägen som leder till livet. Den har varit fördold till dess jag fick tala till Maria. Hennes enfaldiga berättelser om sina vandringar och hennes erfarenheter gjorde så djupt intryck på mitt hjärta att det ljusnade även för mig. Jag fick nu känna en försmak av himlens glädje. Han skriver också att han ska komma ihåg den fattiga lappflickan så länge han lever. Han skriver slutligen att jag hoppas att få träffa henne i ljusare värld på andra sidan graven.

12 Lilly-Anne Østtveit Elgvin skriver om mötet mellan Laestadius och Milla, eller Maria, som hon också benämns, se Østtveit Elgvin 2011, s. 55.

Sedan sjunger vi tillsammans en psalm på sydsamiska som introduceras med orden: ”Det spelar ingen roll hur det uttalas. Vi lär oss tillsammans”. Efter psalmen är spelet slut och vi i bänkarna applåderar. När applåderna tystnar tar den samiske mannen i kolt till orda.

Program till Millaspelet.

Det är intressant det här med språk. I förmiddags hade vi gudstjänst på jämtska här i kyrkan. Personligen, när jag hör mitt eget språk samiskan i sånger så talar det mycket mer till mitt hjärta. När jag får höra evangeliet på samiska då känns det något väldigt gott. Jag vill nämna den här jojken, den första jojken den fick jag i somras, den bara kom till mig. Den handlar om Millas vita renvaja. Hon hade tappat bort sin kära lilla kalv som ropar: mamma var är du. Och vajan svarar: här är jag. Och när kalven hör mammas röst kommer hon springande och mamman visar moderns kärleksfulla möte med henne. Det visar och pekar på någonting som Jesus säger om sig själv: "Jag är den gode herden och jag ger mitt liv för fåren". Jag skulle tro att om man skulle presentera evangeliet för samen då skulle man säga Jesusorden där han säger: "Jag är den gode herden och jag ger mitt liv för fåren". Samen skulle säga, renskötaren skulle säga, jag är den gode renskötaren och jag ger mitt liv för renen.

Det finns också ett bibelord, det står i psaltaren, så som hjorten trängtar till vattenbäckar, så trängtar min själ efter dig Gud. Jag skulle vilja ge er det här bibelordet utifrån en renskötares ögon. Då skulle det låta så här. Så som renen trängtar upp till snöfläckarna så trängtar min själ efter dig min Gud. Jag har varit renskötare själv så jag har sett renarnas glädje att få komma till svalkan undan knott och broms. Då de stiger upp och de ser snöfläcken. Det är gott när bibelordet får tala. Hur skulle man tala till en jämte? Hur skulle det här bibelordet vara då? Ja, så som korna trängtar till buan så trängtar min själ efter dig. Kanske någon som haft korna på vall till buan och känner. Jag tror att det är viktigt att vi får vara personliga så här. Du kanske aldrig har hört det...hur Jesus vill att vi ska komma till honom. Hur vi längtar till honom. Vi ska be Fader vår tillsammans och jag tar den också på samiska.

Iakttagelser

Det finns tydliga paralleller mellan den samiske mannens förkunnelse och prästens predikan tidigare samma dag. De behandlar ett gemensamt tema men utifrån olika perspektiv. Gemensamt för de båda är betoningen av det egna språket och vikten av att få använda det. Den samiska mannens förkunnelse tillför ett perspektiv till prästens predikan när han talar om vikten av att få lyssna till Guds ord på sitt eget språk. Men han understryker också att evangeliet, i vidare mening, behöver inkultureras. Förkunnelsen av evangeliet behöver färgas av det lokala sammanhangets livsvärld för att bli tillgängligt och relevant för den som lyssnar. Vad mannen säger och hur han säger det innebär att vi överger en form av praktik, musikspelets praktik, och övergår till vad som skulle kunna beskrivas som förkunnelsens eller andaktens praktik. En sådan förändring innebär att de roller vi förväntas inta också förändras. Nu är vi inte längre publik utan lyssnare till förkunnelse och deltagare i en form av andakt. Denna förändring får också några andra följder.

För det första innebär mannens förkunnelse att berättelsen om Milla inte enbart kan tolkas som en skildring av en samisk kvinna som levt i historien utan också som en berättelse som handlar om vår tro och vårt förhållande till Gud. I och med det fungerar också den kristna traditionen, bibelns berättelser och den kristna tron som något som förenar skilda sammanhang och språkgemenskaper, i det här sammanhanget det samiska och det jämtska. Den samiske mannens förkunnelse kan därför tolkas som ytterligare en variation på temat om förhållandet mellan det partikulära och det gemensamma. I mannens förkunnelse framställs tron och bibelordet som något som förenar oss i kyrkorummet. Våra eventuella kulturella och språkliga skillnader inlemmas i en berättelse som överskrider dem. Det samiska blir en del av det gemensamma genom att det gemensamma kommer till uttryck genom det samiska. Det vill säga som ett uttryck för kyrkans och den kristna trons katolicitet.

Gudstjänsten på jämtska och Millaspelet som firas och framförs i ett och samma kyrkorum under en dag fungerar därmed dels som exempel på hur lokala kollektiv framträder i relation till kyrkan. Dels som ett exempel på hur kyrkan genom sina praktiker kan bidra med konstruktiva perspektiv till sådant som rör förhållandet mellan det partikulära och det gemensamma eller universella.

Jag ska göra ytterligare ett kort nedslag i byn Jänsmässholmen i Offerdal, nästan en timmes bilresa från Alsens kyrka innan jag går vidare och fördjupar de teologiska reflektionerna.

"DE ÄR SÅ VANA ATT VARA I MINORITET" – JÄNSMÄSSHOLMEN

Vid några av mina besök i Alsen och Offerdal har jag bott på fjällhotellet i Jänsmässholmen som är en del av en sameby i de västra delarna av Offerdals församling. Byn ligger där grusvägen som leder upp mot fjällvärlden tar slut. Utöver fjällhotellet finns ett tiotal bostadshus i byn. Jag sitter vid flera tillfällen tillsammans med paret som driver hotellet och de berättar om livet i byn. I den bortre änden av byn ligger kapellet där Elov Boman höll det invigningstal jag citerade i kapitel fyra. Vid ett tillfälle får jag låna en nyckel av ägarna till hotellet och jag promenerar bort till kapellet som ligger några hundra meter från hotellet. En kort stig leder från vägens slut till ett rött hus med en klockstapel, ett kors på väggen på långsidan och en flaggstång med en samisk flagga. Innanför dörren kliver jag in i en hall där det finns skåp med porslin och en nattvardskanna. Till höger ligger kyrksalen. Stolar står uppställda på båda sidor om en mittgång med en brun matta som leder fram till ett knäfall, altarrundel, altare och en altartavla i trä som föreställer den lidande Kristus med törnekrona. Till höger om altaret ett piano. I fönstren hänger vita gardiner som för tankarna till ett vardagsrum. Kontrasterna mellan de tydliga kyrkorumsattributen som mittgången, knäfallet, altarrundeln, altaret och altartavlan å ena sidan och de vita gardinerna i fönstren, å den andra, ger rummet en speciell karaktär.

I kapellet finns ytterligare ett rum med en säng och en kokvrå. På väggarna hänger två olika grupper med svartvita fotografier. Den ena med tidigare kyrkoherdar i och den andra med kapellvärdar. Av bilderna framgår att åtminstone ett par av kapellvärdarna var samer. På ett litet bord ligger en gästbok där jag kan läsa att den senaste gudstjänsten firades tidigare i juni och då var de ett femtontal personer som skrev in sina namn i boken. När jag bläddrar i boken ser jag att antalet varierar mellan tio till femton. Majoriteten av deltagarna kommer från andra delar av församlingen medan ett par kommer från Jänsmässholmen.

I ett samtal med personer som är engagerade inom EFS-gruppen i Ede har jag fått berättat att Jänsmässholmen med hotellet och kapellet var en viktig plats för ett levande ekumeniskt arbete på 70-talet. Det framgår också tydligt att det arbetet har bidragit till att skapa nätverk och kontakter som fortfarande präglar ekumeniska relationer i bygderna. Det finns flera intressanta exempel på ekumeniska praktiker i Alsen och Offerdal, både historiskt och i nutid, som bidrar till att konkretisera Svenska kyrkans delaktighet i en vidare kyrklig gemenskap.[13]

Vid ett tillfälle sitter jag ner med paret som driver fjällhotellet och en kvinna som bor i byn. Hon arbetar åt en samisk organisation nere i Östersund. Hon berättar om en av sina söner som konfirmerats förra sommaren och hon konstaterar att konfirmationen har kommit att bli viktig för unga samer.[14] "De är så vana att vara i minoritet men här får de vara med andra ungdomar som de själva. De behöver inte förklara sig själva och sitt ursprung." Hon berättar att det är ett väldigt tryck till de samiska läger som arrangeras i samverkan mellan Luleå och Härnösands stift och hon tror att anledningen är gemenskapen. Den bilden bekräftas när jag senare samma kväll träffar hennes son och han berättar om lägret. När han kom till lägret kände han bara ett fåtal av deltagarna. "Ja jag kände ju inte så många från början men man började lära känna varandra nästan på en gång." Idag har han kontakt med en stor del av lägerdeltagarna och han har anmält intresse att få vara ledare på kommande läger. I hans och mammans berättelse står gemenskapen under lägret i viss kontrast till erfarenheter från skolan i Änge där han har gått. På skolan har han bland annat mötts av ifrågasättande när han ska på renskiljning och där har de samiska ungdomarna varit en minoritet. Men mamman berättar också att hon upplever att han är trygg och stolt över sin samiska tillhörighet. Inför skolavslutningen åkte föräldrarna ner till Änge där de har en lägenhet. Vid skolavslutningen i kyrkan förväntades sonen bära sin kolt men han valde också själv att bära den kvällen innan vilket mamman ser som ett tecken på att han är stolt och trygg.

Mamman berättar att alla tre barnen är döpta i kapellet av den som då var kyrkoherde. Sonen berättar också att han som barn "mer eller mindre jämt var med" när det var gudstjänster i kapellet. Mamman påpekar att det hade att göra med att hans akka (farmor) var kyrkvärd och att han tillbringade mycket tid med dem. "Och jag vet inte om det

---

13 Den tidigare kyrkoherden i Alsens församling, Carl-Erik Sahlberg, redogör i boken *Frikyrka och väckelse i Jämtlands län* för framväxten av församlingar och kyrkor vid sidan av Svenska kyrkan i Alsen och Offerdal. Sahlberg 1982. En skildring av Alsens kyrkohistoria finns också i *Alsen – en sockenbok* som är skriven under ledning av Sahlberg.

14 Det första samiska konfirmationslägret med hela Sverige som upptagningsområde hölls 1985 i Nikkaluokta på initiativ av kyrkoherden för samer Bo Lundmark. Lundmark 2011, s. 67.

Kapellet i Jänsmässholmen.

var för Guds ord eller för fikat som akka ordnade som du var med". "Det var nog både ock", svarar sonen.

Den samiske pojkens erfarenheter och det korta nedslaget i kapellet i Jänsmässholmen ger ytterligare några bilder till den samiske mannens föreställningar om hur det samiska kan förstås i relation till kristen tro och kyrkans tradition.

8
"I EN FÖRSAMLING ÄR VI EN FAST MÅNGA" – CENTRUM OCH PERIFERI

Nedslagen inom de geografiska församlingarna har gett bilder av kollektiv och föreställningar om kollektiva tillhörigheter som företrädare för kyrkan i dessa bygder på olika sätt möter och förhåller sig till. Det har handlat om olika byar med skilda förutsättningar och historia. Det har handlat om spänningar och konflikter kring skolnedläggningar, vindkraftens vara eller inte vara och spänningar mellan tätort och byar. Nedslagen har också visat hur föreställningar om det jämtska eller om en socken som Offerdal är väsentliga komponenter i hur människor förstår sig själva och sitt sammanhang. Det samiska är ytterligare en viktig källa till identifikation och föreställningar om kollektiv tillhörighet.

Analysen av gudstjänsten och musikspelet i Alsens kyrka har också bidragit med teologiska föreställningar om kyrkans katolicitet och vad den innebär för förståelsen av förhållandet mellan det partikulära och det i gemensamma eller mellan centrum och periferi.

Jag ska nu fördjupa den teologiska reflektionen kring kyrkans uppdrag och identitet i relation till frågor om det partikulära och det gemensamma och centrum och periferi. Det gör jag genom att först lyfta in röster från det sista referensgruppsmötet i Arvidsjaur och en intervju med kyrkoherden i Alsen och Offerdal.

Vad är centrum och nav?

Frågan om vad som är centrum och nav i församlingens liv formulerades redan vid det första mötet med referensgruppen i Arvidsjaur och den var ett återkommande tema i gruppsamtalen. Framförallt har den handlat om i vilken utsträckning man kan eller bör se på huvudgudstjänsten klockan elva som församlingens nav eller inte. Flera personer i referensgruppen upplever att ett för tydligt fokus på huvudgudstjänsten riskerar att leda till att vissa sammanhang uppfattas som viktigare än andra. En person som tidigare ansvarade för verksamhet med barn och föräldrar konstaterar att:

> När jag jobbade med barn och familjer så var det ju många som kom till våra grupper men när vi då hade familjegudstjänst så var det inte så många som kom. Och så kändes det som ett misslyckande för det var ju dit de skulle komma [...] för vi hade ju haft möte på torsdagar och vi hade ritat pilar att alla verksamheter och de ska då till pilens... och där det står kyrkan.

Skildringen av hur normerande föreställningar om kyrkans verksamhet och organisation förmedlas och materialiseras genom konkreta bilder är intressant. Vid mötet där hon deltog ritade någon pilar som visade hur församlingens verksamheter hade, eller borde ha, en riktning mot ett centrum som i den här bilden var kyrkobyggnaden. Den här detaljen säger något om hur normativa föreställningar om vad kyrkan är och bör vara tar gestalt och förmedlas i en församling. Det här exemplet väcker viktiga följdfrågor om hur de normerande bilder ser ut som används i församlingar runt om i Sverige. Varifrån hämtar man bilderna och vad är det för föreställningar och implicita ecklesiologier de ger uttryck för? Längre fram i samtalet återvänder en av deltagarna till bilden men fyller den med nytt innehåll. Jag återkommer till det.

"Det är ju otroligt spretigt"

Inför vårt avslutande möte har gruppen fått läsa utdrag ur intervjuer jag har gjort men också en artikel jag har skrivit där jag bland annat introducerar Gordon Lathrops tankar om den heliga dialogen mellan det allmänmänskliga och Guds helighet. En av deltagarna har fastnat för Lathrops resonemang om:

> Hur viktigt det är med mötesplatser och att de inte är avgränsade och är heligare än något annat. Det tycker jag är jättespännande. Vi pratar ju en del om det här. Det är många som hamnar i det här huset [församlingshemmet] men de kommer inte längre. Är det positivt eller

negativt? Vill vi att alla ska gå över i kyrkan eller är det fullt tillräckligt att man är här? Det tycker jag är intressant att fundera över. Jag tänker att den som inte har någon koppling [till kyrkan] sedan tidigare...för den är det ju ett väldigt stort steg att vara i det här huset och det kan jag tycka är fullt tillräckligt. Att folk trivs här och känner sig sedda och bekräftade behöver inte innebära att vi med alla medel ska försöka att få dem till kyrkan klockan elva. Det kan vara något som växer fram men det kan inte vara vårt mål med verksamheten som vi har här.

En av de övriga deltagarna begär ordet och delar med sig av vad texterna de har läst inför mötet har väckt för tankar hos honom.

Jag nästan bävade lite inför det här mötet, för hur ska man kunna samla ihop tankar kring det som skrivs här. Det är ju otroligt spretigt. Det är allt ifrån någon som känner glädje, fyller på energi och går på gospelkören, till det här som beskrivs i Glommersträsk hur man egentligen har kvar kyrkan som ett ankare på något vis till det gamla. Vi minns tillbaka till storhetstider när man träffades och gick med sina barn där och det fanns en gemenskap. Så den spännvidden finns det. Då tänkte jag så här med begreppet församling, det profana begreppet församling...Här är vi i en församling. På något sätt det som definierar begreppet församling i det sammanhanget är att vi delar något. Vi är i en gemensam lokal eller vi är i en gemensam kontext. Men i en församling så finns ju massa primärgrupper och sekundärgrupper. Där i hörnet sitter Lisa och hennes gäng och de tolkar världen på sitt sätt. Så det finns en gemensamhet i det begreppet men sedan så finns det också en mängd undergrupper där det pågår ett eget litet liv inom det gemensamma och det tycker jag, där kände jag att det kanske är så jag kan sammanfatta det jag har läst hittills...vi kan acceptera att det är så och jobba på de olika arenorna. Ibland gå till det hörnet och fundera över hur kan vi stödja er där och ibland går vi till det hörnet [...] vi måste inse att i en församling är vi en fast många.

”Det är ju otroligt spretigt.” Resonemanget tar sin utgångspunkt i hur han upplevde det att ta del av utdragen ur materialet som jag har skapat och samlat in. De olika delarna låter sig inte föras samman till en sammanhållen bild. Men deltagaren nöjer sig inte med ett sådant konstaterande. Han för istället resonemanget vidare genom att introducera begreppet församling. Det fungerar som ett sätt att definiera ett gemensamt sammanhang – ”här är vi i en församling...vi delar något”. Men enligt resonemanget är det ett sammanhang, ett *här*, som rymmer en stor mångfald och deltagaren konstaterar därmed att vi är ”*en* fast många”. Resonemanget är ett intressant exempel på ecklesiologisk och teologisk reflektion och tolkning som föranleds av att företrädare för en församling får ta del av material från fältstudier.

BISKOPENS BOK

Personen hänvisar vidare till boken *Gränsland* av biskop Hans Stiglund som han har läst och återberättar en passage ur boken där Stiglund berättar om ett besök på ett äldreboende där han firar en andakt eller gudstjänst.[1]

> Då slås han av några av dem som jobbar på det här äldreboendet och deras omtanke och närvaro med de här äldre och hur de tar sig tid. Så går han och tackar särskilt för deras insats och att han verkligen hade lagt märke till deras omsorg om människor. De ursäktar sig som med att de är dåliga, ”ja, vi är dåliga kyrkobesökare och går aldrig i kyrkan eller väldigt sällan”. Jo men då säger han, ”men ni har ju precis deltagit här i ett möte med Gud i en gudstjänst”. Han definierar det som en gudstjänst. [...] Det tycker jag är väldigt starkt av honom att han säger att det här är ju ett lika värdefullt möte. Och för de människorna mycket värdefullare än ett obligatoriskt kyrkobesök klockan elva. Jag tror faktiskt att vi behöver omvärdera det. Ni exemplifierar det med era pilar och hur vi mäter hur kyrkan sköter sina uppgifter. Vad tittar vi på, vad för vi statistik på? Ja, inte är det mänskliga möten utan det är antalet gudstjänstbesökare i olika former. Sinnesro och

---

1 Stiglund 2013. Trots att detta är en detalj är den ändå intressant att se hur teologiska föreställningar om kyrkans identitet och uppdrag förmedlas genom artefakter som böcker och videokonferensanläggningar. Hela arbetslaget i församlingen har läst boken och samtalat om dess innehåll. Stiftet arrangerade också ett videokonferensseminarium kring boken som jag deltog i. Vi satt i ett av rummen i församlingshemmet där det finns en videokonferensutrustning. På en stor skärm på ena väggen såg vi personer från sju olika platser i stiftet, inklusive stiftskansliet i Luleå. Biskopen inledde med ett föredrag som tog sin utgångspunkt i boken. Därefter fick vi som satt på de olika platserna möjlighet att samtala med varandra. Tankar och reflektioner från de olika platserna delades sedan alla grupper. Seminariet är ett intressant exempel på hur ny teknik skapar nya möjligheter att upprätta mötesplatser där företrädare för kyrkan kan dela erfarenheter och upprätthålla relationer.

högmässor. För acceptansen i samhället för kyrkan den är ju väldigt, väldigt, väldigt god. Församlingen har ju väldigt gott renommé. Man tycker att det är väldigt bra människor som jobbar, det är bra verksamhet. Snarare än att kyrkan är någon makt som man inordnar sig under utan det är ett stöd istället för många människor.

Biskop Stiglunds reflektioner och delande av sina erfarenheter i boken blir här ett förebildande exempel och en viktig röst in i samtalet. Med utgångspunkt i Stiglunds berättelser kan personen föra ett kritiskt resonemang om hur man värderar olika aspekter av församlingens liv och verksamhet. Det framgår också av samtalet att det är av betydelse att det är biskopen som har formulerat dessa reflektioner, det ger föreställningarna auktoritet och legitimitet. Det här är inte det enda tillfället då jag möter företrädare för församlingen i Arvidsjaur som hänvisar till biskop Stiglunds bok.

Jesus är navet

I samtalet formuleras ecklesiala föreställningar och teologiska argument för att vissa platser och sammanhang där kyrkan framträder inte ska förstås som viktigare eller mer värdefulla än andra. Kyrkan är och bör i det lokala sammanhanget vara en fast många: en mångfald av människor, platser, sammanhang och möten. Men samtidigt finns där föreställningar om att denna mångfald inte bör uppfattas som splittrad där delarna är isolerade från varandra. Men vad är det då som förenar de olika delarna i de föreställningar om kyrkan som formuleras i samtalet? När jag pekar på att de återkommande talar om att de vill få människor att komma till Jesus säger en i gruppen att det kanske är det som är navet. Jesus är navet och:

> Kyrkan är någonting som människor har byggt [...] då är det i bästa fall som säden som växer fram. Om man jobbar i kyrkan tycker jag att om man försöker utstråla att man har stöd och får kraft från Gud, då kan människor se. I stället för att direkt komma med texter. När man har det svårt kan det komma fram.

Reflektionerna om vad som är navet i församlingen har alltså bland annat resulterat i en revidering av bilden av församlingen där alla pilar skulle peka mot kyrkobyggnaden och huvudgudstjänsten. I stället framträder bilden av att Jesus är centrum och nav, dit alla pilar ska peka. Det är en intressant perspektivförskjutning som innebär att bilden bättre överensstämmer med deras föreställningar om församlingen och dess uppdrag.

En sådan bild tillför också ett viktigt perspektiv till föreställningar om centrum och periferi i församlingen. Vad som är nav eller centrum är inte längre bundet till en viss plats eller en viss tid. Centrum är där Jesus är och eftersom mötet med Jesus kan ske i en mängd olika sammanhang kan man inte heller geografiskt eller tidsmässigt fastställa vad som är nav eller centrum.

De här föreställningarna är präglade av ett tydligt fokus på relationer och möten. Navet är Jesus och Jesus är den som vill möta människor. Någon i gruppen säger att Jesus inte sörjer att människor inte kommer på verksamheter och när jag då frågar om det finns något som Jesus sörjer svarar en av dem:

> I min bild av församlingen som sträcker sig över alla människorna som är församlingen tror jag att Jesus är väldigt bekymrad och ledsen om det i den gruppen finns människor som inte har någon grupptillhörighet. Ingen möjlighet att ha goda samtal om livet då tror jag att han är ledsen, men om det sker just i kyrkan eller här det har nog mindre betydelse.

Och en av de andra pekar på vikten av relationer för att tron på Jesus ska bli möjlig att omfatta.

> För att man ska kunna anamma en idé som inte bara blir en idé här [i huvudet] utan också en idé här [i hjärtat] så måste man ha en typ av relation och den relationen kan vi hjälpa till att skapa. Inte bara där utan också på alla andra ställen. För vi är ju några slags Jesusrepresentanter som de vi är så att säga.

I samtalet betonas vikten av att möta människor och att skapa mötesplatser. Men en av deltagarna är tveksam till att i för hög utsträckning bara fokusera på själva mötet.

> Det kan inte gå så långt att vi bara sitter och fikar och pratar om vädret. Det måste vara någonting som ger folk mer känsla att nu är vi här och det har att göra med Jesus. Att det inte bara blir fika.

Gudstjänst i byaskolan i Valne

Det finns också andra intressanta exempel på hur föreställningar om vad som är centrum och nav i församlingen kan utmanas och fördjupas. Ett sådant är den längre intervju jag hade med kyrkoherden i Alsen och Offerdal där jag bad honom lotsa mig igenom de olika byarna och sammanhangen inom de geografiska församlingarnas gränser. Själva det sätt på vilket han berättade om de olika byarna och människorna där gjorde att varje plats framstod som ett centrum. En viktig och bidragande orsak till det var en tydlig vilja att försöka förstå och berätta om de olika sammanhangen utifrån deras förutsättningar och perspektiv. Utan att förringa den roll en kyrkoherdes personlighet eller tidigare erfarenheter spelar för att kunna tillgodogöra sig och förmedla en sådan bild ser jag det också som en viktig aspekt av en kyrkoherdes ledarskap och uppdrag.

Genom kyrkoherdeskapets särskilda karaktär ges möjligheter för en kyrkoherde att tillgodogöra sig en kunskap om många av de olika sammanhang som finns inom en geografisk församling och därigenom kunna bidra till att se de olika sammanhangen utifrån deras särskilda förutsättningar. I intervjun berättar också kyrkoherden att man som ett svar på att förhållandevis få människor söker sig till kyrkorna för att fira huvudgudstjänster har sökt sig ut till andra sammanhang än kyrkorummen för att fira gudstjänster. I byarna firas gudstjänsten på ett sådant sätt att den i stor utsträckning bärs av en redan befintlig gemenskap, byns. Kyrkoherden berättar till exempel om en gudstjänst som han själv uppskattade mycket som firades i den gamla skolan i Valne, som nu fungerar som bygdegård.

> I Valne byskola, när vi har gudstjänst där, är bland de härligaste gudstjänster jag vet om. Det kan vara fantastisk stämning där. Så de bästa minnen av både predikning och bön har jag från den skolan. För då använder jag den gamla skolsalens möjligheter. Svarta tavlan, fördelar ut uppgifter, till exempel en gång hade jag delat ut episteltexten i meningar. Så fick de komma fram och sätta upp en mening i taget och så stannade vi upp och läste meningen och så frågade jag den som satt upp den: Vad får du för tankar när du läser den här? Det blev en samtalspredikan av allting. Vid förbönen satt de i bikupor och samtalade: ”vad ska vi be om idag?” Det var ett helt fantastiskt sorl i rummet och när det tystnade av så frågade

jag de här grupperna vad de ville be för. De hade ju jättemycket vi skulle be för och så försökte jag sammanfatta allt men jag vet inte om jag kom ihåg allt. Men jag tror nog att Gud hörde ändå.

Kyrkoherdens berättelse är intressant. På ett påtagligt sätt upprättas en dialog mellan det konkreta sammanhanget, byskolan och gemenskapen i byn, och Guds ord. Läsandet av Guds ord, förkunnelse och bön är för kyrkan identitetsformande praktiker som här utförs i byskolan.[2] I relation till frågor om centrum och periferi kan man konstatera att det som i Svenska kyrkans tradition tveklöst har uppfattats, och uppfattas, som centrum i vad som gör kyrkan till kyrka är närvarande i byskolan. Förkunnelsen av Ordet och bön. Vid just det här sammanhanget firades inte nattvard, en annan central praktik, men det sker i andra sammanhang. Likaså är kyrkoherdens närvaro i form av vigd präst ytterligare ett synligt och viktigt tecken på kyrkans identitet och kontinuitet. I den bemärkelsen är det rimligt att betrakta gudstjänsten i Valne byskola som ett synliggörande av kyrkans centrum och nav. Att den firas i Valne och inte i kyrkobyggnaden kan då tillföra en viktig dimension till föreställningar kring vad som utgör centrum och periferi i församlingen. Gudstjänsten skapar inte ett nytt centrum utan påminner om att det inte finns ett centrum utan många. De här exemplen och föreställningarna bidrar till förståelsen av hur kyrkans katolicitet tar sig och kan ta sig konkreta uttryck i glesbygder. Jag återkommer till frågan i bokens avslutande kapitel. Därmed har jag nått slutet på bokens andra del.

2 För ett utförligt resonemang om ecklesiala praktiker och deras relation till kyrkans identitet, se Fahlgren 2006, s. 38–43. Se också Ideström 2009, s. 60–65.

DEL 3

TEMAN OCH MÖNSTER BLAND SPÅREN

I de kapitel som nu följer ska jag fortsätta analysen av hur kyrkan framträder i Alsen, Offerdal och Arvidsjaur genom att stanna upp inför två teman som jag återkommande har mött i materialet från mina fältstudier: det ena handlar om vemod, statusskillnader och kyrkan som ett hoppfullt tecken genom sin trofasthet och det andra om landskapet och skogen som fönster och rum för olika föreställningar om bygden. I kapitel nio beskriver jag hur flera personer jag möter ger uttryck för ett vemod men också upplevelser av att leva i ett sammanhang som uppfattas ha lägre status än andra. Men jag visar också hur kyrkan kan fungera som ett verksamt och konkret tecken på att platsen och människors liv har ett värde. I kapitel tio visar jag hur konst och naturvandringar kan gestalta ett samband mellan vardagens erfarenheter och det gudomliga. Ett sådant resonemang leder också till reflektioner kring hur företrädare för kyrkan i Alsen, Offerdal och Arvidsjaur söker efter mötesplatser och praktiker där möten kan skapas mellan människors erfarenheter och det gudomliga.

I kapitel elva fokuserar jag på landskapet och skogen som plats och rum för näringsverksamhet. Där reflekterar jag bland annat över hur man teologiskt kan tänka om de olika sätten att förhålla sig till landskapet.

9
”UTRYMME FÖR HELA MIG” – VEMOD, STATUS OCH HOPP

Skillnader i status

Jag sitter vid matbordet i ett hus i en by utanför Arvidsjaur. Delar av byn ligger uppe på en höjd med utsikt ut över en sjö och skog. De röda husen ligger på rad längs med grusvägen som slutar på en gårdsplan där ett tyskt par driver en turistverksamhet. Bordet är dukat för middag. Vi är sex personer som äter och samtalar. Jag och kyrkoherden har tillsammans med det tyska paret som bor i slutet av vägen blivit bjudna på middag. Paret berättar om sitt uppbrott från Tyskland och flytten till Sverige och byn. Efter ett visst sökande på nätet hittade de fastigheten. De har lagt ner mycket resurser på att renovera och bygga ut. Idag finns, utöver bostadshuset, ett större garage med snöskotrar, ett hus med kök, dusch och toalett där gästerna äter i en liten matsal, tre stugor i skogen där gästerna sover. Efter jul och fram till påsk är det högsäsong. De lediga dagarna går att räkna på ena handens fingrar. De som kommer, i huvudsak tyskar och österrikare, söker vildmarken och den vidsträckta naturen utan bebyggelse. Sådant finns det gott om här.

Kvinnan som tillsammans med sin man har bjudit oss berättar hur glada de är över det tyska paret och deras verksamhet. Hon berättar om en granne i närheten som uttryckt glädjen över att det lyser i fönstret på gården som paret har renoverat. Så böjer hon sig fram och rösten darrar något. Vi talar engelska för att alla ska förstå och hon söker efter de rätta orden. Hon understryker hur viktigt det är för henne att paret har valt att flytta till byn. De kunde ha valt att flytta någon annanstans men det var hit de kom. Så berättar hon om sin uppväxt i byn, hon är femte generationen, och hur det var att komma till skolan i Arvidsjaur. Där blev det påtagligt och tydligt att barnen från byarna utanför Arvidsjaur inte hade lika hög status som barnen inifrån samhället. Det var avgörande vad pappa gjorde. Hon kände skam över att komma från en by, skam över sin bakgrund. Senare flyttade hon från Arvidsjaur och under lång tid när människor frågade var hon kom ifrån svarade hon ”Arvidsjaurs kommun”. Nu, sedan hon flyttat tillbaka till byn, svarar hon att hon kommer från just den här byn.

Samtalet vid middagsbordet vittnar om hur vissa platser och sammanhang kan laddas med högre eller lägre status än andra. Kvinnans erfarenhet är ett resultat av sådana statusskillnader. Det finns fler exempel på erfarenheter av det slaget i materialet från fältstudierna och i det här kapitlet står de i fokus för mina beskrivningar och tolkningar. Till erfarenheter av statusskillnader lägger jag också erfarenheter av vemod och sorg som jag återkommande möter i materialet. I relation till hur dessa framträder som mönster i de vävar av förbindelser och relationer pekar jag också på förekomsten av verksamma tecken på hopp och värde i materialet. De frågor jag lyfter i förhållande till denna bild är vilken roll kyrkan spelar i relation till erfarenheter av vemod och statusskillnader och hur företrädare för de lokala kyrkorna föreställer sig och förhåller sig till denna situation. Jag för också in teologiska röster som bidrar med viktiga perspektiv i tolkningen av kyrkans uppdrag och identitet i bygderna.

En urban maktordning

En kvinna jag talar med i Alsen Offerdal berättar, med påtaglig irritation, om en föreläsare som raljerat över en ung kvinna som valt att stanna kvar i sin hembygd istället för att ge sig iväg söderut. Hon konstaterar att föreläsarens attityd ger uttryck för värderingar som är djupt problematiska då de inte lämnar något utrymme för att se ett värde i att en människa av egen vilja väljer att bo kvar. Sådana värderingar och föreställningar möter jag också hos andra kvinnor som berättar om hur de har tvingats göra upp med dem. En berättelse lyssnar jag till på vägarna mellan Jänsmässholmen och Änge i Offerdal när en sommarpratare på P4 Radio Västernorrland berättar om sin livsresa. Hennes föräldrar ville ge henne goda förutsättningar och därför lämnade de Hälsingland och flyttade till Stockholm. Nu har hon som vuxen fattat beslutet att flytta ”hem” igen. Den emfas med vilken hon uttrycker att hon nu lever i ett sammanhang där hon får utrymme att vara den hon vill vara vittnar om de normer och värderingar hon känner sig präglad av. En liknande berättelse lyssnar jag till i ett samtal med en ung kvinna som flyttat ”hem” till Jämtland efter flera år i södra Sverige. Hon växte upp i en by i Offerdal och har reflekterat mycket över sin egen livsresa och vad som har format hur hon ser på sig själv och sin bakgrund. Hon konstaterar att:

> Det finns [verkligen] en otroligt stark urban maktordning i Sverige som slår jättehårt mot Norrland, från det att man upptäckte Norrland och talade om att det var en svensk koloni, en enda stor virkesåker. Jag har ju kämpat jättemycket med min identitet när jag har vuxit upp och känt jättestarkt att man inte är någonting när man kommer härifrån. Det kommer från min pappa och är inte så konstigt när man tänker på att staten betalade folk för att flytta härifrån på 60-talet. Det fanns inte någon anledning att stanna. Så var det med pappa och mamma också. Jag skulle ju iväg. "Utbilda dig, du kan inte bli någonting här". När jag var nitton år och hade gått ut gymnasiet visste jag bara att jag skulle iväg. Jag kunde ju inte bli det jag ville bli här. Det var inget aktivt val, inget som jag ville, det var ju bara så det var. Den jag ville bli fanns det inte utrymme för här. Och sedan har jag gjort min resa under tolv år, hamnat där jag trodde att jag ville vara och bara insett att här kan jag ju inte vara det. Det är ju här i Jämtland som jag får utrymme för hela mig: göra det jag vill göra och vara den jag vill vara. Men det handlar ju om normer. Jag har ju känt mig skittöntig som kommer från landet.

I likhet med kvinnan i byn utanför Arvidsjaur har den här kvinnan erfarenheter och upplevelser av att det sammanhang hon kommer ifrån tillskrivs lägre status än andra platser. Hennes berättelse vittnar om hur föreställningar och normer kring glesbygd och det urbana är viktiga delar i hennes reflektioner kring sin egen identitet: "det är ju här i Jämtland som jag får utrymme för hela mig och det jag vill göra och vara den jag vill". Hon finner förklaringen till de stora statusskillnaderna i vad hon själv benämner en "urban maktordning". I det fortsatta samtalet nämner hon att Po Tidholms texter och analys av förhållandet mellan stad och glesbygd, inte minst med fokus på Norrland, har kommit att spela en central roll i hennes eget reflekterande. Po Tidholm skriver bland annat att:

> När media avhandlar svensk landsbygd pratas det nästan alltid om turister och inflyttare. Mer sällan om de som faktiskt redan bor där. Det betraktar man allmänt som losers, som människor som inte gjort ett aktivt val, som blivit kvar, blivit över. Som en förlorare i

ett ickelandskap. Kanske är det så turisterna ser mig där jag sitter i skitiga blåkläder med mitt kaffe. Kanske är det så den urbana normen får oss att se på oss själva.[1]

Tidholms och kvinnans föreställningar om en urban maktordning bekräftas av kulturgeografen Susanne Stenbacka som har studerat föreställningar om män i glesbygd konstrueras och förmedlas i några svenska TV-serier och kan konstatera att glesbygdsmannen skildras som den urbana mannens negativa motpol. Han är inte jämställd, inkapabel att uträtta saker och bakåtsträvande. I TV-serierna görs mannen i glesbygd till ett objekt som förutsätter och bygger på normerande föreställningar om skillnader mellan glesbygd och stad.[2]

"Man känner sig som mindervärdig"

En samisk man som jag samtalar med vid flera tillfällen i Offerdal ger uttryck för liknande upplevelser som dock får en annan karaktär mot bakgrund av samernas särskilda historia och livsvillkor.

> Om man lyfter upp mitt folk samerna ligger det långt tillbaka i tiden en ande av överförmynderi. Idag så är de klädda i andra kläder men det är precis samma anda bland myndigheter och jag kan klart säga att det är myndigheterna som står för samernas ohälsa. De är så känslokalla. Det är bara lagar och paragrafer de hänvisar till och man har ingen rätt alltså, man känner sig som mindervärdig på något sätt och vi blir inte trodda fast vi sitter inne med erfarenheten i vårt arbete. Så finns myndigheten, överheten som säger något annat och som vill ha oss som samer i en ställning som vi har stått i förut som ett förtryckt folk. Att vi är mindre värda på något sätt, att vi är förståndsmässigt sämre än svensken i övrigt. [...] Och det är inte så lätt att komma till rätta med det här förrän de myndigheterna släpper det här överförmynderiet. [...] Det är en väldig skam egentligen. Därifrån man borde få hjälpen, därifrån får man ingen hjälp. Se bara länsstyrelsen, naturvårdsverket, deras agerande. Så det är en väldig hopplöshet i det hela.

---

1 Tidholm 2012, s. 378–379.

2 Stenbacka 2011.

Mannen är, vilket citatet vittnar om, djup oroad och upprörd över det sätt på vilket samerna behandlas. Liksom kvinnorna ger han uttryck för erfarenheter av att leva i ett sammanhang som inte värderas lika högt som andra. Ja, han upplever till och med att han och hans folk betraktas som "förståndsmässigt sämre än svensken i övrigt".[3] Längre fram i samtalet understryker han också vikten av försoning, kunskap och samtal.

Det finns alltså flera exempel i materialet på upplevelser och erfarenheter av att tillhöra ett sammanhang som beskrivs eller behandlas som perifert eller med lägre status än andra sammanhang. Berättelserna jag tar del av har olika karaktär beroende på de sammanhang där de formuleras men de förenas alla av erfarenheter av att det egna livet inte värderas för vad det är.

Tecken på hopp

Men i materialet finns också olika exempel på sådant som blir viktiga tecken på det motsatta, att sammanhanget och de liv de lever där ses som värdefulla. För kvinnan i byn utanför Arvidsjaur var det betydelsefullt med det tyska parets flytt till byn. Det innebär naturligtvis att livet i byn blir rikare men deras val har också en effekt på en personlig nivå. Deras val blir ett tecken på att platsen har ett värde. Det faktum att någon eller några genom sina beslut och handlingar visar att man bryr sig om en plats, att man vill dela de villkor som människor lever under där, blir ett uttryck för en form av trohet eller lojalitet. Indirekt möter jag liknande föreställningar hos det schweiziska par som jag berättade om tidigare och som bosatt sig och driver en näringsverksamhet i en by utanför Arvidsjaur. De berättar med både stolthet och glädje över hur väl de har blivit mottagna i byn. Deras erfarenheter vittnar om att det faktum att de har valt att bosätta sig där och dra igång ett företag är betydelsefullt för övriga bybor. I Kluk i Västbygden i Alsen har en av bygdens eldsjälar lett arbetet med att bygga en handikappanpassad bowlinghall intill hembygdsgården.

Bedriften har fått uppmärksamhet i media och flera personer jag talar med berättar om den på ett sådant sätt att det framgår att den fungerar som ett tecken på att det är möjligt att förändra och påverka de villkor

3 Mannen menar också att kyrkan har ett särskilt ansvar i förhållande till samerna och deras situation. Jag återkommer till det här nedan.

man lever under.[4] Exemplen på lokala initiativ och verksamheter som på ett liknande sätt fungerar som synliga tecken på att man tillskriver platser och livet där ett värde skulle kunna mångfaldigas. Innan jag riktar fokus på kyrkan och ger exempel på hur den genom sina byggnader, praktiker och företrädare också kan fungera som verksamma tecken för hopp och värde ska jag tillföra en aspekt till bilden av erfarenheter som kan bidra till erfarenheter av vemod och uppgivenhet bland människor jag möter.

”Alla ruckel undanbedes”

När man kommer söderifrån och svänger av från landsvägen mot Jokkmokk in i Moskosel ligger en ljusblå träkyrka på en liten i höjd i utkanten av byn. I anslutning till kyrkan ligger kyrkogården bland tallar och lingonris. Den är välskött. Klippt gräsmatta och en välunderhållen kyrkobyggnad.

Fortsätter man vägen förbi kyrkan in i byn möter man efter några hundra meter en kiosk på vänster sida som är öppen mellan 11 och 16. På höger sida står ett stort mörkt trähus som håller på att förfalla. Rödgula plastband är uppsatta framför huset på grund av rasrisken. Det är inte det enda tomma huset i byn. Några hundra meter därifrån ligger skolan i rött tegel. Den är stor och den är tom. En tidigare rektor och en lärare som bor i byn berättar hur vemodigt det känns att se persiennerna neddragna i lärarrummet. Någon undrar hur det kommer att bli med idrottshallen i skolan. De tomma husen och skolan blir påtagliga påminnelser om det som en gång har varit och som har gått förlorat. En kvinna jag talar med berättar om de stora förändringar som har skett under de 45 år hon har levt i byn och hon är upprörd över de hus som får förfalla:

> Du vet att det är så glest mellan husen så alla ruckel undanbedes för man blir deprimerad då man är ute och går och tittar rakt fram och ser presenningar som har blåst sönder som man har haft över sina skjul.

Två andra Moskoselbor jag talar med berättar om de förändringar byn har genomgått sedan dess storhetstid på 1930–50 talet. Också hos dem möter jag uttryck för vemod och sorg över vad som har gått förlorat.

---

4 Forsberg benämner händelser som på ett särskilt sätt lever kvar och har en fortsatt inverkan på en plats ”platshändelser”. Platshändelser påverkar invånarnas känsla för sin bygd men också deras bild av sig själva. Forsberg 2010, s. 66.

> Det som har berättats, det är ju före min tid, så det är ju inget som jag kommer ihåg. Men det har ju funnits jättemycket. Det har ju funnits järnaffär och sportaffär och biograf och flera caféer.

En av dem, som är född och uppvuxen i Moskosel, berättar också om stora årskullar på skolan när hon själv gick i skolan. Nu har, som sagt, skolan i Moskosel nyligen lagts ner. Jag frågor också hur det ser ut med gemensamt engagemang kring byastuga eller hembygdsförening. Hon svarar: "Det är nästan ingenting. Det har varit [...] jättesammanhållning. Men det känns som att all luft har gått ur folk. De enda som är riktigt aktiva är skoterklubben."

Liknande beskrivningar och berättelser möter jag på andra håll. Jag ber en man i Glommersträsk att jämföra livet i samhället i dag med hur det var när han var ung.

> Det är ju en himmelsvid skillnad. Avfolkningen har ju gjort det något så oerhört. När jag var barn, bara i min klass, vi var säkert tjugofem elever, tjugo i alla fall och många av dem hade ju sina tre, fyra, fem, sex kor. Så det var ju ungefär samma folk alltihop. Det har hänt oerhört mycket negativt under min livstid.

De här berättelserna vittnar om erfarenheter av utflyttning och nedmonteringen av viktiga samhällsfunktioner i bygden. I flera av de samtal jag har med människor är det påtagligt att dessa erfarenheter, minnen och berättelser om hur det en gång var väcker vemod och sorg. Exempel på det fanns redan i intervjun med kvinnan som firade gudstjänst i Glommersträsk som jag redogjorde för i kapitel två. I Moskosel är det allra tydligast, men jag möter det också i andra byar runt Arvidsjaur och i viss utsträckning i Alsen och Offerdal. Berättelserna om hur det en gång var i byn eller samhället. Butikerna, skolorna och caféerna som idag inte finns kvar. I Moskosel är de hus som förfaller och den tomma skolan synliga och konkreta tecken på en negativ utveckling. Liknande berättelser möter jag i Västbygden i relation till skolan som lagts ned. Jag hör också flera av de som bor i Trångsviken i Alsens församling uttrycka oro över hur länge deras skola kommer att finnas kvar då de ser att elevunderlaget är vikande. Till dessa lokala och konkreta berättelser fogas också mer generella berättelser som är framträdande i den mediala bilden av Norrland och då inte minst Norrlands inland.

Vilket redan har framgått är detta inte en entydig bild, det finns gott om utrymme för hopp och god självkänsla men de aspekter jag fokuserar på här är samtidigt så framträdande i materialet att de behöver skrivas fram och diskuteras. Och det är i relation till dessa erfarenheter som jag också ser att kyrkan spelar och kan spela en betydande roll. Tillbaka till Moskosel. Byn saknar idag i stor utsträckning gemensamma eller offentliga lokaler eller institutioner. Kiosken är det enda försäljningsstället och varken hembygdsgård, skola eller byastuga finns kvar.

Kyrkorummet betydelsefullt

Kyrkan är därmed en av de få byggnader i Moskosel som alla i byn har tillträde till, den är ett av de få, kanske det enda, rum som av flera kan upplevas som ett gemensamt rum för de som bor i byn. Idag används kyrkorummet till gudstjänster, inklusive kyrkliga handlingar, körövningar, kyrkkaffe och vissa samlingar i anslutning till dop och begravningar. En gång i månaden anordnar församlingen också lunchservering i kyrkorummet och en grupp kvinnor som går stavgång och en annan grupp som träffas för att handarbeta (sticktanterna som de benämns av en kvinna jag talar med) använder också kyrkorummet som mötesplats. Utifrån det material jag har samlat in kan jag inte dra några säkra generella slutsatser om vilken roll kyrkan spelar i människors liv i Moskosel. Men jag kan, mot bakgrund av de berättelser jag har lyssnat till, konstatera att kyrkan inte har haft en lika central plats i byns gemensamma liv som kyrkan i Glommersträsk. Trots det ser jag flera exempel på att kyrkan, både i form av byggnaden och församlingens verksamhet och företrädare, idag har betydelse för människor i byn.

Kvinnan som känner ilska över de fallfärdiga husen i byn berättar hur hon regelbundet träffar gruppen kvinnor i kyrkan som handarbetar och samtalar. Hon ger exempel på att de varit betydelsefulla för henne, inte minst i samband med att hon drabbades av sjukdom.

> Då är det några tanter som träffas och de sitt och stick och vi småpratar och vi har det så trevligt [...] men jag bara satt där och vi småpratade och jag var inne i det där rummet, det är det som är så fint i Moskosels kyrka nu att de har gjort om det. Så han kom till användning, de till och med kok kaffe där. Ett litet kök hade de gjort. Så han används nu verkligen. Och jag älskar Moskosels kyrka.

Moskosels kyrka.

Kvinnan älskar kyrkan i Moskosel och hon berättar om hur hon deltar i vissa gudstjänster och aktiviteter där. Men det framgår också i samtalet vi för att kyrkobyggnaden är viktig för henne även då hon inte har möjlighet att delta i sådant som sker i kyrkorummet.

Kyrkobyggnaden som tecken och mötesplats

I fallet med Moskosel är det tydligt att den faktiska kyrkobyggnaden är av betydelse för livet i byn och för hur kyrkans uppdrag tar sig uttryck. I kontrast till den tomma skolan och de fallfärdiga husen i byn kan kyrkobyggnaden, med den omgivande kyrkogården som brukas och tas om hand, fungera som ett synligt tecken på platsens värde. Liksom människors beslut att flytta till en by kan fungera som ett tecken på platsens värde är det också rimligt att tillskriva en sådan betydelse till en kyrka och församling som väljer att satsa tid och resurser på att vårda och bruka en kyrkobyggnad eller ett församlingshem. Men utöver en sådan teckenfunktion tillför också ett kyrkligt rum andra väsentliga aspekter till en plats. Den fysiska byggnaden och det rum det tillhandahåller innebär en mötesplats som möjliggör interaktion. Ett rum och en plats där konkreta förbindelser mellan människors liv och vardag kan uppstå. Men en byggnad och ett rum som brukas för vissa sociala praktiker och som utgör en del av en organisation som dels finns på platser runt om i Sverige, dels utgör en del av världsvid gemenskap av kyrkor kan också fungera som ett konkret sammanhang som skapar kopplingar och interaktioner till andra platser och sammanhang. Konstvetaren Henrik Widmark har i analys av en kyrkobyggnad i ett helt annat sammanhang, Rosengård i Malmö, argumenterat för att den materiella byggnaden och firandet av mässan i den är viktig för platsen och dess relation till ett vidare sammanhang.

ALDRIG BARA SUMMAN AV TEGEL, TRÄ ELLER PLÅT

I mars 2000 firades den sista mässan i Svenska kyrkans kyrkorum i Rosengård som är en del av Västra Skrävlinge församling. Svenska kyrkans materiella närvaro i form av ett invigt kyrkorum där församlingen regelbundet firar mässa upphörde därmed. Widmark ser detta lämnande som en både teologisk och politisk handling och han gör det mot bakgrund av föreställningar om att de gemensamma sociala utrymmen vi rör oss i är under ständig konstruktion. Överallt där människor lever, rör sig, utför gemensamma praktiker och använder byggnader och platser skapas sociala utrymmen som bidrar till att forma enskilda och kollektiva identiteter. Enligt Widmark är en byggnad aldrig bara summan av tegel, trä eller plåt eftersom den också är fylld med symbolisk och praktisk mening.[5] Den skapar förutsättningar för vardagliga praktiker och för sociala föreställningar – den bidrar till att forma och prägla ett socialt utrymme. Mot bakgrund av att Rosengård ekonomiskt och socialt på många sätt är segregerat från övriga Malmö och därmed också segregerat från vad som kan beskrivas som det offentliga Sverige tolkar Widmark beslutet att lämna kyrkobyggnaden som ett beslut som förstärker segregationen. En viktig länk mellan Rosengård och Sverige i vidare mening gick förlorad. Widmark ser detta som ett både socialt och teologiskt problem. I samma stund som församlingen upphör att

5 Widmark 2010, s. 55.

fira mässa i ett fysiskt rum i Rosengård går också en potential till att forma och upprätthålla ett hoppets rum förlorat.

> Närvaron av nattvarden bekräftade vardagslivet i församlingen lika väl som en enhet på både lokal och universell nivå. På så sätt, genom sina symboliska utrymmen och firandet av mässan, formade Rosengård ett hoppets rum samtidigt som det lokala definierades och föreställda gränser revs som isolerade det socialt och kulturellt segregerade distriktet.[6]

Föreställningar om gemensamma utrymmen och närvaron av rum i vilka mässan kan firas påverkar kyrkans identitet och förutsättningarna för att fullfölja sitt uppdrag.

> De sociala utrymmena i dessa subenheter har få kontakter med det officiella Sverige och hålls ofta samman av etniska band som skapar utrymmen på en global nivå. Men det är ett globalt utrymme som har svaga kontakter med lokala platser [...] vad som finns kvar är en fragmentarisering inom förorten och segregation från omgivningen, det enda som håller de boende samman är främlingskapet från det svenska samhället.[7]

NÅGOT VÄSENTLIGT GÅR FÖRLORAT

Även om skillnaderna är stora mellan livet i Rosengård och i en by som Moskosel finns det intressanta perspektiv i Widmarks analys. Vad händer med ett sammanhang som nästan helt saknar närvaro av institutioner eller sociala aktörer som också etablerar och utgör konkreta förbindelser med andra platser och sammanhang? Naturligtvis innebär inte avsaknaden av fysiska byggnader och sociala praktiker att ett lokalt sammanhang isoleras från omvärlden, vilket bland annat exemplet med kvinnan som genom internet bidrar till att skapa mötesplatser och sociala rum för människor visar. Men mot bakgrund av den betydelse jag genomgående kan se att människor tillskriver personlig närvaro och konkreta möten kan jag ändå konstatera att något väsentligt går förlorat

6 Widmark 2010, s. 57 [min översättning].
7 Widmark 2010, s. 62 [min översättning].

när sådana mötesplatser försvinner. I ett sådant perspektiv är Svenska kyrkan en viktig och unik aktör.

Svenska kyrkans rikstäckande organisation och verksamhet består av mängder med konkreta förbindelser mellan skilda sammanhang i Sverige. Genom kyrkobyggnader, församlingshem, församlingsexpeditioner, kyrkogårdar, stiftskanslier, stiftsgårdar, nationellt kansli och andra byggnader finns en rik och tät väv av kyrklig närvaro i många skilda sammanhang. Och i och genom dessa fysiska rum och platser utförs mängder med praktiker och verksamheter, beslutande organ samlas och fattar beslut på olika nivåer och genom allt detta upprätthålls och skapas förbindelser mellan människor och platser. Byggnaderna, rummen och kyrkogårdarna är också sammanhang där närvaron av personer som företräder församlingen och kyrkan skapar förutsättningar för relationer och personliga kontakter.

Företrädare för kyrkan är naturligtvis inte bundna till dessa rum vilket har framgått. Många möten med människor sker i andra rum och på andra platser. Men närvaron av brukade byggnader, rum och kyrkogårdar leder också till en högre grad av personlig närvaro. Där det finns en kyrkogård eller en byggnad som ska vårdas finns det också människor som vårdar. I Alsen, Offerdal och Arvidsjaur är det människor som bor i bygderna, vilket i sin tur bidrar till att konkreta band skapas och upprätthålls mellan människor i bygden och kyrkan. Mot bakgrund av Widmarks resonemang och observationerna i församlingarna jag studerar kan man därför dra slutsatsen att själva närvaron av kyrkan i form av byggnader, praktiker och människor är teologiskt och socialt signifikant. Att kyrkan är närvarande i en bygd är, som observationerna från församlingarna har visat, ett synligt tecken på platsens och sammanhangets värde. Men det är också ett verksamt tecken i den bemärkelse att det bidrar till att skapa och upprätthålla de relationer och gemenskaper som uppfattas som värdefulla. En sådan slutsats, i relation till församlingarnas begränsade tillgångar, innebär naturligtvis en stor utmaning för Svenska kyrkan och de beslut som fattas vad gäller förutsättningar för kyrkans närvaro.

Kyrkans personliga närvaro

Innan jag fördjupar den teologiska reflektionen kring kyrkans närvaro ska jag ge en tätare beskrivning av hur närvaron av företrädare för kyrkan tar sig uttryck och vilken betydelse den tillskrivs av människor jag har talat med. En tydlig och inte så förvånande slutsats är att kyrkans närvaro för många människor är förknippad med vissa personer.

Pratar om prästen

Ett konkret exempel på det är hur framträdande kyrkoherden eller andra präster är i de berättelser om kyrkan som jag lyssnar till i olika sammanhang. En ung vuxen som växt upp i Offerdal berättar till exempel att:

> När de har bytt präst, det pratas det om. Den nya prästen. Jag tror att det var [kyrkoherden] som var runt till alla och hälsade på [och det] pratas ju om det. Hur är prästen? [...] Känns som typiskt gammal kvarleva, att även om man inte går i kyrkan så pratar man om honom.

Den här personen upplever att hennes föräldrageneration pratar om prästen och har synpunkter på hur prästen är och vad prästen gör. Hon tolkar det själv som en kvarleva från äldre tider och förknippar det också med människors minnen av prästen och kyrkoherden som en ämbetsperson med makt. Samtidigt så upplever hon de berättelser hon hör om den nuvarande kyrkoherden som positiva exempel på den roll kyrkan kan spela i bygden. Berättelserna om hur kyrkoherden i Alsen Offerdal har "varit runt till alla" hör jag i flera olika sammanhang och då alltid som exempel på hur kyrkan bör agera och finna nya former för engagemang i bygden. Jag hör liknande exempel i Arvidsjaur. Minnet av präster och kyrkoherdar som tjänstgjort i församlingarna lever också kvar hos många som jag möter. Berättelserna är ofta tydligt värderande och inte sällan sätts de i relation till de som för tillfället är präster eller kyrkoherdar. Fotografierna på prästerna som hänger på väggen i Margaretasalen i Glommersträsk där jag firade högmässan, som jag redogjorde för i kapitel två, är ett konkret uttryck för hur församlingens historia berättas och förvaltas i relation till prästerna som verksamma i bygden. Sakristiorna är också rum där minnet av tidigare präster i flera fall tar sig fysiska uttryck. Där hänger också inramade fotografier. Sakristian i Rönnöfors är ett exempel.

När jag besöker rummet berättar en kyrkvärd om personerna på bilderna och genom berättelserna framträder konturer till olika "epoker" i församlingens historia. Där ser jag bilder på präster som jag återkommande har hört berättas om när människor jag har talat med berättar om sina relationer till kyrkan. Det kan vara konfirmationsprästen eller prästen som begravde någon nära anhörig.

Bilderna bidrar till att fylla rummet och byggnaden med mening och historia.

Ett hoppingivande tecken

Jag lyssnar också till en kvinna som berättar om en predikan som kyrkoherden i Arvidsjaur höll och som har gjort intryck på henne. Anledningen är att hon också känner till privata omständigheter i kyrkoherdens liv, vilka är kända av många i Arvidsjaur, som ger förkunnelsen ytterligare dimensioner. En person i referensgruppen i Alsen Offerdal berättar också om hur kyrkoherden och hans agerande kan fungera som ett hoppingivande tecken för henne.

Fotografier i sakristian i Rönnöfors kyrka.

> Jag tror inte att jag skulle kunna leva om jag inte trodde att det fanns den här magin i livet, livets magi. Att det kan vända, att det kan hända saker, att man får bli förundrad. När blir man förundrad i kyrkliga sammanhang? Det kanske inte [...] måste hända så häftiga saker utan att det kanske är att [kyrkoherden] kommer på cykeln till någon i byn som jag inte tänkte på att man faktiskt skulle komma [och] hälsa på eller göra någonting för.

Kyrkoherdens agerande fungerar för den här personen som något som får henne att tro på "magin i livet". Det betyder att kyrkoherden som person också kan fungera som ett synligt tecken som pekar bortom sig själv. Kyrkoherdens närvaro och agerande kan också ha en betydelse som liknar den som Widmark tillskriver bruket av en kyrkobyggnad i en förort som Rosengård. Kyrkoherdens deltagande i renskiljningen vid Stensjön där samer som bor i Jänsmässholmen har sitt sommarviste är ett exempel på det. Den samiske mannen i referensgruppen i Alsen Offerdal som vittnade om att myndigheters agerande mot samer bidrar till en upplevelse av att inte vara lika mycket värd eller betydelsefull som andra människor berättar om hur betydelsefullt kyrkoherdens deltagande var.

> Han var den förste prästen som har kommit upp till oss i Stensjön i arbete. [...] Det uppskattar vi väldigt mycket och folk undrade vem [han] var och jag sa det är *mijjen hearra*...det är vår präst alltså.

Det är vår präst. Genom att kyrkoherden deltar i renskiljningen bekräftas och synliggörs en relation och en samhörighet. Sammantaget i materialet framträder bilden av att kyrkoherden och prästerna på ett särskilt sätt förkroppsligar kyrkans närvaro och karaktär. Det är med andra ord en personligt buren närvaro.

Socialt täta bygder

I dessa bygder, som av en person jag talade med, beskrevs som socialt täta är gränserna mellan privatliv och yrkesroll svåra att upprätthålla. En person med erfarenheter av att vara kyrkoherde i glesbygdsförsamling i Härnösands stift som jag talade med konstaterade att:

> Som kyrkoherde blir man så involverad. Det finns ingen plats att ta skydd. Du kan inte gömma dig. Det ställer krav på genuinitet men också att man är i en bygd där man kan få bli trött och blir buren. Man måste mycket mer dyka ut skyddslös. Det går inte att gömma sig i ämbetssyn eller prästidentitet.

Även om prästen och kyrkoherden är de företrädare som tydligast och mest frekvent uppfattas som representanter för församlingen finns det naturligtvis också andra som personifierar kyrkans närvaro. Det handlar dels om andra anställda medarbetare, dels om förtroendevalda. Bland de anställda medarbetarna ser jag i församlingarna hur de som på olika sätt möter barn och föräldrar är personer som har relationer till många personer i bygderna. I Arvidsjaur är det till exempel en stor andel förstagångsföräldrar (framförallt mammor) som kommer till församlingshemmet och deltar i verksamhet där. Det finns också utvecklade och väl fungerande kontakter med skolor i kommunen och i de verksamheterna blir anställda medarbetare synliga företrädare för Svenska kyrkan. Ett exempel är en av pedagogerna som också genom sitt engagemang inom idrottsföreningar har ett väl utvecklat kontaktnät i kommunen. I Alsen och Offerdal deltar mellan 80–90 % av barnen som är mellan fyra och fem år i kyrkisverksamhet där de skjutsas mellan förskolan och kyrkans lokaler med taxi vilket bekostas av Svenska kyrkan. Dessa verksamheter leds av anställda medarbetare som naturligtvis blir tydliga ansikten för kyrkans närvaro i bygderna vilket framgår i ett samtal jag har med dem.

En kvinna i Arvidsjaur som tidigare arbetade i barngrupper berättar om ett tillfälle då hon var ute och en flicka pekade på henne och ropade att ”där kommer kyrkan”. Vaktmästare och kyrkogårdspersonal är också personer som möter många människor i bygderna när de rör sig på kyrkogårdarna. I Arvidsjaur är diakonerna och diakoniassistenten personer som i sina uppdrag möter många människor och fungerar som kyrkans personliga närvaro, inte minst genom att de också besöker människor i deras hem. Jag ser också tydliga exempel på hur körledare och musiker blir viktiga representanter för kyrkan. I ett samtal med körsångare i gospelkören i Arvidsjaur framgår det att gemenskapen i kören är viktig för de som deltar och att körledaren spelar en avgörande roll för hur gemenskapen formas. Jag förstår också av samtal jag har med andra som leder körer att körledaren också kan fungera som en viktig person vad gäller körsångares relation till de gudstjänster där de deltar.

Jag ser också flera exempel på att förtroendevalda fungerar som och uppfattas som företrädare för Svenska kyrkan. Det kan dels handla om att förtroendevalda ansvarar för vissa av församlingens evenemang, dels att de som i Offerdal har ett särskilt ansvar i egenskap av kyrkvärdar vid kyrkliga handlingar. Men jag uppfattar också i samtal med personer som bor i bygderna att vissa förtroendevalda tydligt uppfattas som företrädare för kyrkan genom sina förtroendeuppdrag. Det framgår också av intervjuer med förtroendevalda att de själva också ser att uppdraget innebär att de uppfattas företräda kyrkan i bygderna. En förtroendevald beskriver också hur han fungerar som ett språkrör för kyrkan inom det politiska parti han företräder. Jag skulle kunna ge fler exempel på hur anställda medarbetare, som i stor utsträckning själva bor i bygderna, och förtroendevalda utgör en personlig närvaro av kyrkan i de sammanhang där de rör sig.

Trohetskapital

Den kyrkliga närvaron i historien och nutid i bygderna är teologiskt och socialt viktig. Kyrkans långa närvaro kan tolkas som ett uttryck för trohet och trofasthet. I Storbritannien har The Church of England publicerat en rapport där man teologiskt reflekterar över kyrkans uppdrag och identitet i staden.[8] I rapporten använder man begreppet *trohetskapital* (Faithful capital) för att beskriva vad kyrkor och andra religiösa aktörer kan tillföra till det gemensamma livet i staden. De beskriver trohetskapital som en gåva som dessa aktörer ger till de sammanhang där de verkar genom att återkommande fira gudstjänster och personlig andakt, be, läsa bibeln och meditera, vilket fungerar som en ständig påminnelse och firande av livets gåva. Men de här praktikerna fungerar också som återkommande påminnelser om skuld, förlåtelse och möjlighet till helande. Det kan inspirera till ett engagemang för andra människor, både sådana man känner och "främlingar" och till förändringar på ett personligt och kollektivt plan.

Författarna till rapporten pekar på att ett engagemang av det här slaget, som syftar till att komma alla till del, sker i det lokala samman-

8 Faithful cities 2006

hanget och det sker i huvudsak genom sociala praktiker och språket. Ord som gästfrihet, försoning, hopp, förlåtelse och åminnelse bär på betydelser som tillsammans formar en berättelse. Och denna berättelse förvaltas och levandegörs inte minst genom att kyrkan är rotad i ett lokalt sammanhang över tid. I The Church of England, liksom i Svenska kyrkan, är den lokala kyrkan och församlingen ofta tydligt bundna till en viss plats, vilket man i rapporten ser som en väsentlig förutsättning för att kunna bidra med trohetskapital till människors liv på platsen.

> Den lokala förankringen är ofta bestående över tid vilket uppmuntrar till ett engagemang i människors liv som kan stå ut med långsamma förändringar och tillskriver värde till specifika relationer och behov hos specifika personer och grupper.[9]

Trohet och trofasthet

De här föreställningarna om kyrkans uppdrag gäller också kyrkans närvaro i glesbygder, vilket analysen och resonemangen i det här kapitlet har visat.[10] De teologiska föreställningarna om vikten av trohet och trofasthet är i rapporten grundade i tre centrala övertygelser som handlar om vem Gud är, vad det betyder att vara människa och hur människor kan leva i gemenskap med varandra.

> För det första förstår vi Gud som källan till allt liv ur vilken hela skapelsen får sin mening och karaktär. För det andra förstår vi det som att vara människa innebär att vi är skapade till Guds avbild vilket betyder att varje person äger ett inneboende och icke reducerbart värde. För det tredje talar vår tradition om att mänskligheten är kallad till relation med Gud och att människans mål och mening uppfylls i relationer präglade av ömsesidighet, kärlek och rättvisa.[11]

---

9 Faithful cities 2006, s. 3 [min översättning].

10 Christin Nygren Sundvisson formulerar liknande tankar när hon drar slutsatser av sin studie i Härnösands stift. "När kyrkan anknyter till och stödjer människors engagemang i bygden för den gemensamma välfärden, grundläggs det förtroende som gör att hopp, uppmuntran och livsvilja föds på lokala mötesplatserna. Tillit, mötesplatser och gemensamma aktiviteter är en viktig del av det livet. Kyrkans närvaro och del i detta är betydelsefull. Att inte kyrkan i form av organisation och resurser drar sig undan är en kärnfråga och en nyckel till den lokala förankringen." Nygren Sundvisson 2006, s. 138.

11 Faithful cities 2006, s. 2 [min översättning].

Dessa tre övertygelser möter jag också i samtal med företrädare för Svenska kyrkan i Alsen, Offerdal och Arvidsjaur, även om de kläs i andra ord. En intressant skillnad, särskilt i materialet från Arvidsjaur är bland annat hur man frekvent talar om människors relation till "Jesus" istället för till "Gud". I referensgruppssamtalen, som analyseras i kapitel tolv, formuleras teologiska föreställningar om Jesus som någon som vill möta människor där de befinner sig och på deras villkor. Sådana föreställningar kan ses i relation till de tre övertygelserna och vad de säger om Guds väsen och om människans natur, mål och mening. Implicit ger de här övertygelserna och föreställningarna uttryck för en trinitarisk teologi, det vill säga att Gud beskrivs som Fader, Son och Ande, som sällan artikuleras tydligt i materialet jag analyserar.

Där det heliga får ta tid

Den engelske teologen och tidigare ärkebiskopen av Canterbury, Rowan Williams, visar också hur samtida teologiska föreställningar om kyrkans trohet till en plats har historiska rötter. I en analys av 300–400-talens ökenfäder och ökenmödrar undersöker Williams deras teologiska föreställningsvärld och praktiker för att se vad de kan ha att lära kyrkan idag. Han konstaterar att en av de hårdaste lärdomarna ett eremitliv i öknen innebär är att stanna kvar där man är. Utan att romantisera eremitlivet menar Williams att det i grunden inte handlar om att fly från verkligheten utan snarare om att lära sig att leva i verkligheten så som den konkret tar sig uttryck på en viss plats. Eremiternas celler fungerar, enligt Williams, som begränsade rum där personen tvingas möta sig själv och sitt eget liv just så som det är. Utmaningen för eremiten är att vara närvarande i kropp, själ och ande och inte fly in i föreställningar om att det verkliga livet finns någon annanstans. "Du måste bli ett med verkligheten istället för med det som är overkligt, ett med platsens och dina egna begränsningar istället för med en magisk världsbild där allt kan hända om jag vill."[12]

Williams ser också en tydlig parallell mellan en sådan insikt och föreställningar om Jesus som en kropp bunden till den här världens konkreta begränsningar. I berättelserna om hur Jesus frestas i öknen ser Williams

12 Williams 2003, s. 89 [min översättning].

exempel på hur Jesus avstår från magin och istället väljer att arbeta i, med och genom världen så som den konkret framträder.

> Visst utför Jesus mirakler i sin tjänst men aldrig som substitut för det hårda kroppsliga arbetet att förändra hur människor ser på Gud, aldrig som substitut för kärlekens kroppsliga pris som når sitt klimax på korset.[13]

På samma sätt som Jesus, så som det skildras i evangelierna, verkar i och genom den här världens begränsningar så bör vi också, enligt Williams, förstå hur Jesus verkar i och genom sin kropp kyrkan. Jesu trohet till sin kyrka innebär att Jesus verkar i och genom alla begränsningar, all skörhet och tokigheter som kan prägla de människor som han samlar kring sig.

> Kyrkan är inte magi, hur mycket vi ibland skulle önska det, inte en del av verkligheten där våra problem får en omedelbar lösning eller särskilda uppenbarelser ger svar på alla våra frågor eller ger oss genvägar genom våra konflikter. Det är snarare och framförallt en gemenskap av människor [...] en plats där det heliga tar tid och där den dagliga trohetens prosa, och ibland tristess, måste mötas och välsignas och inte döljas eller flys ifrån.[14]

Williams konstaterar därför att kyrkan framförallt bör förstå sig själv som en plats där troheten tar sig synliga uttryck. Men han konstaterar också att en sådan betoning av trohet kan stå i skarp kontrast till grundläggande värderingar som präglar västerländska samhällen idag där rörelse, mobilitet och förändring värderas högt. Vecka efter vecka, år efter år, firar kyrkan gudstjänster och lyssnar till texter ur samma bok och i stor utsträckning träffar och möter man samma människor. Men kyrkan gör inte allt detta för att begränsa sig själv utan för att det utgör en god jord ur vilken den kan hämta näring för växt och mognad. Enligt Williams kan kyrkans trohet fungera som ett tecken på Guds trohet. När kyrkan förblir trogen till platser och sammanhang som många andra överger eller förtränger kan präster och andra kyrkliga

13 Williams 2003, s. 90 [min översättning].
14 Williams 2003, s. 91 [min översättning].

medarbetare och byggnader ”förkunna om en Gud som inte är uttråkad eller desillusionerad med det han har skapat och därigenom förkunnar man också om personliga möjligheter för alla som befinner sig där”.[15]

Trofasthetens pris

Williams resonemang ger ytterligare dimensioner till förståelsen av hur kyrkan som är trofast och trogen kan fungera som ett verksamt tecken på platsens och människornas inneboende värde. Men Williams reflektioner ger också utrymme för att synliggöra och acceptera de svårigheter och det pris en sådan trohet kan kräva. Utan att dra några billiga paralleller mellan öknen och glesbygden så finns det viktiga perspektiv i erfarenheterna från eremiterna som kämpade med trohet i öknen. I materialet från fältstudierna kan jag se exempel på att troheten kan vara kostsam, både ekonomiskt och mänskligt. Begränsade ekonomiska tillgångar innebär att man måste göra smärtsamma prioriteringar som i vissas ögon kan uppfattas som uttryck för bristande trohet. Att fatta sådana beslut och stå för dem kan vara kostsamt både professionellt och personligt. Jag kan ana en sådan vånda i ett samtal med en företrädare för församlingen i Offerdal i ett samtal om församlingshemmet i Rönnöfors. Flera har starka band och minnen till byggnaden men med tanke på hur byn Rönnöfors har förändrats och allt färre nyttjar byggnaden konstaterar personen jag talar med att det bara är en tidsfråga innan det blir nödvändigt att överväga om det går att ha kvar församlingshemmet i pastoratets regi.

”En kombobyggnad”

I Arvidsjaur har man fattat ett likande beslut när man sålde församlingshemmet i Moskosel. Men där hittade man en lösning som innebar att kyrkan inte behövde göra sig av med möjligheten att kunna erbjuda ett rum där människor kan samlas. Kyrkoherden berättar, som jag citerade i bokens inledning, att församlingen sålde församlingshemmet i Moskosel och att de sedan byggde om kyrkobyggnaden till vad hon beskriver som en ”kombobyggnad”.

För att kunna erbjuda en mötesplats för människor i Moskosel har

---

15 Williams 2003, s. 93 [min översättning].

man tagit bort några bänkar längst bak i kyrkorummet och skapat en yta där det står bord och stolar samtidigt som man också har byggt till ett kök inne i rummet. Vid en av de gudstjänster jag firade där samlades vi kring borden till kyrkkaffe som förbereddes i köksdelen. På ett liknande sätt har man gjort i Arvidsjaurs kyrka där det i den norra delen av kyrkan, under en läktare finns cafébord och stolar som står där permanent. I nära anslutning till cafédelen finns ett pentry som bland annat används när det är kyrkkaffe. Cafédelen används också som en plats att fika och äta frukt under sinnesrogudstjänsterna då man har ett längre moment då människor rör sig fritt i rummet. Dessa förändringar i kyrkorna bidrar till att skapa konkreta utrymmen för gemenskap i kyrkorummen. De tillför ytterligare en dimension till kyrkorummet som förstärker föreställningar kring rummet som ett rum för relationer och möten.

Den personliga närvaron av företrädare för kyrkan är, som har framgått i det här kapitlet, en viktig del av kyrkans närvaro i bygderna. Inte minst kyrkoherdens och prästernas vardag blir ofrånkomligen också en angelägenhet för fler i bygden. Det innebär naturligtvis förväntningar och många olika önskemål om hur de bör agera och vara. Den teckenfunktion som även prästerna kan tillskrivas kan också skapa situationer som upplevs kravfyllda. Det ska dock sägas att i de samtal jag har haft med kyrkoherdarna och prästerna i församlingarna är detta inget problem som någon av dem beskriver som avgörande. Men genom observationer och samtal anar och blir jag medveten om sådant som de som tar på sig dessa roller måste hantera och förhålla sig till. Ett konkret exempel är den spänning som kan finnas mellan föreställningar om gudstjänsten som ett synligt tecken på helighet oberoende av hur många som firar den och besvikelser över att så få kommer till en gudstjänst som man har förberett.

Att aldrig vara förebrående

En av representanterna i referensgruppen i Alsen och Offerdal, som varken är anställd medarbetare eller förtroendevald, ger i ett av gruppsamtalen uttryck för föreställningar om prästen och gudstjänsten som hon uppfattar fler än hon har utan att de kanske sätter ord på dem. Gruppen har tagit del av utdrag från intervjuer jag har gjort där bland annat citatet, som finns återgivet här ovan om hur människor i bygden pratar om när det har kommit en ny präst, finns med.

> Dels så tänker alla att de äger kyrkan, huset kyrkan, för det är väl en gammal undersökning sedan tidigare. Rör inte vår kyrka. Det visade många. Men det här [citatet] visar ju också att man har någon slags äganderätt till prästen. Det är min präst. Även om jag inte går till kyrkan eller någonting så är det ändå min präst. Jag förhåller mig till det hela på något vis. På något sätt ser vi att det finns tydliga band, att man har ett behov av tydliga band till kyrkan även om man inte går dit. Och så fick jag några ord...*att aldrig vara förebrående*. Så tänkte jag på det här du sa [en av de andra deltagarna i gruppen]. Vad ska vi göra? Ska det bara vara [kyrkoherden], [kyrkomusikern] och kyrkvaktmästaren. Ja, jag tror det. Så här i landsbygd, glesbygd så måste man jobba på att ständigt hålla öppet även om man förtvivlar ibland. För jag tycker mig utröna ur det här att man inte är i fas. Jag själv skulle vilja gå oftare. [...] Det handlar inte om min önskan och jag tycker mig märka att fler och fler håller koll på att det är där och det är där och kanske det är så att man ska hålla de här gudstjänsterna då även om det bara är [kyrkoherden], [kyrkomusikern] och vaktmästaren. Inte för att ha gudstjänsten som en aktivitet utan...för jag då som är lite mer privatkyrklig, när det är några som samlas då är det helgat och det är viktigt för mig att veta det...Jag tror att det finns saker som vi inte kan ta på eller mäta eller så och det viktigt för mig att det finns och jag tror att det är viktigt för fler även om man inte kan ge ord för det och därför ska det inte kännas futtigt. Jag tror att man måste ha glädjen och på något vis måste man disciplinera sig...det är jobbigt om man lägger krav på kyrkans arbetare att aldrig få vara förebrående.

Personen fångar och sammanfattar väl i sina reflektioner föreställningar och förväntningar som både bekräftar värdet av det församlingens representanter gör och de krav det medför. Krav på att inte vara förebrående. Christin Nygren Sundvisson har i sina intervjuer i Härnösands stift kunnat se att flera som arbetar med gudstjänstutveckling i glesbygd ger uttryck för erfarenheter av uppgivenhet och brist på ork och hon frågar sig om det kan vara så att:

> De som firar gudstjänst upplever att gudstjänsten blir tärande, därför att den fordrar så mycket att det förtar den känsla av näring som gudstjänsten ger? Gudstjänsten är tänkt som en gåva men

tycks istället bli en pålaga och en resurskrävande belastning för de som firar gudstjänst i de små församlingarna".[16]

De erfarenheter som Nygren Sundvisson förmedlar är viktiga att ta på allvar eftersom de drar frågan om trohet och trohetens pris till sin spets. Det må vara lätt att formulera teorier och teologi om vikten av att kyrkan är närvarande och att gudstjänsten är ett synligt tecken på en sådan närvaro. Men det är betydligt svårare att låta sådana tankar få kropp och liv när gudstjänsten inte får bli ett tillfälle och ett sammanhang där människor kan få känna sig burna av Gud och varandra. Nygren Sundvisson fångar utmaningen väl: vad gör man när Gudstjänsten som djupast sett är tänkt som en gåva blir något som tär och upplevs som en pålaga?

Trohet – till vad?

I materialet från fältstudierna kommer också andra aspekter av troheten till uttryck, aspekter som synliggör möjliga spänningar mellan hur man tolkar och förstår trohetens olika aspekter. Till vad ska kyrkans trohet rikta sig?

I intervjuer och samtal har det framgått att flera människor har starka minnen av tider då kyrkan och församlingen var ett sammanhang präglat av större aktivitet och engagemang. Sådana minnen kan också väcka en längtan efter att få uppleva det igen. Ingen av dem jag talar med ger uttryck för att man tror att det som en gång var skulle kunna uppstå igen. Men jag kan tydligt se att vissa människors föreställningar är mer präglade än andras av det som har varit när man reflekterar över kyrkans uppdrag och identitet idag. Det har också framgått av analysen att vissa företrädare för församlingen ser detta som något som behöver problematiseras.

I ett samtal om förhållandet mellan det som har varit och kyrkans utmaningar idag ser en av deltagarna i referensgruppen paralleller till att vara förälder och acceptera att barnen växer upp och att det som har varit inte kommer åter igen.

16 Nygren Sundvisson 2006, s. 140.

> Nu är barnen så stora att de är på väg ut, men det är klart att på samma sätt med de som sörjer småbarnsåren då de var småbarnsfamiljer i kyrkan och gemenskap. Men det är ju inget att vara bitter över. Det kommer nya grejor i det där. Och på så sätt får man se all verksamhet. Man kan inte sörja det. Man får glädja sig åt det som har varit och fortsätta att så nya grödor i nya fåror.

Det framgår också av samtalen i referensgruppen i Arvidsjaur att man har erfarenheter av att föreställningar om hur det har varit lever kvar och präglar hur man ser på nuets förutsättningar trots att stora förändringar har skett. En av deltagarna ger ett exempel.

> Man hade några glasögon på sig i "Glommers" som inte var riktigt med sanningen överensstämmande. För man hade glasögon på sig som sa att vi sitter fortfarande jättemånga i kyrkan på söndagen. Det tog några år innan man kom fram till att vi är faktiskt inte trettio utan vi är tre. Jag pratade med någon om det. Vi har ju krympt ner antalet gudstjänster och till slut så var ju det också ett beslut som de mest kyrkotrogna fattade. För det började kännas att det var ganska obekvämt att vara så få för då blir man ganska utsatt som kyrkobesökare också. Så någonstans föll de där glasögonen av.

I de här resonemangen framträder ett viktigt perspektiv som har med troheten att göra. Som Williams påpekar innebär troheten till platsen, sammanhanget och dess förutsättningar att man inte på olika sätt flyr ifrån den verklighet man står i. Kyrkans uppgift är därför varken att spela på en längtan tillbaka till en gyllene tidsålder eller att förlägga längtan till en tänkt och föreställd idealisk framtid. Men samtidigt ligger också i uppgiften en trohet till de erfarenheter och känslor som människor i bygderna ger uttryck för. I exemplet från Arvidsjaur finns en spänning mellan dessa två aspekter av trohet: å ena sidan en strävan efter att acceptera de förutsättningar kyrkan just nu lever under, å andra sidan troheten till de människor som lever i bygden och deras erfarenheter och reflektioner. Utan att ge konkreta förslag på hur denna spänning ska hanteras vill jag ändå sätta den i relation till ytterligare en teologisk dimension av kyrkans uppdrag att vara trofast.

Vara ett redskap för försoning

Att vara trofast bör för kyrkan alltid sättas i relation till evangeliernas vittnesbörd om hur Gud verkar och agerar i och genom Jesus Kristus. Det betyder att kyrkans uppdrag aldrig kan stanna vid att spegla människors upplevelser och erfarenheter utan förutsätter också att man sätter dem i relation till Guds ord och tron på Guds möjligheter att förvandla och förändra. I trofastheten ligger därmed också uppdraget att bidra till att skapa sammanhang där människor i mötet med varandra och med Gud får möjligheter att försonas. Försonas med varandra och varandras erfarenheter och behov. Försonas med den frustration eller det vemod som glappet mellan hur man skulle önska att det var och hur det faktiskt är skapar.

Därmed kan ett grundläggande uppdrag för kyrkan formuleras som att vara ett redskap för försoning. Det vill säga att på olika sätt bidra till att det skapas förutsättningar för olika former av försoning, vilket bland annat förutsätter att kyrkan är väl medveten om att försoningen i sig är en Guds gåva som man inte förfogar över. Samtidigt ligger det i uppdraget att vara kyrka att gestalta det evangelium som i sig självt bär på försoningens möjligheter. Detta är en svår uppgift och det är i de täta vävar av förtroende, tillit, lyhördhet och tro som skapas över tid som försoningens budskap kan förmedlas och förkroppsligas.[17]

I det följande kapitlet ska jag ge några exempel på hur företrädare för församlingarna söker sig ut i skogen, byarna eller andra platser i landskapet för att bidra till att skapa sådana rum. Men kapitlet tar sin utgångspunkt i en tavla med ett skogsmotiv i kapellet på Arvidsjaurs kyrkogård.

---

17 För ett mer utvecklat resonemang om vikten av trohet, närhet, lojalitet och relationer för att kyrkan ska kunna bidra till försonande processer i lokala sammanhang, se Ideström 2014b. En viktig fråga som detta resonemang väcker rör kyrkans strukturer. Vilka strukturer främjar på bästa sätt kyrkans möjlighet att vara trofast? Den här studien kan tyckas tala för att en förändring mot större organisatoriska enheter är problematisk. Och mot bakgrund av den bild som framträder av hur viktig den personliga närvaron av kyrkans företrädare är och då inte minst kyrkoherden är det naturligtvis inte okomplicerat om kyrkoherdar får ansvar för mycket stora områden som rymmer ett stort antal byar, bygder och sammanhang. Samtidigt är det också viktigt att se att det som gör att kyrkliga företrädare kan fungera som sociala och teologiska entreprenörer är att de får rimliga förutsättningar för att fylla en sådan funktion. En sådan förutsättning handlar bland annat om att ha sammanhang där man kan upprätthålla och utveckla sina förmågor tillsammans med andra, vilket talar för ett behov av att tillhöra och ingå i större enheter.

10
”DET ÄR EN DEL AV LIVET ATT BLI SÅ DÄR MOSSBELUPEN” – KYRKAN OCH SKOGEN

Fönster mot skogen

”Jag såg ljuset där borta mellan träden. Det kändes som att man gick på stigen.” Kyrkoherden i Arvidsjaur berättar om några av de kommentarer hon har hört om tavlan som hänger längst fram i koret i begravningskapellet på kyrkogården i Arvidsjaur. I kapellet firas de flesta begravningsgudstjänsterna i församlingen och kyrkoherden konstaterar att ”det är otroligt många som sitter på minnesstunden och börjar prata om tavlan”. Tavlan är målad som ett fönster med fönsterkarmar i trä. Fönstret är öppet och utanför möter en barrskog. Jag ser trästammar som reser sig ur en mossbeklädd mark. Mellan träden, i tavlans övre vänstra del, anar jag ett disigt solljus. Där finns också en antydan till en stig som leder vidare genom skogen mot ljuset. På fönsterkarmen, i förgrunden av bilden, är en bukett vilda blommor i ett glaskärl målad. Jag, kyrkoherden och kyrkogårdsföreståndaren har promenerat den korta biten från församlingshemmet till kapellet som ligger väl synligt från kyrkan på kyrkogården. Jag har tidigare vandrat runt på kyrkogården och läst vad som står skrivet på gravstenarna. På flera av dem står det förutom namn och födelse- och dödsdatum också namn på en by. Jag frågar om det är vanligt. Enligt kyrkogårdsföreståndaren blir det ovanligare. Hans upplevelse är att det förekommer mer frekvent på kyrkogården i Glommersträsk, men att som med mycket annat är det trender också i sederna kring begravningar och gravar. Han konstaterar till exempel att minneslundarna förlorar i betydelse och att det blir vanligare med urngravlundar och askgravlundar.

Begravningskapellet är enkelt inrett. På båda sidor om mittgången som leder fram till koret finns det träbänkar. Det ligger psalmböcker framför varje sittplats. I taket hänger en kristallkrona men det kommer också rikligt med ljus genom fönster i koret. Rummet går i vitt, brunt

Tavlan i koret i kapellet på Arvidsjaurs kyrkogård.

Kapellet på Arvidsjaurs kyrkogård.

trä och rött. Tavlan hänger på en vit vägg ovanför altaret och på ena sidan om altaret står ett mullkar tillverkat av en knotig trästam och på andra sidan ett processionskors gjort i ett liknande material. På den korvägg som saknar fönster hänger ett bårtäcke som går i olika nyanser av blått.

Skogen är påtaligt närvarande i kapellets kor. Det här är ett av flera exempel på hur skogen, älven, forsen, fjället, sjön eller myren utgör viktiga platser för många människor i de bygder där jag har rört mig och hur föreställningar om dessa platser är framträdande också i relation till kyrkan. Men i materialet framgår det att det finns olika föreställningarna om landskapet som i sin tur präglar hur dessa "rum" uppfattas.[1] I det här kapitlet utgår jag från några sammanhang, rum och platser där föreställningar om landskapet kommer till uttryck. Analysen av materialet visar hur skogen erbjuder platser och bilder som kan fungera som fönster mot en gudomlig verklighet. I kapitel elva fokuserar jag på hur landskapet också föreställs som ett rum för turism och annan näringsverksamhet.

Hemma hos konstnären

Jag har talat med konstnären som målat tavlan till kapellet i Arvidsjaur per telefon och vi har kommit överens om att jag ska komma hem till henne. Under tiden för mina fältstudier arbetar hon på en tavla till Moskosels kyrka som ska hänga i koret. Även den har ett skogsmotiv och ramas in av målade fönsterkarmar. Den står på golvet i vardagsrummet där vi sitter och dricker kaffe och samtalar. Jag frågar om motiven föreställer verkliga platser i skogen. Hon berättar då att de är inspirerade av några olika platser som hon fört samman i ett motiv.

> Med skogen så är det ju endast när man målar en tavla som man får bestämma själv om vars tallen ska stå. När du fotograferar då är han bara där. Så när jag satt träden så där så är det inte för mycket, men du ser att jag lämnar inga kvistar där uppe. Just den där tallen till vänster, han ska vara ganska vindpinad så jag ska ju inte ha för mycket för att dölja ljuset på molnen där bakom. Kan-

---

1 Föreställningar om landskapet som rum finns i materialet, vilket jag kommer att ge exempel på här nedan. Den rumsliga metaforiken är alltså inget teoretiskt perspektiv som jag lägger på materialet.

ske ska jag dra fram någon kvist ner till på vänster sida. Täta till lite. Men förgrunden är ju inte alls klar än. Det ska bli lite backigt och kulligt.

Hon berättar att tavlan hon målar är inspirerad av psalmen *Härlig är jorden* (Sv. ps. 297).

Jag tänkte att horisontlinjen skulle gå långt ner, jag skulle ha mycket himmel på den där tavlan och då tänkte jag: vad ska jag ta för psalm? Och *han* kom ganska snabbt. Det är jorden, du vet som jag försökte få fram, med tydliga skuggor. En liten naturlig kulle, för den ska liksom passa miljön. Jag vill ju inte ha en slät rund kulle för det finns ju inte i de här regionerna. Typ en sandöken som är överväxt det finns inte här. Det är ganska mycket ogjort som du säkert ser i förgrunden. Men huvudsaken är att himlen blir bra.

Hon berättar att tavlan i kapellet i Arvidsjaur är inspirerad av psalmen *Var jag går i skogar berg och dalar* (Sv. ps. 251).

Det var lite svårare att komma fram till. Då satt jag där i kyrkbänken och så såg jag placeringen och höjden och då var det en tavla i det där temat, dimman ljuset, som skulle komma bakom. Jag har gjort en stig, inte E4:an direkt, men en stig som slutar där uppe och då kommer det där dimmiga ljuset som far över mycket av landskapet. När man har målat ett fönster så är ju det ett motiv i sig också. Karmen. Så jag ville ju inte sitta och plottra på med tallar så jag gjorde lite mer i dimman där borta.

I samtalet med konstnären framgår det att det är viktigt att motiven upplevs som autentiska av de som betraktar dem. Även om de inte återger en faktisk plats är syftet att de ska avbilda en plats som betraktaren i princip skulle kunna möta i skogarna kring byarna. Samtidigt har hon alltså också inspirerats av två välkända psalmer när hon har målat tavlorna. I tavlan i kapellet uppfattar jag, mot bakgrund av vårt samtal, att det dimmiga ljuset och stigen som leder mot ljuset återspeglar hennes tolkning av psalmen *Var jag går i skogar berg och dalar*.

I tavlan som står på vardagsrumsgolvet och som ska hänga i Mosko-

Tavlan till Moskosels kyrka

sels kyrka är det relationen mellan himlen och jorden som återspeglar ett motiv i psalmen. Jorden med sin mossa och sina skuggor och himlen som präglas av ett levande och autentiskt ljus.

Hon berättar att hon gärna letar efter detaljer i skogen som hon kan ta med sig hem. Det kan vara en kvist täckt med mossa som sedan får bli en detalj i tavlan.

> Det är ju en del i livet att bli så där mossbelupen. Det är ju en kvist som har blåst ner från trädet och säkert varit rätt så fräsch, men åren har byggt på och byggt på och till slut är den där kvisten borta. Snacka om av jord är du kommen, jord ska du åter varda. Till och med den där brunnen jag har gjort [en tavla hon arbetar på som står i köket] kommer att försvinna en vacker dag. Rosten ligger längst men...

Samtalet visar hur konstnärens föreställningar om liv, död och tro, bland annat inspirerats av psalmerna, har målats in i motiven utan att de på ett påtagligt sätt för betraktaren framstår som symboler eller tecken. Motiven är öppna för tolkningar och associationer. Jag återkommer till de två tavlorna efter att ha gett ytterligare några exempel på hur skogen och landskapet framträder i relation till kyrkan i Arvidsjaur.

Norrsken och evighetsträd

I Arvidsjaurs kyrka är altartavlan bakom altaret och ett guldfärgat kors indelad i tre delar som alla är präglade av ett motiv som föreställer norrsken och en stjärnhimmel. I den största och mittersta delen, bakom korset, förkommer inga andra motiv än norrsken och stjärnor. På delarna till vänster och höger är det bibliska motiv i förgrunden. På den ena står Maria på knä framför en ängel som pekar upp mot himlen och på den andra är Jesus vänd mot två män och en kvinna. Mötet mellan norrskenet och de bibliska bilderna skiljer sig från tavlorna som konstnären i Moskosel målar, men det finns också vissa paralleller. I båda fallen rymmer bilderna, mer eller mindre påtagligt, ett möte mellan fenomen från skogen eller himlen och kristna och bibliska berättelser. Det här mötet framträder både i själva motiven, medvetet skapade av konstnärerna, men också genom motivens placering i kyrkorummen och hur de därigenom också blir artefakter och bilder involverade i de gudstjänster som firas där.

Men bilder från skogen och det omgivande landskapet kan också vara närvarande i kyrkorna i andra former. I den gudstjänst jag firade i Glommersträsk och som jag redogjorde för i kaptitel två, berättade prästen om ett så kallat evighetsträd som finns på ett skogshemman och som man inte får röra.

Dopfunt och dopljus i Arvidsjaurs kyrka.

> Och man tänk, de där har ju alltid sett ut så där. Men skulle någon av oss ämna till att sätta motorsågen i den och titta på årsringarna, så till och med en gammal, som man tänker den växer inte, den förändras inte, den är statisk. Så ser man okej, det kan vara tätt mellan dem, men den växer. Jag hoppas till dig som är påålderns höst att du känner det här, det finns möjlighet också för ett gammalt evighetsträd att växa. Ji töckte själv att det var skönt då ji såg de och kände de. Det är inte bara tonåringarna, de här unga plantorna, som kan växa utan också du och jag.

Bilden av evighetsträdet, som inte tycks växa, fungerade som en trösterik bild för att också en gammal människa kan växa och han fortsätter därefter och talar om vikten av att vi får dricka den andliga mjölken för att kunna växa. I slutet av predikan frågade han gudstjänstdeltagarna vad de tänkte om det han hade sagt i predikan och då var det en äldre kvinna som sa "jo, men det var trösterikt om årsringarna" och flera hummade instämmande.

Målningar av skogen som spegel eller fönster

Teologen Sigurd Bergmann menar att relationer mellan *yttre* skildringar av naturen och *inre* upplevelser och erfarenheter är återkommande inom konsthistorien.

> Ser man på konsthistorien framstår sambandet mellan den religiösa och den naturrumsliga identifikationen mycket tydligt. Det nordiska landskapsmåleriets historia visar hur uppfattningen och gestaltningen av det nordiska landskapet har utgjort ett starkt sammanbindande element för befolkningens religiösa och kulturella identitet. Målarnas landskapsbild har ända sedan romantiska traditionen tjänstgjort som den spegel med vars hjälp man tolkat den moderna människans inre värld.[2]

2 Bergmann 2009, s. 146.

Han argumenterar också för att man i den nordiska kulturen, som ofta uppfattas som i grunden sekulariserad, kan se ett starkt samband mellan ”gudstron, natur- och moraluppfattningen och även landskapssynen”.[3] Enligt Bergmann kan alltså en konstnärs gestaltning av ett landskap skapa en korrelation mellan ett *inre* och ett *yttre* landskap.[4] Samtalet med konstnären i Moskosel och kyrkoherdens iakttagelser av hur gudstjänstdeltagare har kommenterat tavlan i kapellet tycks bekräfta ett sådant resonemang. Bergmann fångar i sin analys föreställningar om förhållandet mellan en yttre och en inre verklighet som har ett starkt fäste i vår egen tid och som på ett genomgripande sätt präglar hur religion och andlighet förstås och beskrivs. Men när jag fördjupar min analys av tavlorna som konstnären i Moskosel målar stöter jag ganska omgående på sådant som inte låter sig inordnas under en uppdelning mellan *inre* och *yttre* landskap. Även föreställningar om konsten som en spegel av människors inre liv framstår som problematiska.

Bara det faktum att tavlorna är gestaltade som fönster utmanar på ett intressant sätt spegelmetaforiken. Betraktarna tittar, genom tavlan, ut ur kyrkobyggnaden, ut i skogen där man i motivet anar en gudomlig närvaro. I vilken mån kan detta förstås som en tolkning och spegling av ”den moderna människans inre värld”? Jag finner det rimligare att beskriva ett större mått av ömsesidighet och relation mellan skogen, tavlorna, konstnärens föreställningar och betraktarnas erfarenheter och så kallade inre landskap. För att kunna göra en sådan beskrivning vänder jag mig till en tänkare som kan bidra med användbara perspektiv.

3 Bergmann 2009, s. 147.

4 Konstvetaren Kevin Hetherington ser detta som ett uttryck för ett modernt perspektiv och han menar att ”[i]nom moderniteten försvinner heterogeniteten ur blicken. Objekten har ingen plats, subjektet är allt. Objekten betraktas som något som existerar skilt från individen men det förlorar sin heterogena karaktär, det blir oviktigt…Att betrakta världen utanför blir bara en form av inre reflektion”, Hetherington 1999, s. 66.

Människan – en immanent biologisk varelse och en transcendent person

Humanekologen och idéhistorikern Per Johansson tillhör en av dem som problematiserar föreställningar om hur vi förstår förhållandet mellan människan och hennes omvärld. Han gör det i relation till hur man inom arkeologin analyserar och beskriver hur människor i våra delar av världen började leva på att bruka jorden. Johansson menar att de teorier och modeller man använder för att förklara och beskriva detta skifte bygger på att man skiljer människan (kultur) och naturen åt, vilket han ser som problematiskt. Han vill därför bidra med ett alternativt sätt att tänka kring människans förhållande till sin omvärld. Kort sammanfattat kan man säga att han beskriver människan, i alla sina relationer till sin omvärld, som på en och samma gång en *immanent* biologisk varelse och en *transcendent* person.[5] Johansson tar tydligt avstånd från en förståelse av relationerna mellan organismer och deras omvärld som säger att omvärlden alltid bara är det samma som en persons upplevelse och tolkning av den. I stället argumenterar han för att omvärlden (om den inte är en fantasiprodukt) verkligen (åtminstone delvis) representerar den faktiska vidare ekologiska miljön.[6] En persons upplevelser och tolkningar säger med andra ord något väsentligt om en verklighet som existerar utanför och oberoende av personen.

Bilden av relationerna mellan människan och hennes omvärld kompliceras, enligt Johansson, ytterligare när man också tänker in artefakter (saker som skapats av människor). Genom ett exempel på hur en person löser en komplicerad matematisk uträkning med hjälp av bland annat penna och papper, visar han hur intima våra relationer är till olika former av artefakter (penna, papper, siffror och så vidare). På så sätt vill han göra tydligt att personen inte är den enda aktiva parten i det som sker, även om hon är den som är i centrum för skeendet. Förhållandet mellan en artefakt och en person är enligt Johansson sällan så enkelt att det handlar om att personen använder en artefakt för sina syften. Det är tvärtom lika rimligt att tala om att artefakter använder personer. Det

---

5 Johansson 2003, s. 9. Han konstaterar att åtskillnaden mellan människa och natur framträder i två olika former inom akademin: dels mellan natur och kultur, dels mellan människan som biologiska organismer och människan som kulturell person. Enligt Johansson är sådana uppdelningar problematiska och han argumenterar för ett ”generellt humanekologiskt perspektiv som kan göra rättvisa åt människan som både levande organism, skapare och tänkare”. Johansson 2003, s. 109–110.

6 Johansson 2003, s. 115.

betyder i sin tur att när en människa skapar en artefakt, som en lerkruka eller en tavla, handlar det inte om en rak och enkel process från det att personen har en inre bild av vad som ska skapas till själva skapandet. Som Johansson beskriver det handlar det istället om ett dynamiskt och komplext samspel mellan olika komponenter som tillsammans utgör den "utvidgade artefakten".

Även om samtalet med konstnären bara ger en begränsad bild av hur själva skapandet av målningen har gått till finns det flera saker i beskrivningen som bekräftar den teori Johansson presenterar. Av konstnärens beskrivning framgår det att bilden på duken är ett resultat av en process i vilken konstnären och hennes inre bilder endast utgör en av flera komponenter som samverkat. Där finns färger, penslar, skogen som hon har vandrat i, mossbelupna kvistar hon har tagit med sig hem, kyrkobyggnaden, psalmer och så vidare. Men där finns också föreställningar och bilder om livet, döden och tron som medverkar i den kreativa processen. Samtalet tycks också antyda att det inte handlar om en enkel rörelse från en inre bild till den målade bilden på duken. Snarare rör det sig om en mer ömsesidig process mellan olika komponenter och dimensioner. Konstnärens föreställningar om tro och liv har därmed också formats och präglats av skaparprocessen.

Johanssons resonemang kompletteras också med ett symboliskt perspektiv då han menar att personer har den särskilda förmågan att tolka den ekologiska miljön som symboler. Johansson beskriver symboler som *metafysiska broar* som har till uppgift att skapa förbindelser mellan olika aspekter och dimensioner. Det betyder att själva symbolerna är verkliga och konkreta även om de kan skapa förbindelser till dimensioner som inte är lika konkreta.[7]

Kyrkan och målningar av skogen

Johanssons resonemang är tydligt besläktat med det förhållningssätt till studier av det sociala och kollektiva som jag redogjorde för i kapitel två. Hans teoretiska reflektioner visar att det är svårt att upprätthålla några tydliga uppdelningar mellan människans inre landskap, skogen och

7 Johansson 2003, s. 205. Johanssons resonemang innebär att "den gemensamma nämnaren bakom alla skilda mänskliga omvärldar är skapandet av föreställningar, inte som fantasier utan mer i bokstavlig mening som att skapa och bli skapad som en avbild av det verkliga" (vilket inte utesluter att det också kan resultera i rena illusioner). Johansson 2003, s. 253.

landskapet och de konkreta bilder hon kan skapa av det i form av bland annat målningar. Hur kan då de här perspektiven bidra till en djupare förståelse för hur kyrkan framträder i relation till föreställningar om och bilder av skogen och landskapet? Som jag konstaterade här ovan är redan det faktum att målningarna är inramade av en fönsterkarm intressant, inte minst utifrån ett ecklesiologiskt perspektiv. Det bidrar till upplevelser och föreställningar om att de som samlas i kapellet eller kyrkorummet tillsammans tittar ut i skogen. På samma sätt som församlingen gemensamt lyssnar till Guds ord, ber, sjunger psalmer, tar emot bröd, vin och välsignelsen är de också en församling som tittar ut genom fönstret.

Kyrkoherdens erfarenheter av att många berättar om tavlan i kapellet talar för att den bidrar till att skapa upplevelser av gemenskap genom de gemensamma känslor den väcker. Mina egna observationer och samtal med människor talar också för att tavlan avbildar något som många känner igen från sina vardagsliv. Många jag talar med tillbringar förhållandevis mycket tid i landskapet kring tätorten och byarna. Det kan vara i skogen, vid älvar eller i fjällen. Många jagar, fiskar och plockar bär eller åker skoter och många har också stugor och fritidshus. Sammantaget framgår det att många människor tillbringar mycket tid i skogen och därför också har rikligt med erfarenheter av platser i skogen som går att relatera till tavlorna i kapellet och kyrkorummet. Därför är det rimligt att anta att det finns täta och tydliga förbindelser mellan tavlorna och upplevelser människor har av skogen i sina egna liv och därmed tydliga känslor av igenkännande. Vad händer då när tavlorna blir en del av ett kyrkligt rum och sammanhang, som vid en begravningsgudstjänst till exempel?

Var jag går i skogar berg och dalar

När en person deltar i en begravningsgudstjänst kastas hon på sätt och vis ut ur vardagens rum och tid och in i begravningsgudstjänstens. I gudstjänsten blir dimensioner av livet konkretiserade som många sällan möter på ett så påtagligt sätt i sin vardag. När enskilda personer kommer till kapellet blir de också delar i en församling som tillsammans firar gudstjänsten. Naturligtvis är det vanligt att de flesta som firar gudstjänsten på olika sätt känner varandra sedan tidigare men i den unika gudstjänsten utgör de ändå en unik församling. I begravningsgudstjänsten skapas ett kollektivt subjekt, ett ecklesialt subjekt. Och det subjektet skapas i en process där flera olika komponenter samspelar och samverkar. Tavlan är en av dem. Men det finns också många andra. Bland de komponenter som bidrar till att skapa det sammanhang där kyrkan framträder är också teologiska föreställningar som kommer till uttryck i bibeltexter, liturgiska moment och psalmtexter. Mot bakgrund av att psalmen *Var jag går i skogar berg och dalar* har spelat en viktig roll i skapandet av tavlan och att den återkommande sjungs vid begravningsgudstjänster i Svenska kyrkan[8] är det intressant att analysera de föreställningar om förhållandet mellan människan, skogen och Gud som kommer till uttryck i psalmtexten.

Var jag går i skogar, berg och dalar, följer mig en vän,
jag hör hans röst.
Han osynlig är, men till mig talar, talar stundom varning,
stundom tröst.
Han, min Herde, gick för mig i döden, men han lever i all evighet.
Sina får han följer, vårdar, föder med osäglig trofasthet.

Allt vad vi på färden kan behöva, allt för evigt har jag i min vän.
Allt som här mitt hjärta kan bedröva känner han och tröstar mig igen.
När långt borta tycks mig vännen kära, jag då minns hans ord:
En liten tid igen, och jag är nära, då blir åter fröjd och frid.

När på Tomas Segerfursten tänker, ser att tyngd och
tvivlande han går,
skyndar han och honom nåden skänker att få se och
röra vid hans sår.
Tomas, rörd av Jesu varma hjärta, övervunnen av hans marterskrud,
ropar fylld av fröjd och kärlekssmärta: O min Herre och min Gud.

8 I Anna J Evertssons studie av psalmers funktion i begravningsgudstjänster har hon bland annat gjort en enkätundersökning med material från 2222 begravningsgudstjänster. Bland psalmerna som sjungs vid gudstjänsterna är *Var jag går i skogar berg och dalar* den fjärde vanligaste efter *Härlig är jorden*, *Blott en dag* och *Bred dina vida vingar*. Evertsson 2002, s. 53.

Endast du, Uppståndne, kan mig frälsa, endast du är med mig var
jag går.
Dina sår är läkedom och hälsa. Fäst min tro vid dig,
att hem jag når.
Genom liv och död du, Herre, led mig. Låt mig uppstår,
klädd i renhets skrud,
frälst och salig ropa, när jag ser dig: O min Herre och min Gud.[9]

Relationen mellan psalmens första rad och tavlan i kapellet är tydlig vilket också kommentarerna av tavlan, som kyrkoherden har hört, bekräftar: ”Det kändes som att man gick på stigen”. Men till en sådan påtaglig erfarenhet knyter också psalmens *jag* en närvaro som snarare kan anas och som rymmer tydliga aspekter av tro: en vän följer på vandringen. Han är osynlig, men psalmens *jag* kan höra hans röst. Bilden av Gud som kommer till uttryck i psalmen är tydligt kristocentrisk. Han har gått i döden för ”mig” men ”han lever i all evighet” och han ”följer, vårdar, föder med osäglig trofasthet”. Psalmens *jag* rör sig mellan en stark trosvisshet om Guds omsorg och närhet och uttryck för erfarenheter av tvivel och bedrövelse och den avslutas med en bön om att Gud ska leda ”mig” och låta ”mig” uppstå.

DET PÅTAGLIGA OCH DET ANADE

I relation till förhållandet mellan ett tänkt *yttre* och *inre* landskap tycks här inte finnas någon definitiv gräns mellan de två aspekterna av tillvaron. Här uttrycks inte att psalmens *jag* hör en inre röst eller att det som beskrivs hör hemma i ett inre landskap. Vännens röst beskrivs som lika påtaglig som skogen, bergen och dalarna. Samtidigt är inte vännen någon som existerar som andra synliga objekt eller personer, han är osynlig. Sammantaget framträder i psalmtexten, genom en människas erfarenheter, en dynamisk och nyanserad beskrivning av Guds närvaro i relation till skogen, bergen och dalarna. Genom motivet från skogen tillförs ett ”fönster”, vid sidan av psalmen och andra artefakter och praktiker, till det kyrkliga rummet som så att säga skapar öppningar mellan vad jag väljer att beskriva som

9 Texten till psalmen är skriven av C. O. Rosenius 1847 och R. Holte 1986. Vers 3 är skriven av en herrnhutisk svensk författare 1806. Musiken är hämtad ur Ahrnfelts sånger 1868.

det *påtagliga* och det *anade*. En sådan begreppsanvändning kan bidra till att nyansera alltför tydliga uppdelningar i inre och yttre landskap, subjekt och objekt eller natur och kultur.

Återupprätta en relation

Så vad är det då som sker i kyrkorummet om man sätter tavlan i centrum för skeendet? Om man ser på artefakter som symboler, utifrån Johanssons definition, är de broar till andra dimensioner av verkligheten, till något annorlunda. Vad gäller processionskors och altare till exempel är de broar till en verklighet som för många som firar begravningsgudstjänster i kapellet uppfattas som en religiös och mystisk verklighet.

Med tavlan är det annorlunda. Tavlan öppnar ett fönster genom vilket betraktaren kan titta tillbaka till en välkänd plats i deras egen vardag. Men i och genom begravningsgudstjänsten och det kyrkliga rummet tillförs dimensioner till förståelsen av det vardagliga. Där i skogen, bland träden och mossan, på stigen, finns en vän. Skogen är i tavlan inte reducerad till en ekologisk miljö utan avbildas också som en plats där alltings skapare är närvarande. Mot bakgrund av mina fältstudier och de observationer jag har gjort kan jag konstatera att en sådan avbildning och sådana föreställningar inte är främmande för många av de människor som lever i området. Snarare tycks det som att tavlorna bidrar till en bättre förståelse av verkligheten som sådan.

SE SPÅR AV GUD I VARDAGENS ERFARENHETER

Analysen av tavlorna visar därmed att de inte låter sig fångas i den moderna blickens dualistiska perspektiv. De fungerar snarare som fönster som skildrar en verklighet som existerar utanför och oberoende av betraktaren men, vilket är avgörande för dess funktion i rummen, en verklighet som betraktarna har erfarenheter av och därigenom också är en del av. I igenkännandet skapas en förutsättning till relation och dialog mellan sådant som framträder i ett landskap och enskilda människors erfarenheter av att vara i detta landskap. Motiven från skogen bidrar, som jag uppfattar det, till möjligheter för människor att se spår av Gud i vardagens erfarenheter. I kyrkorummen fungerar de som fönster mot det gudomliga. Det innebär också att den kyrka som framträder inte kan separeras från skogen och landskapet utan att träden, stigarna, älvarna, myrarna och fjällen är verksamma delar som bidrar till att kyrkan framträder så som den gör. Kanske kan man säga att tavlorna i kapellet och kyrkan bidrar till att etablera en blick bortom den moderna. De skapar en relation mellan det *påtagliga* och det *anade*.

Senare, i kapitel elva, återkommer jag till konstnärens motiv, men då i ett annat rum: flygplatsens gate. Då för jag en diskussion om hur det två rummen, kapellet och gaten, kan förstås i relation till varandra och vad en sådan jämförelse kan säga om föreställningar om landskapet och skogen i relation till människors liv i Arvidsjaur. Men först förflyttar jag mig nu till kyrkan i Alsen för att kort resonera vidare om hur kyrkan kan bidra till att skapa rum och sammanhang med förutsättningar för människor att etablera relationer mellan det *påtagliga* och det *anade*.

Ett krucifix med en kropp i guld – Alsens kyrka

I Alsens kyrka finns inget motiv eller artefakt i kyrkans kor som på ett direkt sätt relaterar till människors erfarenheter och upplevelser i bygden. Koret präglas istället av ett kristet symbolspråk av en annan karaktär. Bakom högaltaret reser sig ett stort krucifix med en guldfärgad Kristus mot den vitkalkade väggen flankerat, på båda sidor, av två änglar med symboler för hopp och kärlek i sina händer. I kapitel tre framgick det bland annat att en av de boende i Alsen gav uttryck för att han inte trivdes i kyrkorummet. Han beskrev det som att han inte har en relation till "symbolerna" och att det inte blir någon känsla av gemenskap i rummet. I kontrast till erfarenheter av gudstjänster i Alsens kyrka berättar han om positiva upplevelser av gudstjänster som har firats i församlingshemmet eller i andra lokaler i bygden. Han gav också uttryck för hur han i naturen och landskapet upplever Gud.

Mannens erfarenheter bekräftas också av företrädare för församlingen som vittnar om att det ofta kommer relativt få människor till gudstjänsterna i Alsens kyrka och att rummets storlek och karaktär då skapar svårigheter. Kyrkoherden berättar att man ibland har samlats uppe på orgelläktaren för att på så sätt skapa ett mindre rum i rummet. En annan anställd medarbetare kommenterar koret i Alsens kyrka: "Krucifixet tycker jag inte om och det är det fler som inte gör. På långfredagen när man talar om korset och så har man Jesus i guld som hänger på korset. Det blir lite märkligt". I en historisk redogörelse för de kyrkor som har funnits i Alsen konstaterar man samtidigt att krucifixet har "fått höga

Koret i Alsens kyrka.

lovord av konstkännare".[10] I andra samtal jag har framgår det att många känner starkt för kyrkan i Alsen. Min poäng är alltså inte att människor inte uppskattar kyrkan i Alsen. Det jag vill lyfta fram handlar snarare om de svårigheter som flera personer ger uttryck för i relation till att fira gudstjänst i kyrkorummet i Alsen.

Kontrasterna mellan tavlan i kapellet i Arvidsjaur och utsmyckningen i koret i Alsens kyrka är påtagliga. Om motivet i kapellet skapar en relation mellan rummet och sammanhang där deltagarna själva rör sig och har erfarenheter av så etableras inga sådana relationer via koret i Alsens kyrka. Krucifixet med den gyllene Kristuskroppen, flankerat av de vita änglastatyerna, hänvisar snarare betraktaren till ett symboliskt religiöst utrymme. Erfarenheten bekräftar, i relation till diskussionen

---

10 Alsens kyrka 1992, s. 26. Krucifixet är utfört av skulptören Olof Ahlberg som enligt redogörelsen är från jämtland. I skriften citeras också "[d]en jämtlandsbördige och mycket kunniga konstkritikern Gustaf Näsström" som i en recension skrivit att "[d]et utomordentligt ädelt formade anletet är genomdanat av en världssmärta, som skälver kring munnens känsligt formade drag och kring de ångestspända ögonbrynen". Alsens kyrka 1992, s. 27.

här ovan, till föreställningar om Gud och det religiösa som blivit vedertagna i en modern kontext. Schematiskt uttryckt kan man beskriva det som att Gud och det gudomliga inte är en del av det vardagliga utan har förlagts till en transcendent andlig eller religiös sfär och samtidigt reducerats till intellektuella trosföreställningar i individers inre.[11]

Transcendent och immanent – två rumsligt åtskilda storheter

Jørgen Straarup och Maywor Ekberg ser exempel på detta när de analyserar och tolkar intervjuer med personer i en icke namngiven församling i Luleå stift och de frågar sig varför människor tänker det transcendenta och immanenta ”rent bokstavligt som två rumsligt åtskilda storheter”?[12] De ser en risk i att ”kyrkan under alldeles för lång tid har hållit kvar ett gammalt sätt att tänka och ett språkbruk som inte har förmått att förflytta Gud från himlen ner på jorden”.[13] Det har enligt Straarup och Ekberg lett till att ”Gud inte omfattas inom vår tids språk och då inte heller inom människans egen vardag” vilket betyder att ”symbolernas specifika laddning och kodspråk – som bärare av kristen verklighetsuppfattning – har avtagit. Kanske till och med tystnat.”[14]

Jag uppfattar det som att kyrkorummet i Alsen i någon mån därför bekräftar de föreställningar många människor har av kyrkans föreställningar om Gud och tro. Samtidigt visar de skillnader som flera personer tillskriver erfarenheter av kyrkorna i Alsen och Offerdal att det inte finns något enkelt och direkt orsakssamband mellan artefakter i kyrkornas kor och erfarenheter människor gör av kyrkorummen. Även i Offerdals kyrka är koret laddat med ett symbolspråk som inte på ett direkt sätt relaterar till sammanhang där människor rör sig.[15]

---

11 För ett utförligare resonemang om förpassandet av det gudomliga ur vardagen, se Latour 2001.

12 Straarup & Ekberg 2012, s. 62.

13 Straarup & Ekeberg 2012, s. 65.

14 Straarup & Ekberg 2012, s. 65.

15 Skulle man vilja fördjupa reflektionerna kring människors erfarenheter av kyrkorum och hur de präglar deras relation till kristen tro och kyrkan finns det intressanta studier gjorda som skulle kunna tillföra viktiga perspektiv. Se till exempel Bromander 1998.

Naturvandringar

När jag betraktar materialet utifrån de här perspektiven ser jag ett återkommande tema. Företrädare för församlingarna uttrycker på olika sätt ett behov av att skapa och hitta nya bilder, rum och sammanhang som möjliggör möten mellan Gud och människors vardag. Tavlorna som konstnären i Moskosel målar är ett exempel. Men det finns andra och flera av dem har tydliga relationer till det omgivande landskapet och föreställningar om det som rum för gemenskap. När referensgruppen i Alsen och Offerdal talar om vilka utmaningar de ser för församlingens arbete berättar kyrkoherden om hur han har inspirerats av en präst i Luleå stift som fokuserat på att röra sig ut till sammanhang där människor befinner sig och samlas.

> Han går ut och har morgonbön med älgjaktslagen. Sitter runt elden tyst och tittar in i brasan. Det blir ju väldigt meditativt och så bygger han gudstjänst kring det...jag tror också på det. För söndagar och helger är så viktiga för dem...på vårvintern...det är ju ingen av oss som vill gå till kyrkan när solen skiner en vårvinterdag. Då vill man ju ut på skidor eller sitta i en solgrop. Försöka hitta ut till folk då på något sätt.

Planering av en naturvandring

Vid ett av mina besök i Alsen och Offerdal följer jag med kyrkoherden från expeditionen i Ede till en av byarna i Alsens församling. Vid vägen som går mellan Alsen och Nälden ligger ett stort trähus dit vi åker. Där bor en man som är engagerad i flera projekt som rör bygden. Kyrkoherden och mannen ska planera en vandring som ska genomföras den 29 juni. De sitter tillsammans i en soffa och tittar på en väl använd karta över området kring Alsen och Hälleberg och pekar ut vägen de ska vandra och de platser i terrängen de ska stanna vid. Det handlar både om geologiska fenomen som jättegrytor men också historiska platser där myrmalm har utvunnits. Kyrkoherden ska planera in andakter och sång vid platser där det är lämpligt och de diskuterar hur de ska lösa frågan med transporter tillbaka för dem som vandrar. De pratar också om en tidigare vandring och om möjligheten att skriva något om den vandringen i bygdekrönikan *Runt Alsensjön* som kommer ut med jämna

Vandringsled i Alsen.

mellanrum. Kyrkoherden tar fram ett usb-minne och tillsammans tittar de på bilder från vandringen i en dator. Under sommarhalvåret förekommer det flera vandringar av det här slaget. De är inga regelrätta pilgrimsvandringar utan snarare natur- och kulturvandringar med andaktsinslag.

I samtalet med kyrkoherden och mannen som ska vara med och vandra och berätta är det tydligt att ett viktigt motiv med vandringen är "att man visar samverkan i byn". Av församlingsbladet för sommaren 2013 framgår det att man under perioden juni till augusti arrangerar fem vandringar i bygderna. Vandringen den 29 juni presenteras som "[v]andring Wången – Hälleberg. 6 km, [NN] guidar längs stigar till orkidéer och utsikt i Tann, medeltida järnbruk och kalkstensgrytor i Hälleberg. [NN] har andakter längs vägen. Ta med fika. Transport ordnas för bilförare åter till Wången". Vid sidan av dessa vandringar firas också flera av sommarens gudstjänster utomhus på olika platser i församlingarna. Det kan vara "friluftsgudstjänst i grönskan vid laduväggen" vid Glösa där det finns hällristningar eller "gudstjänst och servering på Jogår'n i Åse". Ett tydligt motiv till vandringarna och att förlägga gudstjänster till platser utanför kyrkorummen är, som sagt, att söka sig till sammanhang där man på ett naturligare sätt, än i kyrkorummet, kan samverka med och möta människor: det kyrkoherden formulerar som att gå från att vara en "kom-kyrka" till att bli en "gå-kyrka". I ett församlingsblad skriver kyrkoherden en betraktelse kring det faktum att man har beslutat att prova att fira gudstjänster med bingo.

> Många möten under vår kyrksommar har känts som bingo [...] det är en vinst att få formulera våra inre tankar och funderingar i ord. Jag tror inte heller att vår Herre med sina änglar ropar Bingo när jag och andra vandrare under solen stannar upp och ber en bön. Ändå är det en vinst för Gud att få hälsningar från de människor som han älskar. I tacksamhet njuter vi av det som finns kvar av sommaren, i solens värme eller i minnet. Vi ser fram mot hösten, mot att få åldras i vishet och växa i förståelse och kärlek. Och du, när vi ses i kyrkan tänker vi ömsesidigt: Bingo!

Kulturlandskapet erbjuder platser och sammanhang där kyrkan är en del av kollektiv i bygden och där man tillsammans kan stanna upp under solen och be.

Pilgrimsvandringens renässans

I en analys av pilgrimsvandringens renässans menar Anders Melin att "en återgång till platsen" är en möjlig förklaring till det nyväckta intresset.[16] Som redan har påpekats är inte vandringarna i Alsen och Offerdal regelrätta pilgrimsvandringar men det är ändå intressant att se vissa paralleller mellan Melins tankar och vandringarna. Melin konstaterar till exempel att "[e]n viktigt aspekt av återgången till platsen är återgången till naturen, vilken är central för nutida pilgrimsrörelse [de] kännetecknas ofta av betoningen på naturupplevelser".[17]

Men Melin ser också att pilgrimsvandringen innebär en "återgång till ritualen och att [m]änniskor attraheras på nytt av konkreta uttryck för inre känslor och tankar".[18] Han upplever samtidigt att det finns en viss tendens till romantisering inom vissa pilgrimsrörelser av vad pilgrimsvandringen kan åstadkomma och att pilgrimsvandringarna kan ses som ett exempel på en individualiserad form av andlighet där den enskildes andliga behov står i centrum. Även om min egen erfarenhet av pilgrimsvandringar rymmer en tydlig och konkret gemenskapsdimension så pekar Melin på möjliga utmaningar för pilgrimsrörelsen och på en tydlig skillnad mellan regelrätta pilgrimsvandringar och de naturvandringar man arrangerar i Alsen och Offerdal. Där är gemenskapsmotivet själva utgångspunkten för vandringen vilket bekräftas av de bilder och korta referat från vandringarna som finns på församlingarnas hemsida. Där ser man på flera av bilderna hur vandrarna sitter tillsammans och fikar. Men trots denna skillnad och trots att vandringarna inte är ritualiserade på något framträdande sätt är det ändå rimligt att se dem som uttryck för en strävan efter att finna nya former och platser för att vara kyrka. I vandringens form, i det specifika landskapet, och med inslag av folkbildning och andakter ledda av folkbildare och präster tar sig en kyrklig praktik uttryck.

---

16 Han nämner också " en återgång till ritualen; en återgång till långsamheten; en återgång till kroppen". Melin 2010, s. 111–119.

17 Melin 2010, s. 117.

18 Melin 2010, s. 113. Melin hänvisar till Cathrine Bell som menar att uppskattningen av ritualer generellt har ökat i det västerländska samhället, särskilt i protestantiska länder, sedan 1970-talet. "Det traditionella protestantiska synsättet där ritualens yttre former ställs i motsats till inre känslor har ersatts med uppfattningen att ritualer kan uttrycka känslor och andliga tillstånd." Melin 2010, s. 112.

Likheter mellan naturvandringar och målningar av skogen

Vandringen i landskapet har likheter med vad konstnären gör när hon målar sitt motiv från skogen inramad av en fönsterram. Landskapet och naturen kan genom motivet eller vandringen i högre utsträckning uppfattas som ett tecken på en gudomlig verklighet.

Kanske kan man beskriva det som att det genom konstverket och vandringen etableras en relation, eller åtminstone skapas förutsättningar för att en relation kan etableras, mellan det *påtagliga* och det *anade*. Landskapet, så som det påtagligt upplevs av människor, fungerar därmed också som ett fönster för det anade.[19] Naturvandringarna är också på ett påtagligt sätt förankrade i de egna sammanhangen och bygderna. De folkbildande inslagen och andakterna bidrar till att se på det nära och vardagliga med nya ögon. Vandringen öppnar på så sätt fönster mot nya aspekter och perspektiv som gör att erfarenheter av det gudomliga inte förläggas till platser utanför vardagens landskap. Det är inte fråga om någon form av andlig turism. Vandringen bidrar snarare till att förstärka troheten till platsen och bygden, dess landskap och historia, men därmed också dess framtid.

En person som deltog vid en av naturvandringarna lyfte särskilt fram hur mycket han uppskattade att kyrkoherden i betraktelser om skapelsen hade ett resonerande förhållningssätt som han upplevde att de medverkande hade lätt att följa. Mannen beskriver vandringen som både ”en form av gemenskap men också en upplevelse av vår historia”.

Teologiska och ecklesiologiska föreställningar om troheten till platsen i relation till skildringar av landskapet och naturen finns det också andra exempel på i Alsen och Offerdal. Vid ett tillfälle besöker jag hemmet hos en lokal konstnär i Offerdal som också är engagerad i en lokal pingstförsamling. I hans ateljé ser jag flera motiv som skildrar gränslandet mellan naturen och den av människor brukade marken. Mötet mellan naturen och bygden är påtaglig vilket är något han också har skrivit om. Vi tittar ut genom fönstret och han pekar mot en äng och en skog. Där fanns tidigare en gärdsgård som nu är borta och han konstaterar att ”när jorden inte brukas tar skogen snabbt tillbaka mark den har förlorat”. När vi talar om pingstförsamlingen han tillhör och hur de

19 Ett sätt att beskriva vad naturvandringen och konstnären bidrar med är att gestalta landskapet som skapelse snarare än natur. I boken *Världen som yta och fönster* visar kyrkovetaren Alf Härdelin hur sådana föreställningar var en naturlig och given del av spiritualiteten i medeltidens Sverige. Härdelin 2005.

tänker kring ett eventuellt samgående med pingstförsamlingen i Östersund framgår det att en tydlig förankring och trohet till platsen och bygden också präglar hans ecklesiologiska föreställningar. Han betonar vikten av att "vara kristna i olika sammanhang, att vara utspridda ljus snarare än ljus hopklumpade på ett ställe". Församlingen han tillhör har medvetet valt att samverka med andra kristna i bygden lokalt istället för att söka samverkan utanför bygden. Det här engagemanget har under en längre tid också tagit sig praktiska uttryck genom att företrädare för olika församlingar och samfund i bygderna regelbundet träffas och ber tillsammans.[20]

Exemplen tyder på att det finns tydliga samband mellan ecklesiala föreställningar och föreställningar om människors och bygdens relation till landskapet och dess historia.

Elden i centrum

Även i Arvidsjaur möter jag reflektioner om förhållandet mellan människors erfarenheter och kyrkans traditioner. I ett möte med referensgruppen i Arvidsjaur samtalar vi om behovet av att finna och etablera nya mötesplatser. Kyrkoherden berättar då om ett projekt i kommunen som hon har deltagit i.

> Jag fick ju vara med och skapa en fiktiv framtidsvision av Arvidsjaur och då byggde vi ett gigantiskt hus över hela torget och vi rev ICA, vi rev allt möjligt och så byggdes detta gigantiska där alla satt med

20 Mannens ecklesiala föreställningar, i kombination med hans djupa intresse för landskapet och bygden, skiljer sig tydligt från vad som uttrycks i predikan jag tog del av i Bapistkapellet i Kälom. I kapellet fanns personer från flera av församlingarna och samfunden som är representerade i Offerdal men gudstjänsten leddes av en representant från bapistförsamlingen och en yngre man som inte bor i byn men som återkommande medverkar i bapistförsamlingens verksamhet. Förkunnelsen som, i huvudsak, den yngre mannen stod för var tydligt präglad av den fromhetstradition som bland annat Livets Ord i Uppsala representerar, vilket förklaras av att mannen och hans fru har nära relationer till just Livets Ord. När jag jämför förkunnelsen och vad som kommer fram av våra samtal i samband med gudstjänsten är det påtagligt att platsen och landskapet i stor utsträckning är av underordnad betydelse. Men bilden är inte entydig. I samtalet med den äldre mannen som är representant för baptistförsamlingen och som bor i byn framgick det att berättelser om församlingens historia och närvaro i byn är mycket viktiga. Han har själv skrivit ner församlingens och kapellets historia i en liten skrift och under vårt samtal pekar han också på ett svartvitt foto på väggen där barn och en fröken ur en söndagsskola avbildas. Det vore mycket intressant att analysera bapistkapellet och församlingen i Kälom i relation till bygdegården och bygdegårdsföreningen i samma by. De båda byggnaderna ligger längs med samma väg som går genom byn och materialiserar var för sig två skilda berättelser om det kollektiva i byn.

öppna dörrar. Så ville man gå in till kyrkoherden från att man hade tagit en fika i baren eller till kommunalrådet eller till vårdcentralchefen.

Mot bakgrund av att vi tidigare i samtalet har diskuterat vad som är församlingens nav eller centrum frågar jag henne om det fanns något nav eller centrum i huset.

> Ja en eld...för det pratade vi mycket om den dagen, vad är det vi som bor här ofta samlas kring och njuter av att vara kring. Vi hade ju en kille med från Italien och han talade om piazzorna i Italien där det alltid finns en fontän och vid fontänen samlades folk och det var inte riktigt läge för en fontän här. Så då blev det eldstaden för där sitter vi ner, där har vi ögonkontakt, där kommer ofta det goda samtalet...elden och fikat och kaffekannan, lugnet det är någonting som alla Arvidsjaurbor kan samlas kring oavsett vad vi har för åskådning så är ju det här jätteviktigt för oss. Varför finns det en kamin i nästan vart enda hus, ja både för uppvärmning men också att man kommer hem på kvällen och så tänder man i kaminen. Och där är det lugnt och skönt och där...och när man far ut så har ju alla med sig lite vedklabbar ut och gräver man en grop och lägger ut renskinnet och så tänder man elden...jag tänker att då är man inte bunden till en speciell lokal där man ska bete sig på ett visst sätt utan där är man alla lika inför Gud på något sätt.

I samtalet framgår det också att församlingen sommartid arrangerar musikkvällar vid eldstaden i Moskosel och att det då kommer många människor som inte kommer till arrangemang i kyrkorummet. Kyrkoherden konstaterar därmed att det ”inte är lika höga trösklar när vi säger att vi sätter oss runt elden för det är jag van att göra i mitt vanliga liv”.

Resonemanget i referensgruppen och kyrkoherdens reflektioner visar hur föreställningar om att människor i Arvidsjaur samlas kring elden på ett sätt som bygger gemenskap kan fungera som inspiration för ecklesiologiska reflektioner kring kyrkans uppdrag och identitet i bygden. I det fortsatta samtalet talar vi bland annat om hur nattvarden för många människor i Arvidsjaur inte fungerar som ett tecken på gemenskap utan att tröskeln istället uppfattas som hög att ta emot bröd och vin. Det finns en tydlig parallell mellan hur människors relation till nattvardsliturgin uppfattas av deltagarna i referensgruppen och hur mannen i Alsen eller den anställde medarbetaren upplever och uppfattar artefakterna i koret i Alsens kyrka. Avståndet mellan den liturgiska handlingen och erfarenheter från det egna livet tycks för många vara stor. Det här avståndet eller glappet mellan erfarenheter i vardagen och den liturgiska gestaltningen utgör problem som mer eller mindre tydligt formuleras i församlingarna.

Maywor Ekberg visar i en studie av prästmötesavhandlingar i Luleå stift under 1900-talets första hälft att de här reflektionerna inte är nya eller unika för kyrkan i 2000-talet. Enligt Ekberg kan den teologi som formuleras i avhandlingarna förstås som försök att ”hantera de kulturella spänningar som samhällets modernisering medförde”.[21] I avhandlingen vänder sig Ekberg mot en, som hon uppfattar som, återkommande felaktig tolkning av lågkyrklighetens betoning av den enskilda människan som en form av individualism. Hon menar att lågkyrkligheten förutsätter föreställningar om en växelverkan mellan mänskligt och gudomligt och i sina avslutande reflektioner argumenterar hon för att en anledning till sekularisering är att det inte har getts tillräcklig med utrymme för den ”aktiva människan” i kyrkan.[22] Jag ska inte fördjupa mig vidare i dessa resonemang här men konstaterar att det finns intressanta perspektiv att reflektera vidare kring i förhållandet mellan de föreställningar jag möter i materialet och föreställningar som har formulerats tidigare i kyrkans möte med framväxten av det moderna samhället.

21 Ekberg 2004, s. 16. ”Avhandlingens huvudfråga är lågkyrklighetens förhållande till individualismen, som en del av den moderna människans identitet [...] En grundtanke i avhandlingen är att den lågkyrkliga profilen gav Luleå stift en speciell beredskap att möta kraven från det moderna samhället och dess moderna samhällsmedborgare.” Ekberg 2004, s. 17.

22 Ekberg 2004, s. 323.

11
”UPPLEVELSER DU KAN SKÖRDA HÄR” – KYRKA OCH NÄRINGAR

Människors förhållande till landskapet och ”naturen” präglas inte enbart av de föreställningar som jag så här långt har fokuserat på. Skogarna, myrarna, älvarna och fjällen är också platser och rum för näringsverksamhet som utgör grundläggande förutsättningar för att människor över huvud taget ska kunna bo och leva i bygderna. Att det är så blir jag ofta påmind om under mina fältstudier.

Efter referensgruppens möte på Jänsmässholmens fjällhotell går vi ut i den mörka kvällen. Tystnaden är påtaglig. Vi promenerar mot bilarna på parkeringen och ser i riktning mot fjällen där det blinkar åtta röda lampor från vindkraftverk som är resta i fjällandskapet. När det är ljust ser man dem tydligt i en annars till synes orörd terräng. Av kommentarerna från några av deltagarna i gruppen är det tydligt att vindkraftverken väcker känslor. Några uttrycker att de gör intrång i landskapet medan andra ser de som exempel på en positiv utveckling. När jag talar med representanter för samebyn framgår det också att de inte är oproblematiska i relation till renskötseln och renarnas behov av att kunna röra sig och finna bete. I byn Kaxås har, som jag redan har nämnt, frågan om vindkraftverkens vara eller inte vara ställts på sin spets. Flera jag talar med pratar om de motsättningar som frågan har väckt.

Vindkraftverken är ett exempel på hur olika föreställningar om landskapet och naturen synliggörs när frågor om olika näringar aktualiseras. Andra exempel är renskötseln, skogsbruket, gruvdriften och turistverksamheten. För att få en ökad förståelse för hur dessa föreställningar tar sig uttryck och vad det är de ger uttryck för ska jag analysera några relevanta delar av materialet från fältstudierna. En sådan analys kan sedan också ligga till grund för reflektioner kring kyrkan i relation till dessa föreställningar. Jag börjar med observationer och samtal från en kultur- och näringslivsgala i Arvidsjaur.

Ett rum för turisten

Det är kultur- och näringslivsgala på hotell Laponia i Arvidsjaur. Hotellet ligger väl synligt vid vägen som går rakt genom tätorten. På hotellet arrangeras regelbundet lokala evenemang. Ikväll ska lokala personer och företag uppmärksammas och priser delas ut. Galan är välbesökt och vi sitter vid långbord och äter och lyssnar när priserna i de olika kategorierna delas ut. Det är kategorier som årets företag, årets butik, årets vägvisare, som är ett nyinstiftat pris till någon som gjort betydande insatser för den skogssamiska kulturen och språket. Priser delas också ut till unga personer i kommunen som man vill uppmärksamma av olika anledningar. Prisutdelningen varvas med stand-up av en komiker från Stockholm. Jag sitter tillsammans med några kvinnor som driver näringsverksamhet i Arvidsjaur och som alla har sitt ursprung i Tyskland. En av dem är frisör, en annan glaskonstnär och en tredje producerar en tidning som vänder sig till framförallt tyska turister.

Jag frågar kvinnan som ansvarar för tidningen vad hon uppfattar att tyska turister attraheras av i Arvidsjaur. ”Det är framförallt de stora områdena med natur utan bebyggelse och människor.” För människor som lever i Centraleuropa framstår de väldiga områdena med skogar, sjöar och älvar och glest mellan husen och vägarna som något exotiskt. Bilden bekräftas av det schweiziska par jag har bott hos under en av mina fältstudieresor. De berättar hur flytten till byn i stor utsträckning var en flykt från ett liv som de upplevde var präglat av trängsel och stress. Under många år, innan de flyttade, hade de rest till Alaska för att uppleva vildmarkens orörda natur. Det tyska par jag berättade om i kapitel nio och som driver ett turistföretag berättar liknande berättelser. Det deras kunder söker är den orörda naturen. Upplevelsen av att vara i vildmarken är central och en stor del av tiden de tillbringar i Arvidsjaur är de ute på dagslånga skoterturer i omgivningarna.

I relation till turistverksamheten i och omkring Arvidsjaur finns tydliga föreställningar om skogen och landskapet som ett rum till vilket turisten kan få tillträde genom olika verksamheter eller företag. På en stor skylt vid vägen mellan Arvidsjaur och Moskosel där man svänger in till byn Tjappsåive står det ”Välkommen till Tjapps – Porten till vildmarken” och vid sidan av den står två mindre träskyltar som informerar om två turistföretag som bland annat arrangerar hundspannsturer. Men redan på Arlanda möter jag det här rumsliga bildspråket på flygplanskroppen när jag ska kliva på Next Jets plan till Arvidsjaur: "The best way to enter Lappland". Lappland beskrivs som ett område eller ett rum som man kan kliva in i och flygbolaget beskriver sig själva som det bästa sättet att "komma in i" Lappland. Andra bilder och metaforer som beskriver landskapet som platser för turister möter mig när jag bläddrar i en broschyr från Krokoms kommun.

> Öppna dina sinnen. Släpp in tystnaden och lugnet. Fyll dina lungor med fjälluft och låt smaklökarna kittlas av kulinariska läckerheter från skog, mark och vatten. Detta är Krokom – där vi värnar om kultur, traditioner och den orörda naturen. Här finns inte mycket som begränsar, varken i tid eller i rum. Krokoms kommun sträcker sig från Storsjöbygden i söder till Offerdals- och Hotagsfjällen i norr, och gränsar till Östersunds, Åres och Strömsunds kommuner samt Norge. Mångfald är det ord som bäst beskriver den bukett av upplevelser du kan skörda här. Lokala muséer, levande fäbodar, hantverkare och fantastiska äventyr året runt. Överallt finner du engagerade värdar med tid just för dig. Det tysta och vilda från Storsjöns strand upp till de norska gränsfjällen finns miltals av vacker och enslig natur. Blomsterprakt, djurliv, skogar och vattenfall. Här finner du det tysta, det vilda och det exotiska.[1]

I presentationen av Krokoms kommun är det den orörda naturen, lokalt producerad mat, lokala museer, levande fäbodar och hantverkare man lyfter fram. I kommunen kan turisten och besökaren "skörda" upplevelser och naturen beskrivs som tyst, vild och exotisk. Man slår också fast att "[d]essa marker är samernas hemvist. Sedan urminnes tider har de levt på vad renskötseln och den rika naturen kan ge. Betande renar och gamla torvkåtor längre uppåt fjället vittnar om att flera samebyar finns i området".

Att marknadsföra en plats

I boken Landbygdens globalisering diskuterar och analyserar Magnus Andersson och André Jansson hur föreställningar om landsbygd eller glesbygd förmedlas och hur de ofta står i relation till föreställningar om det urbana. Föreställningarna om landsbygden och glesbygden präglas

1 Höjdpunkter. Krokom Jämtland, s. 2.

då i stor utsträckning av det som staden inte är. De här föreställningarna blir, enligt författarna, allt mer inflytelserika då platser, orter och kommuner i större utsträckning marknadsför sig själva för att bli en attraktiv plats för investeringar, turister eller för människor att flytta dit. De menar också att de har fått ökad betydelse på grund av en process de kallar "reflexiv kulturalisering, vilket syftar på den ökade betydelsen av det symboliska; hur saker och praktiker – det kan handla om älgjakt, äggkokare eller regioner – i ökad utsträckning laddas med symbolisk mening, utan någon nödvändig koppling till funktionaliteten".[2] Följden av den här processen är bland annat, enligt forskarna, att både urbana och rurala platser står inför den svåra uppgiften att för omvärlden visa upp en bild av sin egen förträfflighet. "Symboliska strategier, platsmarknadsföring och varumärkestänkande – spridda via globala nätverksstrukturer (ideoscapes) – blir viktiga verktyg för att mediera föreställningarna om platsen ifråga."[3]

Medialiseringen allt viktigare

Forskarna ser också att medialiseringen, det vill säga de sätt på vilka föreställningar om olika platser förmedlas genom olika medier, blir allt viktigare. De ger exempel på hur detta kan ta sig konkreta uttryck i lokala landbygdskommuner. I en kommun där de har genomfört en studie har företrädare för kommunen på ett medvetet sätt agerat för att möta de problem man anser sig stå inför. Det handlar bland annat om en nyrekrytering av en kommunchef från näringslivet, implementerande av nya organisationsstrukturer inom kommunen, sjösättande av en vision som ska genomsyra all verksamhet och de styrande i kommunen har intensifierat sina nätverksaktivteter.[4] Forskarna understryker i sin analys de symboliska dimensionerna av kommunens agerande som handlar om att påverka bilden av kommunen och hur den förmedlas. Kontakterna med medierna är en mycket viktig del av strategiarbetet och företrädare för kommunen betonar vikten av att veta vad man marknadsför, "[d]et ska inte spreta, det måste finnas ett fokus!"[5]

Forskarna konstaterar att

2 Andersson & Jansson 2012, s. 27.

3 Andersson & Jansson 2012, s. 29.

4 Andersson & Jansson 2012, s. 76–77.

5 Andersson & Jansson 2012, s. 81.

> [g]enom olika mediala diskurser produceras en imaginär struktur som beskriver landsbygdens rum och platser, vilken i sin tur fortplantas via globala nätverk. Vissa rurala platser och miljöer etableras härigenom som mer betydelsefulla än andra.[6]

Anderssons och Janssons analys tillför viktiga perspektiv för att förstå de processer och krafter som bidrar till att forma föreställningar om en bygd eller en kommun som en plats som konkurrerar med andra platser bland annat genom att se på landskapet och "naturen" som rum för turister och upplevelser.[7] Innan jag tillför ett mer teologiskt präglat resonemang om hur man kan förstå föreställningarna om landskapet och naturen som rum för turister och upplevelser ska jag ge en utförligare bild av de näringar som utgör väsentliga delar av livet i bygderna och de föreställningar jag möter i materialet kring dessa näringar.

Näringar i Arvidsjaur

I stor utsträckning ser jag att olika föreställningar om bygden och landskapet existerar parallellt utan att det upplevs som konfliktfyllt eller problematiskt. Förståelsen och insikten om behovet av fungerande näringsverksamhet för att bygderna ska kunna leva är stor. I Arvidsjaur är inte minst testförarverksamheten inom vilken man testar olika former av komponenter till bilar ett påtagligt inslag i gatubilden. I en studie av testförarverksamheten i grannkommunen Arjeplog berättar Sven Pettersson att:

> Testverksamheten inleddes under tidigt 70-tal i Arjeplog, då de första kontakterna mellan en lokal entreprenör och ett tyskt fordonskomponentföretag togs. Bakgrunden var att ett par tyska

6 Andersson & Jansson 2012, s. 95.

7 Samtidigt är det viktigt att fundera över hur man förhåller sig till sådana iakttagelser och till dessa föreställningar. Min bedömning är att författarna tenderar att tillskriva föreställningarna ett för stort värde och den teoretiska ansatsen riskerar i stor utsträckning att spegla den reflexiva kulturaliseringen den beskriver och kritiskt granskar. De teoretiska modellerna och rasterna som används för att studera och analysera landsbygden är i sig själva uttryck för att tillskriva föreställningarna stort värde. Ansatsen speglar den rörelse mot en högre grad av imaterialitet som den moderna globala marknadsekonomin präglas av. Det vill säga att det konkreta, platsbundna och kroppsliga tillskrivs allt mindre värde. För en mer omfattande teologisk analys av den globala marknadsekonomins grundläggande värderingar, se Cavanaugh 2008. Cavanaugh argumenterar för att teologin har en väsentlig uppgift att värna tillvarons materialitet.

testförare åkte runt i norra Sverige för att hitta lämpliga testförhållanden för tester av bromsar. De uppmärksammade att en del av sjön Hornavans is var upplogad för att tjänstgöra som landningsbana för ett sportflyg och tog kontakt med den som iordningsställt banan. Denne person erbjöd dem raskt plats i varmgarage och tillträde till isbanan. En mindre maskinpark för banpreparering köptes ganska snart in och fler kundföretag fick upp ögonen för denna spirande testdestination. Efter hand byggdes också fasta anläggningar på landbacken och verksamheten expanderade med nya företag under 80-talet, både i Arjeplog och till grannkommunen Arvidsjaur och även till Älvsbyn.[8]

Även om testförarverksamheten präglar Arjeplog mer än Arvidsjuar spelar den också en viktig roll för Arvidsjaur. Bland annat märks det genom att upplevelseturismen för köpstarka besökare har växt och att efterfrågan på hotell har ökat.

”I Arjeplogs [liksom i Arvidsjaurs, min anmärkning] historia har gruvdrift och skogsbruk varit viktiga näringar för sysselsättningen, vilket också format människors synsätt på bland annat utbildning”, konstaterar Pettersson. Det har bland annat inneburit, som en tjänsteman som citeras uttrycker det, att ”en snabb nettokalkyl visade på att det var rena vansinnet att utbilda sig. För inom gruvnäringen har man haft så höga löner från första dagen, så det fanns liksom ingen sporre till utbildning.”[9] Av Petterssons studie framgår också att det inte är självklart hur och i vilken utsträckning den stora testförarverksamheten påverkar livet i bygderna. Men som en av hans informanter vill framhålla tycks verksamheten leda till en ökad ”lokal stolthet”. Flera av de lokala aktörerna inom fordonstestnäringen framhåller:

> Den positiva attityden till fordonstestnäringen hos lokalbefolkningen och somliga menar att detta också kan räknas som en inte oväsentlig lokaliseringsfaktor. Detta illustreras med att människor på orten hjälper till att varsko berörda då misstänkta spioner stryker omkring och att rennäringens aktörer har varit ”välvilliga” och ställt ”rimliga krav på ersättning”. En av de intervjuade tror

8 Pettersson 2011, s. 39.

9 Pettersson 2011, s. 135.

att en bidragande faktor till dessa attityder ligger i att värdet är väl synligt för ortsborna ”man får ersättning tillbaka direkt kopplat till verksamheten här”.[10]

Från varuproducerande till tjänsteproducerande

Testförarverksamheten är naturligtvis inte den enda eller första större näringen som har präglat och format Arvidsjaur. I ett samtal med en representant för Arvidsjaurs kommun som jag träffar i turistbyråns lokaler i centrala Arvidsjaur får jag ta del av en kort sammanfattning av Arvidsjaurs historia i relation till samhällsekonomiska förändringar.

> Milstolpen var när den industriella revolutionen mot slutet av 1800-talet i Europa innebar att efterfrågan på virke ökade. Och då fick nybyggarna här kontanter för de jobbade med flottning och då steg befolkningskurvan så här. Med undantag av hacken under missväxtåren fortsatte utvecklingen till fram på mitten av 1900-talet. Men då hände det en till milstolpe. Då uppfann man motorsågen och då bröts den där kurvan och så började den gå brant neråt och sedan dess har vi förlorat 1 % per år i snitt. Så vi har halverat befolkningen på 50 år.

Han berättar också att Arvidsjaur har gått från att vara ett extremt varuproducerande område till att bli extremt tjänsteproducerande område.

> Av 2800 arbetsplatser är två tredjedelar inom tjänstesektorn om inte mer. Och framförallt offentlig tjänstesektor. Den största enskilda arbetsgivaren är kommunen själv med 700 anställda. Landstinget med sjukan med 100 personer. Och sen har vi bataljonen med ett par hundra man. Och så etablerade man ett par callcenters i samband med försvarsbeslutet och då kom det till ungefär 200 arbetstillfällen inom arbetsförmedlingen, försäkringskassan och kriminalvården.

---

10 Pettersson 2011, s. 136.

Tjänstemannen bekräftar också bilden av att testförarverksamheten bidrar till en omfattande turistverksamhet och han understryker betydelsen av flygplatsen i kommunen. Han ser det som en viktig milstolpe som han jämför med ”järnvägen när den kom på 30-talet – det var ju lite vilda västern här då”.

> Vi har 25 000 inresande med de här flygen, så det staten har satsat i flygplatsen det är välinvesterade pengar. Men även kommunen har ju satsat 150 miljoner.

Han konstaterar också att turistverksamheten är:

> Mer destinationsbundet på vintern och rundresande under sommaren. Alla orter som är beroende av vintersäsongen försöker från Sälen till Rovaniemi. Så det är hård konkurrens. Det är en stor säsongsproblematik. Vi har ju fler gäster på sommaren men vintern omsätter tre gånger mer. Det är inte alls samma folk. De som kommer hit på vintern är medelklass och uppåt och på sommaren är det tvärtom.

Av vårt samtal framgår det att han ser kyrkan som en viktig aktör i Arvidsjaur och han beskriver kyrkan som ”en del av infrastrukturen” och han tror att ”bland Arvidsjaursborna är ju kyrkan lite grann av Arvidsjaurs stolthet”.

Näringar i Alsen och Offerdal

I Alsen och Offerdal finns ingen testförarverksamhet, ingen bataljon, ingen järnväg eller flygplats. Däremot utgör området en del av en region som präglas av centralorten Östersund. I en analys av landsbygden i Jämtlands län som är genomförd av Länsstyrelsen i Jämtlands län framgår det att:

> Jämtlands län har en stad, Östersund. Denna stad ligger centralt i länet. Den är mer än tio gånger större än nästa tätort i storlek. Ingen av de övriga tätorterna når 4 000 invånare. Östersund får därför en speciell funktionell roll i länet som inget kommuncentra har närhet till.[11]

11 Analys av landsbygden i Jämtlands län, s. 5.

I rapporten konstaterar man också att det är två faktorer som utmärker Jämtlands län i relation till andra delar av Sverige.

> Länet är ytmässigt mycket stort och omfattar 12 procent av Sveriges landyta och med endast 1,3 procent av landets befolkning eller 126 000 invånare. Länets befolkning är inte större än att halva befolkningen ryms på Friends Arena samtidigt. Det gör länet till en av de mest glest befolkade regionerna inom både Sverige och EU. Här bor 2,5 invånare per kvadratkilometer jämfört med rikets 23,4 invånare per kvadratkilometer och EU:s 117 invånare per kvadratkilometer. Den andra särskiljande faktorn är att Jämtlands län har en mer spridd bebyggelsestruktur än övriga landet med ett mycket stort antal småorter och byar över större delen av länets yta och ett fåtal tätorter med en befolkning mellan 1000 och 4000 invånare.[12]

Alsen och Offerdal ligger i Krokoms kommun som gränsar till Östersunds kommun. Tätorten Krokom ligger inte inom någon av de geografiska församlingarnas gränser vilket betyder att många av de yrkesverksamma i Alsen och Offerdal dagligen pendlar till Krokom eller Östersund. När deltagarna i referensgruppen beskriver vad som i ett längre och kortare perspektiv har präglat människors liv i området berättar ett par av dem att:

> I det långa perspektivet är det ju geologiskt att området runt Storsjön är kalkrikt och att det är förnämlig jordbruksbygd här. Mycket jordbruk, skogarna, sjöarna, Storsjön och Alsensjön. Det har präglat.

Men man ser också en skillnad mellan Trångsviken söder om Alsensjön och bygderna norr om sjön. Söder om Alsensjön finns ”Trangia, och det är företag och företagande ” medan man norr om sjön i större utsträckning möter ”jordbruksfastigheter”. I samtalet lyfter man också fram Vången i Alsen som är ett centrum för svensk travsport, olika former av turistverksamhet, rennäringen och skifferbruket i Offerdal. Återkommande hör jag berättelser om de utmaningar jordbruket står inför i Alsen och Offerdal. Inte minst märks det i ett minskat antal

12 Analys av landsbygden i Jämtlands län, s. 22.

lantbrukare som har mjölkkor. Den bilden bekräftas av Länsstyrelsen i Jämtlands län.

> Mjölkproduktion är den produktionsgren som är mest arbetsintensiv och har möjlighet att ge arbete till fler än familjen. Det är också den produktionsform som har störst omsättning på produktionen, då både mjölk och kött blir resultatet. Produktionsinriktningarna har dock under längre tid utsatts för hård konkurrens och stora omstruktureringar inom förädlingsleden som i vissa fall även gett differentierade priser, vilket gjort framtiden osäker för många företagare. Det sker just nu en alarmerande nedläggning av fram för allt mjölkproduktionsföretag. De sista 10 åren har antalet mjölkföretag i länet mer än halverats från 344 till 151. Minskningen fortsätter under 2013.[13]

Besöksnäringarna viktiga

Men i analysen av landbygdens förutsättningar i Jämtland län framgår det också tydligt att besöksnäringen och turistverksamheten uppfattas som viktig, vilket bland annat innebär att man ser att jordbruket också är viktigt för att landskapet ska vara attraktivt för besöksnäringen.

> Det varierade odlingslandskapet avbrutet av skog, sjöar myrar med en fond många gånger av fjällen gör landskapet attraktivt för besöksnäringen. Som ytterligare krydda förhöjer vårt jordbruk med förhållandevis mycket betesdjur landskapsbilden och det levande jordbruket och med verksamhet både ute i fält och på gården utgör ett bevis för att det bor och verkar människor i omgivningen. Utöver själva jordbruksproduktionen är därför jordbruket även viktigt för besöksnäringen.[14]

Man konstaterar också att Jämtlands län är en ledande destination för ”naturbaserade upplevelser” och understryker i analysen att besöksnäringen är ”en växande basnäring som genererar många arbetstillfällen i kompletterande näringar”. Bland sådana näringar nämner man kultur

13 Analys av landsbygden i Jämtlands län, s. 11–12.
14 Analys av landsbygden i Jämtlands län, s. 13.

och kreativa näringar som man menar "är drivkrafter för såväl individens som samhällets utveckling". Det framgår också i dokumentet att ett landsbygdsprogram som drivits under flera år genom olika former av projekt har haft stor betydelse för möjligheterna att "utveckla småskaliga verksamheter med turistisk bas" och man understryker vikten av att dessa satsningar fortsätter som ett komplement till "de storskaliga satsningarna".[15]

Småskaligheten präglar enligt Länsstyrelsen företagandet på landsbygden i länet och man beskriver det typiska företaget som "ett mikroföretag med 1–9 personer sysselsatta" där de flesta av dessa också är företag utan anställda. Framförallt producerar dessa företag "arbets- eller kunskapsintensiva tjänster" om det inte är fråga om jord- eller skogsbruksföretag.[16] Man pekar också på att det i länet sedan länge har "bedrivits ett arbete med småskalig hantverksmässig livsmedelsförädling", ofta med stark koppling till turismen, vilket det också finns exempel på i Alsen och Offerdal. Jag ser till exempel hur några av de lokala entreprenörerna i Alsen och Offerdal lyfts fram i marknadsföringen för regionen.

Styrkor, svagheter, möjligheter och hot

I Länsstyrelsens analys av landsbygden i Jämtlands län gör man också en analys av styrkor, svagheter, möjligheter och hot (SWOT-analys) inför framtiden. I den lyfter man fram att innovativa lösningar för serviceproblem är en framgångsfaktor.

> Genom nytänkande kan de gröna näringarna utveckla traditionella material och processer för att skapa nya produkter och effektivare produktion. Landsbygdens resurser nyttjas därmed till hela sin

15 Analys av landsbygden i Jämtlands län, s. 16. "I Jämtlands län finns sex leaderområden i olika storlekar och två av dessa är länsöverskridande. Hela länet förutom centrala delarna av Östersund är inkluderat i något av de sex områdena. God kompetens finns i de nätverk som bildats inom områdena och även mellan länets LAG. Hittills har totalt 263 leaderprojekt beviljats stöd under programperioden 2007– 2013. Dessa projekt har skapat nytta i länet under programperioden och bidragit till landsbygdsutveckling. Det är viktigt att ta till vara erfarenhet, kompetens och nätverk som byggts upp under flertalet år för att inte landsbygdens aktörer skall tappa förtroendet för systemet". Alsen och Offerdal hör till det leaderområde som benämns "Storsjöbygden med sjö, skog och fjäll". Analys av landsbygden i Jämtlands län, s. 32.

16 Analys av landsbygden i Jämtlands län, s. 15.

potential. Främjande av kreativa miljöer där idéer får prövas är viktigt. Infrastruktur såsom snabbt bredband är en viktig del i skapandet av innovativa miljöer liksom tillgång till riskkapital.[17]

Av analysen framgår också att just Krokoms kommun utgör ett intressant exempel på ett område där tillgången till fiberuppkoppling är större utanför, än i, tätorten.[18]

I SWOT-analysen belyser man landsbygden utifrån några olika perspektiv, ett sådant är ”livsvillkor”. Som *svagheter*[19] för livsvillkoren på landsbygden nämner man att det är svårt för unga att komma in på arbetsmarknaden och att många unga flyttar från landsbygden. Andra svagheter som uppmärksammas är svårigheter att upprätthålla både offentlig och kommersiell service, den låga andelen utrikesfödda,[20] en befolkningsstruktur i obalans och att flera av kommunerna är ekonomiskt svaga. Bland *möjligheterna* nämner man till exempel att det går att ”vidareutveckla attraktiva miljöer att bo, leva, vila, arbeta i och besöka” och att det går att ”stärka idrottens och kulturens möjligheter för landsbygdens boende”. *Hoten* mot livsvillkoren är enligt analysen ett ”förändrat synsätt kring ideellt engagemang och moderna synen på tid, en ytterligare utglesning av basservice på landsbygden, befolkningens ålderfördelning och omflyttning av befolkning från landsbygd till stad”.[21]

Sammantaget är det tydligt att utmaningarna för landsbygden i Jämtlands län, enligt Länsstyrelsens analys, i stor utsträckning handlar om att få människor att vilja bo kvar, nya människor att vilja flytta dit eller i egenskap av turister besöka bygderna. Av analysen framgår det att man

17 Analys av landsbygden i Jämtlands län, s. 20.

18 Analys av landsbygden i Jämtlands län, s. 24. ”En förklaring torde vara Jämtkrafts stora fibersatsning via ERUF vilket möjliggjorde utbyggnad på landsbygden med stort engagemang från bybor.” Ett exempel på ett sådant lokalt engagemang är arbetet med att få fiber till flera av byarna i Offerdal som en av dem som driver fjällhotellet i Jänsmässholmen berättar om.

19 Under rubriken styrkor finns inget angivet om livsvillkor.

20 ”Migration innebär ett inflöde av viktiga humanresurser och ökar förutsättningarna för näringslivsutveckling. Mångfald ger möjlighet. Därför är det en nyckelfråga att identifiera, åtgärda eller reducera hinder för att ta till vara de utrikes föddas kompetens, inte minst med tanke på den demografiska verklighet länet står inför. Inom en nära framtid kan stora delar av länet komma att präglas av brist på arbetskraft vilket är ett allvarligt hot, framför allt mot landsbygdens överlevnad.” Analys av landsbygden i Jämtlands län, s. 17–18.

21 Analys av landsbygden i Jämtlands län, s. 36.

tillskriver besöksnäringarna en viktig roll för att hålla bygderna levande vilket också innebär att man ser ett stort värde i olika former av kultur och kreativa näringar. Vid sidan av kulturen nämns också idrotten som en viktig faktor för de boende på landsbygden. Utifrån ett teologiskt och ecklesiologiskt perspektiv är det slående att kyrkor och andra religiösa institutioner är frånvarande i analysen. Överhuvud saknas mer holistiska perspektiv på människors livsvillkor på landsbygden i analysen. Inte heller i material som är framtaget för att marknadsföra regionen för turister syns kyrkan eller andra former av religiositet, trots att till exempel kyrkorna i Alsen och Offerdal skulle kunna utgöra exempel på intressanta platser att besöka.

Det närmaste man kommer är hembygdsgården i Ede som finns med som en plats att besöka i en presentation av intressanta platser i Storsjöbygden. Mot bakgrund av den helhetsbild jag har bildat mig av den roll kyrkan i Alsen, Offerdal och Arvidsjaur spelar för människor som lever där är det i högsta grad anmärkningsvärt att inget av detta finns representerat i den omfattande analys som Länsstyrelsen har gjort i Jämtlands län. Jag har ingen möjlighet att mot bakgrund av det material jag har tillgång till dra några slutsatser om varför så är fallet. Däremot kan jag konstatera att avsaknaden av kyrkor och andra religiösa aktörer som exempel på viktiga aktörer för människor på landsbygden är parat med en avsaknad av perspektiv som skulle kunna definieras som existentiella, andliga, livsåskådningsrelaterade, religiösa eller teologiska.

Kyrkan och näringarna

En tydlig bild som framträder i redogörelsen för olika former av näringsverksamhet är den centrala plats besöksnäringarna har. Landskapet och ”naturen” betraktas som viktiga resurser för turism, både i Alsen och Offerdal i Jämtland och Arvidsjaur i Lappland. Det finns i materialet tydliga exempel på den reflexiva kulturalisering som Andersson och Jansson beskriver och det finns också tydliga föreställningar om att se på bygderna, landskapet och naturen som rum och platser som konkurrerar med andra rum och platser om investeringar, nyinflyttade och turister. Landskapet i bygderna erbjuder rum för rekreation, upplevelser och avskildhet. I dessa rum kan besökaren skörda upplevelser. Turistverksamheten utgör enligt de föreställningar jag möter en viktig näring för bygderna och för möjligheterna att upprätthålla en nödvändig närvaro av service och arbetstillfällen. Utan att ställa de olika föreställningarna om naturen som rum mot varandra vill jag ändå fördjupa de teologiska och ecklesiologiska reflektionerna kring dessa rum ytterligare. Jag gör det genom att först ge några exempel ur materialet på hur företrädare för kyrkan redogör för förhållandet mellan kyrkan och de centrala näringarna i bygderna. Därefter jämför jag *gaten* på flygplatsen med *kapellet* på Arvidsjaurs kyrkogård som två exempel på rum där de olika föreställningarna kommer till uttryck. Jag gör det med hjälp av teologiska reflektioner kring karaktärerna *migranten*, *turisten*, *pilgrimen* och *munken/nunnan* och deras förhållande till plats och rum.

Intressekonflikter

Som jag redan har nämnt finns en bred förståelse för hur viktiga de olika näringarna är för människors möjlighet att kunna leva och bo i glesbygder i materialet. Det visar sig också i det faktum att det inte finns någon utbredd kritik eller utvecklat problematiserande av de uttryck olika näringar tar sig i bygderna. Men det finns, vilket redan har påpekats, exempel på intressekonflikter. En sådan berättade deltagarna i referensgruppen i Alsen och Offerdal om.

ALSEN OCH OFFERDAL

Det handlade om vissa spänningar mellan rennäringen och en alpin anläggning i Offerdal. I samtalet med referensgruppen var det tydligt att företrädare för kyrkan var medvetna om intressekonflikten men att man samtidigt inte ville ta ställning för eller emot någon av näringarna då man såg båda som legitima och viktiga. I Alsen och Offerdal finns också exempel på att Svenska kyrkan aktivt har tagit ställning för vissa näringar, då det inte har handlat om intressekonflikter mellan olika näringar inom gränserna för de geografiska församlingarna. Bland annat har de lantbrukare som ägnar sig åt mjölkproduktion uppmärksammats. En företroendevald berättar att kyrkoherden tog initiativet till att skriva en debattartikel ”utifrån böndernas situation” med anledning av att de ekonomiska förutsättningarna för mjölkbönderna försämrades. Den förtroendevalde berättar att kyrkorådet bejakade kyrkoherdens initiativ och att ett sådant engagemang ”egentligen är en naturlig del av missionen”.

I ett av samtalen med referensgruppen i Alsen och Offerdal pratar vi om turismen och hur den tar sig uttryck i bygderna. Då formuleras tankar om att kyrkan skulle kunna bidra till att utveckla olika former av ekoturism som inte riskerar att exploatera och skada landskapen och som skulle kunna fungera i samklang med samernas intressen.

> När man tittar till turismen i Jämtland – det som samlar de breda skarorna turister det är ju allt som bullrar. Det är stora liftsystem, det är snöskotrar och sen de här vackra skogarna, det är ju ett fåtal som sätter sin fot i skogarna och om man tittar vart fjällvandrarna går så går de till Sylarna och Blåhammarna och det är ju stigar som är lika breda som det här rummet. Medan den här orörda fjällvärden [Offerdalsfjällen], här kan man ju gå en hel vecka utan att träffa någon. Det samlar ju inget folk. Men vi som kyrka, vi skulle kanske uppmuntra ekoturismen som lever i samklang med samenäringen istället för den bullrande turistnäringen.

I samtalet uttrycks också vikten av samråd inför att viktiga beslut fattas och en av gruppdeltagarna som är same berättar om ett exempel där ett beslut om avverkning föregicks av samråd.

> Ett exempel är Svea Skog. De kallade oss till samråd och då fick vi ju följa med och de visade var de skulle avverka någonstans. ”Går det bra att avverka här?” frågade de. Då tittade man ju på vad det fanns för värde i den där skogen från renskötselns sida och då kunde man svara att där kan ni avverka och så. Så man ser ju vad ett samråd betyder egentligen när det börjar i rätt ände, då går det bra. Men när skadan redan är gjord och man ska samråda, det skapar bara konflikter [...] får man börja med samråd och ge människor kunskap hur vi lever vårt liv och hur beroende vi är av markområden för vinterbete för renarna och flyttningsvägar och så, det är ju drömmen.

Han berättar också att den ekumeniska grupp som varje onsdag samlas till bön brukar ”be för vår kommun och välsigna människor som bor där och att det skapas arbeten till de som bor inom kommunen”. En av de andra gruppdeltagarna föreslår också att kyrkan skulle kunna arrangera en form av volontärverksamhet där människor får möjlighet att lära känna andra sammanhang och näringar bland annat genom att delta vid samernas renskiljning.

ARVIDSJAUR

I Arvidsjaur är de förändrade förutsättningarna för de stora näringarna mer påtagliga än i Alsen och Offerdal. Skogsnäringen som en gång i tiden behövde rikligt med arbetskraft var en viktig anledning till att byar som Moskosel växte sig förhållandevis stora. Automatiseringen av skogsindustrin har sedan inneburit en utveckling i motsatt riktning. Idag är Arvidsjaur kommun, som tjänstemannen på turistbyrån berättade, i större utsträckning präglat av tjänsteproduktion. Ett historiskt viktigt beslut för Arvidsjaur var när K4 placerades i kommunen. En av deltagarna i referensgruppen berättar att:

> Det var då som det blev lite större inflyttning för det var då som man fick bygga hela Nyborg, det där 70-talsvillaområdet kom ju i anslutning till bataljonen. Då blev det som att man öppnade sig mot världen. Man fick hit en stor arbetsplats, det är ju en av *Arvidsjaurs* största arbetsplatser och då får man in testförarverksamheten och man får in flygplatsen och då är man inte något slutet samhälle i inlandet längre utan då har man öppnat vägar hit och härifrån på ett annat sätt en tidigare.

Flygplatsen är med andra ord en viktig förutsättning för en rörelse både till och ifrån Arvidsjaur. Den ”öppnar vägar” och gör att Arvidsjaur inte är ett ”slutet” samhälle i inlandet. Citatet är ett exempel på hur flygplatsen omgärdas med föreställningar som beskriver Arvidsjaur i förhållande till sin omvärld. Jag återkommer här nedan med fler reflektioner kring flygplatsen som plats och rum.

ENGAGEMANG FÖR BATALJONEN

Bataljonen har också varit hotad av nedläggning och vid ett sådant förestående hot organiserades protester i Arvidsjaur och i det arbetet var den dåvarande kyrkoherden mycket aktiv, enligt deltagare i referensgruppen.

Det var ganska mycket samspel mellan kommunen och olika aktörer inom samhället att försöka få det att fungera [...] [kyrkoherden] var en röst som hördes och det var väl intressant medialt att en kvinnlig kyrkoherde slogs för en bataljon. För de bildade en grupp som hette AK4orna som bara var kvinnor och där var hon den som gick i bräschen.

Banden mellan bataljonen och kyrkan är starka. En av komministrarna är som en del av sin tjänst placerad vid bataljonen och bataljonen samlas varje år i juletid till en gudstjänst i Arvidsjaurs kyrka som föregås av en marsch från K4. Det finns också exempel på anställda vid bataljonen som är förtroendevalda i församlingen. En annan näring som idag präglar livet för många familjer i Arvidsjaur är gruvnäringen. Ett förhållandevis stort antal personer i Arvidsjaur arbetar i gruvor som ligger i andra kommuner i Norrland vilket gör att de ofta är borta från hemmet. I samtal med diakonerna i församlingen och en kurator i kommunen lyfts detta fram som en faktor som innebär utmaningar för flera familjer i Arvidsjaur.

Vad det gäller flera av de företag som arbetar inom besöksnäringen, inte minst de som är förlagda i byarna utanför tätorten, är bilden jag får att de upplever ett starkt stöd från de boende i byarna. Som jag redogjorde för tidigare kan beslutet att förlägga en näringsverksamhet till en viss by uppfattas som ett erkännande av byn och de liv som människor lever där. Ett enskilt företag blir också ett påtagligt inslag i en by med få fasta boende. Men i tätorten finns det exempel på vissa intressekonflikter som också involverar kyrkan. I ett samtal med kyrkoherden om det utrymme olika näringar tar i Arvidsjaur berättar hon om ett företag som håller till i ett hus som ligger intill kyrkan och som tidigare hade ett stort antal skotrar vid fastigheten som man använde för skoterturer med turister. Enligt kyrkoherden var det många Arvidsjaurbor som reagerade på bullret från skotrarna i miljön kring kyrkan.

Man måste tänka lite kring var man fysiskt placerar olika typer av näringar. Det här är en jätteolycklig näring precis här och det säger alla [...] det här är ju en del i samhället som folk tycker är väldigt vackert och väldigt lugnt. Och det är otroligt tråkigt att församlingen inte hade råd att ha kvar det huset. Jag tänker den typen av verksamhet ska självklart finnas i samhället men det ska vara lagt där det passar så att säga. För det är klart att vi måste hitta en massa födkrokar och näringar och det är väl bra att det startas företag så. Men just på den här lilla biten.

Gate på flygplatsen och kapellet på kyrkogården

I det här kapitlet har jag fokuserat på näringsverksamheter i Alsen, Offerdal och Arvidsjaur med särskilt fokus på den roll landskapet spelar för besöksnäringarna. Det har blivit tydligt att landskapet föreställs som ett rum och en plats där besökare kan skörda upplevelser och som kan marknadsföras. Det finns, som analysen har visat, inga omfattande konfliktytor mellan dessa föreställningar om landskapet och de jag redogjorde för i det föregående kapitlet. Däremot finns det exempel på perspektiv och frågor där det går att ana spänningar mellan de olika föreställningarna. Det är dessa spänningar som jag nu ska fokusera på. Syftet är inte att argumentera för att kyrkan i större utsträckning borde ifrågasätta föreställningar om naturen och landskapet som rum för besöksnäringar. I stället handlar det om att reflektera över de olika föreställningarna i förhållande till varandra för att på så sätt bättre förstå hur de präglar bygderna och människors liv där. En ökad förståelse kan bidra till att företrädare för kyrkan i högre utsträckning kan fungera som viktiga och kreativa aktörer i bygderna och att kyrkans och teologins bidrag in i arbetet i bygderna kan bli tydligare. För att få en ökad förståelse för hur de olika föreställningarna förhåller sig till varandra ska jag jämföra två rum i Arvidsjaur där dessa föreställningar kommer till uttryck: kapellet på kyrkogården och gaten på flygplatsen. Med hjälp av teologiska reflektioner kring hur *migranten*, *turisten*, *pilgrimen* och *munken/nunnan* förhåller sig till plats och rum ska jag analysera de två rummen.

Rum för avsked och återseende

Det finns två viktiga skäl till varför jag väljer dessa två rum bland alla de rum som finns i Arvidsjaur. För det första är kapellet, där de flesta begravningsgudstjänsterna i Arvidsjaur firas, och gaten på flygplatsen två rum som präglas av att människor samlas där är på väg mot något annat. Det är rum präglade av olika former av avsked men också av återkomst och återseende. I kapellet samlas människor för att ta avsked av en människa och för att ”överlämna [NN] i Guds händer”. Begravningsgudstjänsten markerar rituellt att något har tagit slut och att något nytt tar sin början, ett liv utan den döde, men också föreställningar om ett liv bortom döden, en sista resa. Begravningsgudstjänsterna i kapellet kan samtidigt för många också fungera som en återkomst till en plats där man har sitt ursprung och ett återseende med släkt och vänner som man inte träffar till vardags. I gaten väntar människor på att få gå ut till flygplanet som ska ta dem till andra platser. Det är ett rum där man väntar på att lämna platsen. Men det är också ett rum dit människor som har varit ute och rest återvänder. Flygplatsen är också en plats för både avsked och återseenden.

För det andra finns tavlor målade av konstnären i Moskosel både i kapellet och i gaten. I gaten på flygplatsen finns det flera stora tavlor med i huvudsak skogsmotiv som är inramade i ramar av grovt och obehandlat trä. Väggarna i gaten pryds vid sidan av tavlorna av stora reklambilder från företag som tillverkar bilkomponenter. Kontrasterna mellan skogen och den högteknologiska bilindustrin är påtagliga, men tillsammans materialiserar de också föreställningar om Arvidsjaur som just den plats där den orörda vildmarken möter den hypermoderna teknologin och mobiliteten. I flygplatsbyggnadens gate möts bilder skapade i en villa i Moskosel och reklamaffischer framställda på en reklambyrå någonstans i Europa. Som en av deltagarna i referensgruppen i Arvidsjaur uttryckte det är flygplatsen en väg ut från och in till Arvidsjaur som öppnar inlandskommunen för omvärlden. [22]

TURISTENS RUM

Motiven i väntrummet på flygplatsen kan ses som ett närvarandegörande av platsen och dess historia i relation till den högteknologiska och platsneutrala bilindustrin. I gatens väntrum representerar själva möjligheten att lämna och komma till Arvidsjaur något hoppfullt. Det är ett hopp som är investerat i förutsättningar för tillväxt, utveckling och delaktighet i den globala marknadsekonomins löften. Men det är

22 Föreställningarna om flygplatsen som en väg för influenser och kontakter mellan Arvidsjaur och omvärlden är inte helt olika de som Sara Lidman skildrar i sitt Jernbaneepos vad gäller föreställningarna om vad järnvägen skulle innebära för människorna i Norrlands inland när den byggdes. Som Lina Sjöberg sammanfattar de tankar en av böckernas huvudpersoner har kring vad ”jernbanan” ska betyda för Västerbotten: ”Didrik tänker sig att Jernbanan skulle följas av kunskap, människor och mat som skulle råda bot på ensligheten och den ständigt lurande svälten. Lillvattnet skulle äntligen förenas med ’det verkliga Schwärje’”. Sjöberg 2006, s. 81–82.

Gaten på Arvidsjaur flygplats.

därmed också ett hopp som är nära förknippat med hot om beslut som fattas i rum och kring bord långt borta som radikalt kan förändra förutsättningarna. Trots att flygplatsen ligger i Arvidsjaur är upplevelsen av gaten ändå att man befinner sig i limbo mellan här och där. När jag kliver in genom dörrarna, checkar in väskan och går genom säkerhetskontrollen kliver jag in i ett rum präglat av upplevelsen att vara på väg. Flygplatsens gate är ett rum där bilderna av skogen och naturen får bidra till föreställningar om Arvidsjaur som en plats och ett rum som konkurrerar med andra platser och rum runt om i världen och som ska vara attraktivt för företag och turister. På flygplatsen och i gaten möter jag vid sidan av bilderna från skogen reklambilder och tidningar som riktar sig till turister och affärsresenärer med löften om upplevelser. Flygplatsen och gatens rum kan med William T. Cavanaughs kategorier beskrivas som *turistens* rum.

DEN TURISTISKA BLICKEN

Cavanaugh beskriver *turisten* i relation till *flyktingen* och *pilgrimen*. Flyktingen är personen som utmanar våra föreställningar om bandet mellan vårt ursprung och vårt medborgarskap. Runt om i världen lever stora grupper människor i ett slags gränsland där de inte på något självklart sätt är medborgare i någon stat eller nation. Om *flyktingen* ser en värld full av gränser underifrån ser *turisten* dem från ovan, inte sällan rent bokstavligt genom ett flygplansfönster. Den turistiska blicken är den kosmopolitiska som ser olika länder och platser som möjliga rum för upplevelser och enligt Cavanaugh är upprätthållandet av spänningen mellan centrum och periferi en väsentlig del av det turistiska perspektivet. Det är genom att odla föreställningar om att vissa platser är perifera och annorlunda i förhållande till ett tänkt centrum som de blir exotiska och erbjuder spännande upplevelser.

> Den globala ekonomins universella blick är en slags mutation av kristen eskatologi som lovar att alla ska bli ett. När det gäller globaliseringen lovar denna eskatologi en frihet för individen att höja sig över materiella begränsningar och ha tillgång till hela tiden vidgande erbjudanden av produkter och upplevelser.[23]

23 Cavanaugh 2011, s. 78 [Min översättning].

Men den här gränslösa, i ordets både bildliga och bokstavliga mening, konsumtionen är bara tillgänglig för dem som kan betala. Den globala konsumenten är liksom turisten på jakt efter det exotiska och det annorlunda.

PILGRIMEN

Men om turisten söker sig till periferin söker sig *pilgrimen*, enligt Cavanaugh, mot centrum, mot tillvarons ursprung och mål, mot Gud. Turisten däremot försöker fly den här världen genom att söka autenticitet i det annorlunda. Därför ser turisten i stor utsträckning andra turister som ett hot medan pilgrimen välkomnar andra pilgrimer då deras närvaro bekräftar platsens autenticitet. Pilgrimen försöker överskrida alla konstgjorda gränser som står i vägen för gemenskap med Gud och andra människor. ”Pilgrimen bevarar annorlundaskapet just genom att inte söka annorlundaskapet för dess egen skull, utan rör sig mot ett gemensamt centrum i relation till vilket en obegränsad mängd av färdvägar är möjliga.”[24]

Mot bakgrund av Cavanaughs kategorier kan kapellet på kyrkogården beskrivas som pilgrimens snarare än turistens rum. Samtidigt är också kapellet ett rum som materialiserar ett läge mellan *här* och *där*, liksom gaten på flygplatsen. När begravningsgudstjänster firas i kapellet gestaltas en genomgripande förändring i människors liv som i ritens form tydliggör ett *före* och ett *efter*. Men i gudstjänsten framträder också föreställningar om ett *här* och ett *där* som är förknippade med tron på Gud som innesluter både liv och död. Målningen av fönstret mot skogen bidrar på ett konkret sätt till sådana föreställningar. Skogen, så som den är avbildad i kapellet, kan på en och samma gång fungera som en skildring av ett bortom, en *anad* verklighet, och en skildring av den högst *påtagliga* skogen kring Arvidsjaur. Tavlan i kapellet sänder den sörjande tillbaka till skogen och naturen där de varit så många gånger tidigare samtidigt som de nu också får bära med sig föreställningar om skogen som ett rum där de kan ana Guds närvaro och därmed en relation till livet bortom döden.[25] Bilden av skogen i kapellet är inte bilden

24 Cavanaugh 2011, s. 80 [Min översättning].

25 Det finns en tydlig parallell mellan dessa tankar och evangelieberättelsen om kvinnornas möte med ängeln vid den tomma graven. ”Var inte rädda. Jag vet att ni söker efter Jesus, som blev korsfäst. Han är inte här, han har uppstått, så som han sade. Kom och se

av något exotiskt eller perifert. Den är snarare bilden av ett centrum. Tillvarons centrum där vi möter den Gud som är tillvarons skapare, mål och mening. På så sätt finns ett tydligt samband mellan tavlan och altaret. Altaret är kapellets *axis mundi*. Platsen där mötet mellan Gud och människa gestaltas tydligast. Men i samspelet mellan altaret och fönstret mot skogen ges också uttryck för att detta centrum, denna mötesplats, finns överallt där vi anar Guds närvaro.

Även om kapellet liksom gaten är ett rum som så att säga pekar bortom sig självt är det ett rum tydligt förankrat i det lokala sammanhanget och dess historia. På kyrkogården utanför kapellet tar sig platsens historia konkreta uttryck i gravarna och stenarna med namn på människor och byar som alla på olika sätt har bidragit till att denna plats är den plats den är.

De två rummen får här fungera som exempel på hur olika föreställningar om en plats och ett rum också rymmer föreställningar om vad en människa är i relation till dessa. I de olika rummen och genom de praktiker som utförs där präglas våra blickar och hur vi ser på oss själva, vår omgivning och den plats vi kallar hemma. Är det med turistens och konsumentens eller med pilgrimens blick. Eller kanske flyktingens?

MUNKEN OCH NUNNAN

Flygplatsen och de näringar som bygger på turistverksamhet är otvivelaktigt mycket viktiga för många människors liv och vardag i bygderna och det vore djupt problematiskt att formulera föreställningar om kyrkan som innebar att företrädare för kyrkan inte skulle kunna bejaka och be för olika former av besöksnäringar. Däremot vore det lika problematiskt med föreställningar om kyrkan och dess uppdrag som inte förmådde ge rum för perspektiv och praktiker som samtidigt kunde bjuda motstånd mot sådant som riskerar att reducera platser och människor till utbytbara ting. Det är här som *munken* och *nunnan* kommer in i bilden. *Munken* eller *nunnan* är de personer som representerar stabilitet och trohet till en plats och som är en förutsättning för gästfrihet. Rowan Williams resonemang om ökenfäder och ökenmödrar bidrar med viktiga perspektiv till sådana tankar. De erbjuder ett rum

var han låg. Skynda er sedan till hans lärjungar och säg till dem: 'Han har uppstått från de döda, och nu går han före er till Galileen. Där skall ni få se honom.'" Matt 28:5–7.

dit pilgrimen kan komma för att få vila, umgås och få hjälp i sin fortsatta vandring. Kanske kan därför företrädare för kyrkan i bygderna i viss utsträckning se sig som munkar eller nunnor. De har fått och tagit på sig uppdraget att tillhandahålla och förvalta rum och sammanhang präglade av gästfrihet dit människor kan få komma för att där också få hjälp att se på sitt eget liv, sin omgivning och sitt hem med pilgrimens ögon. [26] I bokens fjärde och avslutande del kommer nu några av dessa företrädare för Svenska kyrkan Alsen, Offerdal och Arvidsjaur att få bidra med reflektioner och tolkningar av kyrkans uppdrag och identitet i bygderna och det sker i dialog med en berättelse ur evangelierna.

26 I sin analys av pilgrimsvandringens renässans prövar Melin tankar om pilgrimsvandringen kan utgöra en inspirationskälla för mer miljömedveten mobilitet. Han hänvisar till forskare som menar att de moderna transportmedlen har resulterat i ett bristande intresse för den omedelbara omgivningen och att användningen av till exempel bilar kan leda "avskärmning från de naturliga och sociala omgivningarna". Utifrån ett sådant perspektiv är pilgrimsvandringen en kontrast "eftersom den bygger på en syn på platser som vördnadsbjudande. Det är en pilgrims uppgift att visa respekt för de platser han eller hon färdas till och igenom". Kontrasten mellan de olika formerna av mobilitet är även påtaglig i bygderna där jag har rört mig. Bilen är central för många av de människor jag möter och kvaliteten på vägarna är en fråga jag hör flera prata om i Alsen och Offerdal. En deltagare i referensgruppen talar om det som ett form av funktionshinder att inte ha en bil och många jag talar med berättar om de avstånd de tillrygglägger i sina bilar. Bilen och vägarna är med andra ord väsentliga för att människor ska kunna leva de liv de lever i bygderna. En kvinna jag talar med som bor i en av byarna i Offerdal berättar också om hur de samåker och hur man tar med sig varandras barn när man skjutsar till aktiviteter. Men en annan kvinna funderar samtidigt över vad det gör med människor som färdas ensamma i sina bilar mellan olika platser. Hon berättar om en bekant som valde att åka buss och som kunde konstatera att det framförallt var kvinnor, ungdomar och invandrare som åkte buss. "När man har egen bil kan man röra sig mellan de sammanhang där man vill vara och bestämma när man vill komma och åka." Hon ser det här som en form av individualism som blir möjlig att upprätthålla i de här sammanhangen samtidigt som hon också betonar den samverkan och delaktighet hon också ser och upplever i bygden där hon lever.

DEL 4

DIALOG OCH AVSLUTANDE REFLEKTIONER

Bokens sista del utgörs dels av en analys av två samtal som jag har genomfört med referensgrupperna i Alsen, Offerdal och Arvidsjaur, dels av bokens sista kapitel där jag sammanfattar de slutsatser som jag har dragit i bokens olika kapitel. Jag för också ett avslutande resonemang om att vara kyrka i glesbygder mot bakgrund av slutsatserna.

12
I DIALOG MED EVANGELIET

> Men om jag skulle vilja vara någon i den här texten så tror jag att jag skulle vilja vara den lame faktiskt. Den totalt hjälplöse som blir buren och som får möta något helt fantastiskt tack vare att han blev buren. Man tänker att vi i kyrkan vi ska bara ge och ge, men så tror jag inte att det är. Jag tror nog att det måste börja med att man får känna sig buren i sin förlamning. Möta vänliga blickar och möta förlåtelse. Det tror jag är en grund...det inte bara börjar där utan det måste få återkomma dit hela tiden.

Jag sitter med referensgruppen från Alsen och Offerdal i matsalen på Jänsmässholmens fjällhotell. Vi har ätit älgfärsbiffar, ljusen brinner på bordet och utanför fönstren är det mörkt. Gruppen har fått lyssna till en berättelse ur Lukasevangeliet 5:17–26 där det berättas om en lam man som bärs fram till Jesus av fyra män. Då de inte kan ta sig in i huset, där Jesus för tillfället undervisar, bryter de upp taket och firar ner den lame framför Jesu fötter. När Jesus ser deras tro förlåter han den lames synder och botar honom. Deltagarens identifikation med den lame i relation till tankar om kyrkans uppdrag är ett exempel på ecklesiologiska tolkningar och reflektioner som kom ur ett organiserat gruppsamtal i relation till en evangelietext. I det här kapitlet presenterar och analyserar jag de två gruppsamtal jag har genomfört med referensgrupperna i församlingarna där evangelieberättelsen har fått utgöra utgångspunkten för vårt samtal.

Metoden

Innan jag återvänder till samtalet på fjällhotellet i Offerdal och det andra gruppsamtalet som genomfördes i ungdomslokalen i Arvidsjaurs församlingshem ska jag redogöra för hur samtalen har genomförts och utveckla de teologiska utgångspunkterna för metoden.

Gruppsamtalen med utgångspunkt i evangelieberättelsen var det andra av tre gruppsamtal som jag genomförde med de två referensgrupperna. Samtalen pågick under drygt två timmar och i anslutning till dem åt vi en gemensam måltid. Den övergripande formen för samtalet är inspirerad av en bibelläsningstradition som brukar benämnas *lectio divina*. I den form jag har mött den innebär det att ledaren för samtalet läser en och samma text vid några tillfällen under samtalets gång. Efter varje läsning delar gruppen tankar kring texten utifrån frågor som ledaren presenterar. Frågorna tar sin utgångspunkt i deltagarnas upplevelser och reflektioner i relation till texten. I gruppsamtalen jag genomförde läste jag evangelietexten och bad sedan deltagarna att fundera på vad de fastnade för i berättelsen. De fick sedan också sitta i par och samtala om de olika karaktärerna i texten.

Efter samtalen i par delade de med sig av sina tankar och reflektioner för hela gruppen. Det blev sedan en utgångspunkt för ett vidare samtal. Efter ytterligare ett par läsningar av texten fick de också frågor om hur berättelsen relaterade till livet i församlingarna. Jag bad dem att dels reflektera kring paralleller mellan det som skildrades i evangelieberättelsen och församlingens liv och verksamhet, dels fundera på hur innehållet i berättelsen utmanade kyrkan lokalt. Avslutningsvis fick gruppen också samtala om vad de ansåg vara väsentliga delar i kyrkans förkunnelse mot bakgrund av de behov de kunde urskilja i samtiden. Jag var en aktiv part i gruppsamtalet. Men utöver de övergripande instruktionerna och frågorna försökte jag i möjligaste mån att låta de tankar och reflektioner som formulerades av deltagarna vara styrande för samtalet. Gruppsamtalen spelades in och har transkriberats.

Teologiska texter

När jag redogör för innehållet i samtalen väljer jag medvetet att inte redovisa vilken person som har sagt vad, det vill säga vilken roll eller funktion de har i församlingen. Anledningen är att jag ser på samtalet som en helhet som de olika rösterna i samtalet bidrar till att forma och skapa. Det är med andra ord gruppens gemensamma reflektioner som står i fokus för mitt intresse. Som jag redogjorde för i inledningen av boken är samtalet där olika röster får mötas i en tolkning av ett fenomen eller ett skeende en bild för hur jag ser på mitt tillvägagångssätt i stort. Som den norske teologen Geir Afdal påpekar är människan en tolkande varelse vilket innebär att när jag som forskare nu analyserar och tolkar gruppsamtalen med utgångspunkt i evangelieberättelsen gör jag tolkningar av deras tolkningar och det finns ingen avgörande kvalitativ skillnad mellan det ena och det andra.[1] Det betyder att jag förhåller mig till de transkriberade gruppsamtalen som teologiska texter som speglar en form av vardagsteologi som till sin grundläggande karaktär har mycket gemensamt med annan form av teologi.[2] Akademisk teologi är i lika hög utsträckning präglad av det sammanhang där den formuleras som olika former av vardagsteologi. Det betyder inte att alla teologiska utsagor är relativa eller att frågan om vad som är mer eller mindre sant eller relevant är ovidkommande. Men poängen är att det inte på förhand är givet vilka tolkningar och argument som visar sig vara bärande. Och i de meningsskapande tolkningsprocesser och samtal som enskilda och grupper är involverade i är vardagsteologiska röster lika väsentliga att lyssna till som röster från akademisk teologi eller röster ur kyrkans tradition.[3]

Ecklesiologiska reflektioner

Afdal menar därför att den forskare som studerar sociala sammanhang där människor reflekterar över den verklighet de står i måste vara lyhörd för dessa reflektioner och se dem just som röster i ett pågående tolk-

1 Afdal 2010, s. 33. Afdals förståelse är influerad av filosofen Charles Taylors teorier om den mänskliga identitetens moraliska dimensioner. "Det kan inte finnas någon självförståelse utan tolkningar om vad som är gott. Uttryckt på ett annat sätt förstår en person sig själv i ljuset av vad hon uppfattar vara det viktigaste. Det betyder att tolkning, det vill säga det sätt på vilket vi försöker förstå, är det sätt på vilket vi också förstår oss själva som moraliska agenter. [...] För forskning betyder det att vi inte kan bortse från det moraliska: det är inte en fråga om intresse." Afdal 2010, s. 26.

2 Inom engelskspråkig teologi används begreppet ordinary theology. Se till exempel Astley & Francis 2013.

3 De forskare som i Storbritannien arbetar med teologisk aktionsforskning urskiljer fyra olika teologiska röster i de studier de genomför i församlingar och andra former av kyrkliga organisationer: en normativ röst (teologiska röster som man hänvisar till som normerande), en formell röst (olika former av akademisk teologi), en röst som ger uttryck för en gemensam teologisk självförståelse och en operativ röst (teologi som kommer till uttryck "mellan raderna"), se Cameron et al. 2010.

ningsarbete. Styrkan med att kliva in i lokala sammanhang och interagera i de samtal som pågår där är att de teoretiska perspektiv som formuleras ofta är empiriskt informerade. När samtalen rör konkreta fenomen och skeenden i det lokala sammanhanget finns en nära koppling mellan dessa och de tankar och teorier som formuleras. I det här sammanhanget innebär det att gruppsamtalen kan bidra med ecklesiologiska reflektioner som är grundade i konkreta erfarenheter och exempel. Samtalens öppna karaktär innebär också, vilket kommer att framgå här nedan, att de föreställningar om kyrkan och dess uppdrag som formuleras kan bli så pass täta och nyanserade att de kan ge rum för olika perspektiv och aspekter utan att de behöver ställas mot eller utesluta varandra.

Gordon Lathrops tankar om att kyrkan blir till genom, vad han beskriver som, de heliga tingens dialog ligger också till grund för min anledning att genomföra dessa gruppsamtal inom ramen för projektet. Som jag redan har redogjort för är, enligt Lathrop, en avgörande aspekt av kyrkans identitet att den befinner sig i en pågående dialog med evangeliets berättelser. Enligt Lathrop utgör liturgin det sammanhang där denna dialog ställs på sin spets. I mötet mellan det allmänmänskliga och Guds ord konstitueras de heliga ting som gör kyrkan till vad den är.[4]

Enligt Lathrop är alltså Guds ord, så som det är förmedlat genom bibelns texter, en nödvändig röst i ett samtal om kyrkans identitet och uppdrag. Han menar också att evangeliernas berättelser bör läsas som ecklesiologiska texter, åtminstone implicit, eftersom de är nedskrivna och berättade i kristna gemenskaper och kyrkor. Han exemplifierar själv med den text jag valde att använda i gruppsamtalen och konstaterar att texten kan läsas som en skildring av hur ett vanligt hem förvandlas till ett sammanhang där Gud förvandlar och befriar vilket är en konkret bild av vad kyrkan är kallad till att vara: ett hem där Gud kan förvandla och befria.

4 En viktig utgångspunkt som Lathrop formulerar är att kyrkan inte lär känna sig själv genom att "meditera över sin egen identitet, utan genom att skåda Kristi ansikte i det ord, bad och bord som manifesterar Guds identitet". Lathrop 2006, s. 9. Lathrop argumenterar för att liturgin, med nattvarden i centrum, är den primära platsen för den heliga dialogen mellan Guds helighet och det allmänmänskliga. I liturgin blir samtida men också transformerade sociala mönster bärare av ett bibliskt hopp. För Lathrop är det alltså i liturgiska praktiker som den heliga dialogen realiseras. I den metod jag använder här har jag utvecklat Lathrops tankar genom att jag också överför det dialogiska tänkandet på ecklesiala praktiker som inte utgör en del av liturgin. Genom att ställa praktiker och verksamheter som utförs av kyrkan bredvid episoder från evangelierna är det möjligt att iscensätta en dialog eller ett samtal som gör att ecklesiala praktiker och verksamheter, i all deras vardaglighet, relateras till själva fundamenten för kyrkans identitet. En sådan dialog kan också bidra till att se analogier mellan det vardagliga och de heliga tingens dialog så som den gestaltas i liturgin.

Jesu identitet

När gruppen i Alsen Offerdal hade lyssnat till evangelietexten och samtalat i par delade de med sig av sina tankar om de olika karaktärerna. Jag frågade dem bland annat om vad det tänkte om Jesu roll i det som skildrades. Av svaren framgick det tydligt att de uppfattade Jesus som Kristus, Guds son.

> För den lame mannen är det här ett trauma. Att ha haft en identitet i att vara lam och dels då kliva upp som en nyfödd kalv och inte ha några muskler och ta båren och det ju inte finnas någon kraft, muskulärt, det måste ju vara av eufori, den andliga kraften. Men sedan har han ju haft den där identiteten som lam och om han ska fixa det där livet då måste Jesus skicka med lite helig Ande eller så måste de här bärarna fortsätta att bära honom lite. Annars är han dömd att på något sätt gå under. Jag kan ju inte tro annat än att Kristus skickade med den lame någon fortsatt kraft, det kanske är bärarna. Det kanske är därför de är med.

De läste berättelsen som en skildring av hur Gud agerar i och genom Jesus. Även om tankarna i samtalet inte kan sammanfattas i en sammanhängande kristologi är föreställningar om Guds agerande genom Jesus en tydlig tråd i den väv som vävs under samtalet. En annan tråd är tankar kring hur berättelsen är uppbyggd och vad det säger om vem Jesus är och vad han gör.

> Vi såg i början av texten att han undervisade men så fort den här mannen kom ner från taket att det liksom blev ett annat fokus. Han undervisande sedan upphör det.

Och en annan deltagare fortsätter.

> Det är som att undervisningen på något sätt tar gestalt, för jag menar att mycket sådana här filosofiska utläggningar och hårklyverier det kan man ju ägna sig åt men här är det helt plötsligt någon som säger: ”din synd är förlåten”. Då är man på något annat plan, mycket mer existentiellt. Men dessutom helandet också, då handlar det ju om Guds kraft. Så det djupnar liksom alltihop.

Genom att göra en distinktion mellan olika nivåer i Jesu agerande tillförs en normativ dimension till tolkningen. Allt eftersom berättelsen berättas blir det Jesus gör allt viktigare: "det djupnar liksom alltihop". Undervisningen uppfattas som något ytligt, som hårklyveri, medan förlåtandet av synder beskrivs som "mycket mer existentiellt". Och slutligen, helandet som uppfattas som Guds kraft.

De samtalade också om hur det går till när mannen får förlåtelse för sina synder och hur det förhåller sig det till hans förlamning? Som en av dem sa:

> När han ligger där på båren och tittar upp på Jesus så funderar han säkert: vad ska karl'n göra och säga? Och så säger han: "Dina synder är dig förlåtna." Det lite som goddag yxskaft.

Så som deltagaren ser det finns det ingen självklar koppling mellan mannens synder och det faktum att han är lam. "Den kopplingen går inte att göra. Den verkar inte Jesus göra på andra ställen heller... det är liksom oberoende av varandra. Förlamningen, det är ren och skär olycka". De här tankarna följdes av flera kommentarer som slutligen resulterade i ett sätt att förstå förhållandet mellan mannens synder och förlamning. Fokus förskjöts från att se synden som ett straff, via tankar om hur mannens livssituation istället kunde ha fångat honom i synd och i en bild av sig själv som syndig för att slutligen åter se synden som en orsak till förlamningen, men inte i form av ett straff.

Expressiva ecklesiologier – tolkande reflektioner om kyrkans uppdrag och identitet

Det här resonemanget är ett bra exempel på hur nyanserade och dynamiska teologiska och ecklesiologiska föreställningar kan vara inom ramen för ett samtal. Anspråken och tolkningarna är beroende av det konkreta sammanhanget och relationerna mellan oss som är inbegripna i samtalet och de kan inte reduceras till entydigt beskrivande, normativa eller föreskrivande teorier. De kan snarare förstås som en form av tolkande teorier som har en tydlig och konkret relation till faktiska skeenden, händelser och relationer. Sådana teorier benämner Afdal expressiva teorier.[5] I det

5 Afdal 2010, s. 74.

här sammanhanget där det handlar om tolkande teologiska reflektioner i relation till kyrkans uppdrag och identitet i de byar och bygder där den lokala kyrkan framträder kan man därför tala om *expressiva ecklesiologier*.

Kyrkans uppdrag

När samtalet fortsatte kom det också i större utsträckning att handla om kyrkans uppdrag, bland annat med utgångspunkt i tankarna kring de olika nivåerna i Jesus agerande i evangelieberättelsen.

> Jag brukar, när jag är ute i församlingen, tänka att när människor ser på mig med kärlek då är det som att någonting smälter i mig. Ja, det kan lösa från en slags inre förlamning. Inte en fysisk förlamning. Just den där kärleksfulla blicken. Som Jesus sa till den lame: ”min vän”. När jag möter det från andra människor så är det ju fantastiskt. För annars så tycker jag att det är så många som är stressade och rädda för att ta sig tid och stanna upp och rädda för att bli insyltade i något jobbigt.

Här finns en tydlig koppling mellan hur Jesus agerar och relationerna mellan människor i församlingen. Reflektionerna har också en tydlig moralisk dimension: människor borde ta sig tid och inte vara så rädda för att bli indragna i varandras liv. En liknande tanke uttrycktes av en av de andra deltagarna som berättade hur hans egen omvändelse hade fått honom att genomföra stora förändringar i sitt eget liv.

> Man kanske ska åka förbi och hälsa på någon som Jesu uppdrag. Att jag vet mitt uppdrag och så hälsar jag på människan. Det har jag sett många gånger. Jag kom till ett ställe. ”Men vem har sänt hit dig idag?” Ja, det var så väl förberett. Man vet ju att det finns nöd i människor. Det finns frågor i människors hjärtan men de behöver ju någon vägledare, en vardagsmänniska som kan samtala med personen.

Uppdraget att hälsa på en annan människa är grundat i Jesus och det är ett uppdrag som innebär att vara en vägledare.

Andra vägar än de konventionella

I Arvidsjaur satt jag med referensgruppen i fåtöljer runt ett soffbord i ungdomslokalen i källarvåningen i församlingshemmet. Även där kretsade många reflektioner kring Jesus och hans agerande. Men stora delar av samtalet handlade också om de som söker sig till Jesus och det faktum att de fyra männen bröt upp taket för att nå fram till Jesus. I flera av reflektionerna i samtalet överfördes bilden av att bryta upp taket för att komma fram till Jesus till situationen i Arvidsjaur och församlingens arbete. Sammantaget bidrar de olika reflektionerna till ett ecklesiologiskt resonemang som dels är tydligt kristologiskt förankrat, dels betonar vikten av att kyrkan försöker finna nya vägar och former för sitt arbete.

De inledande reflektionerna i samtalet fångar väl några av de grundläggande perspektiven i resonemanget.

> Jag såg bilden framför mig när man var så radikal och okonventionell och kraschade taket. För mig är det en fantastisk bild för hur stark viljan var att komma nära Jesus. Jag kan göra precis vad som helst, även det som jag inte får eller det okonventionella för jag vill till det mötet...man kan applicera det vidare på församlingen.
> [...]
> Ja, precis. Vilken stark tro du måste ha, för det var säkert jobbigt att komma sig upp på taket och de gjorde det...de litade på Jesus.
> [...]
> Det är intressant...de fyra männen lyfte honom och de gjorde något sådant där för någon annan som låg på båren. Hur mycket han måste betyda för dem. En sådan svår väg till Jesus.
> [...]
> Jag fastnade också för det där stället att de tog sig upp på taket men mer då att de sökte andra vägar än de konventionella och det tycker jag att vi är inne på här att hitta andra vägar att komma ut med budskapet att inte enbart gudstjänsterna i kyrkorna.

Att bryta upp taket är en bild för hur stark viljan kan vara att vilja komma nära Jesus, en bild för tilliten till Jesus och för engagemanget och omsorgen om en annan människa. Men det kan också fungera som en bild för att församlingen behöver våga söka nya vägar för att nå ut med sitt budskap. I det fortsatta samtalet fördjupades och vidgades resonemanget ytterligare bland annat genom funderingar kring varför de fyra männen inte kunde komma in i huset utan tvingas upp på taket.

> Det står ju inte i texten varför de inte kommer in där. Om det beror på att det bara är överfullt där eller att det faktiskt är någonting i konventionerna, ett slutet rum och därför får man hitta andra vägar. Vad är det som stänger ute? Varför kommer man inte in den rätta vägen?

Frågorna öppnade upp för fler reflektioner. En sådan rörde frågor om makt och rädslan från det etablerade för förändringar.

> Man ser ju ett maktspel här också. Jag har tagit för givet att det var mycket folk där och därför hade de svårt att komma in för Jesus hade ju en stor hop som följde. De kunde väl också se att här är det en chans till konfrontation, det kommer att hända någonting. Lite grann den här rädslan från det etablerade gentemot det nya som kommer och förändringens vindar som har varit svårt att ta till sig. Kanske har det inte så mycket att göra med just de här personerna, men det här spelet det dras vi ju med nu också på alla nivåer.

En av de andra deltagarna resonerade i liknande banor.

> Jag såg framför mig att här fanns den här gruppen, välutbildade och skriftkunniga och det var de som fyllde huset och de här fyra vännerna och den lame mannen blev ju väldigt fel ur den synvinkeln, de kom med helt andra förutsättningar. Här var ett undervisningstillfälle där de här skriftlärda samlades till en väldigt stor grupp för att kanske lyssna och för att kanske kunna hugga på det de menade var fel i Jesu förkunnelse och så kommer de här som inte hör till gruppen, som är där för att lyssna...Det kan ju vi råka ut för på något sätt också. Att vi förutsätter att det är en viss typ som kommer för att lyssna till förkunnelsen och plötsligt kan det trilla ner någon annan, om det är in genom kyrkdörren eller genom taket, som kommer från ett sammanhang som vi inte har förväntat oss.

De här funderingarna föranledde också tankar om Jesus och hur han förhåller sig till det som händer. En deltagare föreställde sig att det som hände inte var något märkligt för Jesus och han gav röst åt Jesu tankar.

> Det kanske är konstigt att han kom ner genom taket. Men det här är min vardag. Folk kommer till mig ständigt och vill ha hjälp och det är väl inget konstigt med det. Ska ni förbjuda mig att göra det?

En annan fascineras av Jesus förmåga att anpassa sig efter den situation han befinner sig i och relaterar till hur han själv skulle reagera i en liknande situation.

> Om jag stod och undervisade i vilket sammanhang som helst i ett slutet rum så kommer någon ner genom taket så skulle ju den normala reaktionen vara ”vad är det här nu?” Och så blir det en massa uppståndelse kring det och mina cirklar rubbas, men han är helt cool bara. Vad gör vi nu då? Det tycker jag är fantastiskt. Det blir ingen uppståndelse. ”Ja, nu är det ett nytt läge, här kommer en person genom taket, vad behöver den här människan i den här situationen.”

Möten som Jesus vill ha med människor

Med utgångspunkt i hur Jesus agerade tog en av deltagarna resonemanget ett steg vidare genom att tolka vilka slags möten det är Jesus vill ha med människor.

> Jag tänkte på att de mest oväntade gudstjänsterna, eller saker i kyrkan som vi gör som är mest oväntat och som inte går som vanligt, de fastnar mest hos människor. Hos mig i alla fall. I den här berättelsen är det också jätteoväntat och det har mer effekt än att bara undervisa som vanligt tycker jag. Därför tror jag att Jesus är glad att något sådant händer.

Vilket sedan la grunden för att också framföra argument för hur församlingen bör agera.

> Det är säkert de här mötena Jesus önskar...att det händer i vardagen. Det är lite oförutsett, det följer inte konventionerna men någon vill väldigt, väldigt gärna möta honom. För jag tänker det är ju många av mötena som vi läser om i bibeln som är omtumlande för människor. Det är ju de här konstiga mötena som inte är konventionella på något sätt. Det är att möta människor utifrån

deras förutsättningar på deras planhalva och inte att komma med en färdig dogm. Det är vardagsmötet här och nu som är viktigt.

Den avslutande meningen, att det är vardagsmötet här och nu som är viktigt, sammanfattar en teologisk föreställning som genomsyrar stora delar av gruppsamtalet i Arvidsjaur och som säger något väsentligt om hur kyrkans uppdrag förstås och tolkas. Kyrkans uppgift är att, liksom Jesus, möta människor i deras vardag, på deras planhalva. Och sådana möten kräver att kyrkan är beredd att tänka bortom det konventionella och finna nya vägar för att möta människor. Det finns en parallell till resonemanget om de olika nivåerna i Jesu agerande som formulerades i den andra referensgruppen. Det är i det okonventionella mötet, där Jesus möter den enskilde och förlåter synder som "det djupnar" och man anar Guds kraft.

Bryta mot konventioner

Deltagarna i Arvidsjaur ser samtidigt att det inte är okomplicerat för kyrkan att pröva nya vägar. Det finns sådant som gör att det svårt att bryta mot "det konventionella". Ett exempel som kom upp i flera sammanhang var en modevisning som genomfördes i Arvidsjaurs kyrka med syftet att samla in pengar till ett diakonalt projekt.

> När den idén planterades då fanns det ju en liten grupp [. . .] som markerade väldigt tydligt att det här är inte acceptabelt. Jag tänkte att de stängde, då får vi gå in genom taket. Alltså bildligt sett... Den där öppningen genom taket gjorde ju väldigt mycket för hela samhället. Det fick ju en väldigt stark genomslagskraft och det är väldigt många som har börjat hitta vägar in i vår församling. Inte direkt i gudstjänst men via den typen av kanske okonventionella mötesplatser. Sedan tappar man alltid några och sedan har det funnits några som har sagt att jag borde nog ha gått dit för nu efteråt förstår jag att jag gjorde fel som så starkt markerade att det här är inte kyrka, efteråt har jag förstått att det var kyrka.

Här framgår det hur en specifik verksamhet väcker grundläggande ecklesiologiska frågor som blottlägger föreställningar om vad kyrkan är och bör vara. I gruppsamtalet är det tydligt att man är överens om att modevisningen är ett bra exempel på hur kyrkan i Arvidsjaur vågar pröva okonventionella vägar för att skapa mötesplatser där människor kan hitta vägar in i församlingen. Men lika tydligt är det också att alla inte delar ett sådant förhållningssätt, vilket resulterar i ett visst motstånd som också bekräftas av andra samtal jag har haft i Arvidsjaur. Samma person som berättade om motståndet pekade också på vikten av att hitta en balans mellan olika behov och förväntningar.

> Där finns ju också utmaningen från texten om man tänker på gruppen fariséer och skriftlärda kontra de här fyra vännerna och den lame mannen. Om man ser dem [fariséer och skriftlärda] som den grupp som är väldigt kyrkotrogen och har sin kunskap och har levt sin tro hela livet och de här [de fyra vännerna och den lame mannen] kanske längtar efter någonting men inte vet, men vill ha sitt möte med Jesus så att säga. Så tycker jag att det är ju en utmaning att få de här två grupperna att väga jämt i någon slags vågskål... Man får inte fokusera för mycket på att möta den okonventionelle så att den konventionelle tappar fotfästet.

Andra i gruppen reflekterade också kring balansen mellan det traditionella och det nydanande eller mellan det högtidliga och det enkla.

> De här skriftlärda som kan konventionerna och som vet att nu blev det fel i gudstjänstordningen. Det brottas vi ju i princip med varje gång. Nu blev det fel i gudstjänstordningen! Det här blev inte enligt agendan och det där skulle ha sjungits där och...oj här kommer någon genom taket och så greppar man det läget och hur vi egentligen brottas med det där. Att brottas med struktur och konventioner å ena sidan. Jag kan ju själv förundras när man går i domkyrkan när man tittar på allt det här magnifika som vi har byggt till ära, men som egentligen är helt stick i stäv...för det står ju ingenstans i bibeln, utan man framhäver istället det enkla. Och å andra sidan kan jag ju själv älska det här svulstiga och högkyrkliga och massiva, orglar och stora körer. Det kan jag tycka är fantastiskt men jag kan samtidigt förstå att vissa skräms av det där också och har helt andra behov. För man uttrycker ju att Guds härlighet hittar vi i det enkla och det är ju det Jesus förkunnar. Han sitter ju inte i någon magnifik kyrkobyggnad utan han håller sina föreläsningar ute i öknen bland smutsiga människor och han är smutsig själv.

Resonemanget kring vikten av att möta människor på deras planhalva och att våga pröva nya vägar för att sådana möten ska kunna uppstå är, som redogörelsen här har visat, motiverat av att människor ska kunna möta Jesus. Det är med andra ord en i grunden relationell ecklesiologi som har genuina möten som både mål och medel för kyrkan. Samtalet speglar också erfarenheter av att människor kan ha en stark vilja att nå fram till Jesus samtidigt som det kan vara mödosamt och att människor kan bära varandra till Jesus. För någon är de fyra som bär den lame den tydligaste bilden av församlingen. Någon annan menar att alla karaktärerna i berättelsen finns representerade i församlingen och hur den fungerar. Samtalet visar samtidigt hur olika perspektiv och föreställningar kan rymmas inom ramen för ett resonemang om kyrkan, trots att de inte är helt kompatibla med varandra. Detta ser jag som en av styrkorna med att föra samtal om kyrkan i den här formen där argument, tankar och reflektioner formuleras i ett samtal där närheten till faktiska situationer och händelser är påtaglig. Det samma gäller samtalet med referensgruppen i Alsen och Offerdal. Där samtalade man bland annat om vilken roll kyrkan kan spela i bygderna och några av deltagarna gav uttryck för föreställningar om att företrädare för kyrkan eller vissa verksamheter kan fungera som hoppfulla tecken. En form av förkunnelse.

Företrädare för kyrkan som hoppfulla tecken

I kapitel nio kunde jag konstatera att det i samtalen med referensgrupperna framkom att kyrkoherdens agerande fungerar som ett tecken som kan bidra till tron på att det finns en magi i livet, att saker och ting kan vända. Den här personen gav också exempel på hur kyrkoherden ”går ut till människor” och därmed ”kommer över trösklar” som personer kan ha i relation till kyrka och kristen tro. Hon använde bland annat termen ”zoner” för att beskriva hur enskilda personer har olika förhållningssätt till det kristna och att kyrkoherden genom att söka sig till människor skapar goda förutsättningar för att möta dem utifrån de zoner de befinner sig i.

Men det är inte bara kyrkoherden som uppfattas som ett viktigt tecken för människor i församlingen. En av deltagarna berättade till exempel att hon blir

> väldigt stolt när kyrkan bjuder in de syriska flytingarna på middag och när man engagerar sig och de kyrkor som gömmer flyktingar. Då blir jag varm i hjärtat. Det är en sådan sorts förkunnelse som går utom. Vi har helt andra förutsättningar än Klara kyrka här uppe. Vi har inte jätte många, jo vi har massvis med missbrukare här uppe, men det är inte på samma utslagna sätt så det är inte så, det går inte bara att ta deras arbetssätt. Det går att ta vissa idéer.

En av de andra fortsatte.

> Nä, det går inte att ta någonting från någon annan. Jag måste göra mitt jobb här hos folk i bygden jag bor hos. Så det är bara så. Så tror jag som vi har hört också att vi har olika lång väg till att komma fram till tro och övertygelse. Det går inte att sätta något mönster att så här måste det gå till utan det måste mognas fram hos varje individ. Så en dag är man ju vid målet där.

Kyrkans diakonala insatser uppfattas som en form av predikan och det är en form som går ”utom”, den berör och gör intryck. De diakonala handlingarna är viktiga i sig men de kan också fungera som förkunnande tecken som kan väcka hopp och tro hos människor. Så här långt har samtalen i de båda grupperna i stor utsträckning speglat att man ser på Jesus och de fyra männen som förebilder. Deras agerande fungerar som vägledning för reflektionerna om kyrkans identitet och uppdrag. Men evangelieberättelsen öppnar också för identifikationer med andra karaktärer i berättelsen. Som deltagaren i Alsen och Offerdal, som citerades i början av kapitlet, uttryckte det: ”om jag skulle vilja vara någon i den här texten så tror jag att jag skulle vilja vara den lame faktiskt.”

Det här tillför ytterligare ett perspektiv till resonemangen i samtalen och de föreställningar om kyrkans identitet och uppdrag som de ger uttryck för. Deltagaren talar om att möta vänliga blickar och att möta förlåtelse som en grund för ecklesiologisk självförståelse och reflektion. Ett sådant perspektiv gör det omöjligt att upprätthålla en enkel identifikation mellan kyrkan och Kristus och att ensidigt trycka på ett etiskt imperativ som betonar vikten av att göra gott för andra. Enligt det här perspektivet är det i själva verket viktigt att de goda handlingarna har sin grund i insikten om ens egna behov av att få bli buren av andra. En liknande tanke formulerades av en av de andra, men den här gången genom att identifiera sig med de skriftlärda och fariséerna.

> Jag kan också vara fariséen eller den skriftlärde. Man är besserwisser och man har fördomar. Och jag känner liksom den här tillliten att när jag behöver det då kommer det att braka ner genom taket...det känns jättetryggt att jag får det jag behöver och när jag behöver det då lyfter han av taket och ger mig en knäpp på näsan.

Här tolkas bilden av taket som bryts upp på ett nytt sätt. Nu är det Gud som "bryter sig in" i en människas föreställningar och fördomar och ger en knäpp på näsan. Det är en tolkning och läsning som öppnar upp för självkritik och en vilja att tänka om.

Sammanfattande reflektioner

Gruppsamtalen i dialog med en evangelieberättelse har bidragit till att skapa en teologisk text där deltagarna är involverade i tolkning och reflektion kring kyrkans identitet och uppdrag. De formulerar, vad jag här har beskrivit som, *expressiva ecklesiologier*. Både metoden i sig och de resonemang som den har resulterat i präglas av relationella perspektiv. Avgörande för samtalet och dess innehåll var relationerna mellan oss som satt tillsammans, lyssnade på evangelieberättelsen och samtalade. Det teologiska innehållet var beroende av det faktiska sammanhang där samtalen genomfördes och oss som deltog i dem och vårt engagemang. Samtalet var en kreativ process för alla som deltog vilket resulterade i de reflektioner av vilka jag har redovisat de som jag funnit vara mest centrala. Det betyder att samtalet inte enbart kan tolkas som ett tillfälle då vi som deltog fick möjlighet att ge uttryck för redan färdiga föreställningar och åsikter som väntade på att bli lyssnade till och nedtecknade. Genom själva lyssnandet och samtalandet skapades mening.[6] Metodens och reflektionernas relationella karaktär har också andra aspekter. Utifrån ett teologiskt perspektiv, i linje med Lathrops liturgiska ecklesiologi, är evangelieberättelserna en viktig röst i samtalet. I kyrkans tradi-

6 Det finns i den bemärkelsen tydliga paralleller mellan den här processen och konstnärens skaparprocess som jag redogjorde för i kapitel tio. Varken i gruppsamtalet eller i målandet av tavlorna finns det en rak och tydlig process från "inre" bilder och föreställningar till en bild på en duk eller gemensamt formulerade expressiva ecklesiologier.

tion utgör evangelierna en omistlig förmedlare av Guds uppenbarelse i Jesus från Nasaret och därmed en viktig röst i en ständigt pågående tolkning och reflektion kring kyrkans identitet och uppdrag. Men det relationella perspektivet kommer också till uttryck i de teologiska reflektionerna som formulerades. I samtalen fanns tydliga uttryck för en i grunden relationell ecklesiologi som betonar att kyrkans uppgift är att leda människor till Jesus och att genuina möten både är mål och medel för kyrkan. Samtalet rymde också föreställningar om att företrädare för kyrkan eller vissa verksamheter kan fungera som hoppfulla tecken och en form av förkunnelse.

I samtalen framkom också föreställningar om hur Jesus agerande fungerar och bör fungera som normerande förebild för kyrkan samtidigt som ett sådant perspektiv också nyanserades av tankar på att kyrkan, liksom den lame mannen, också måste låta sig bli buren. Ett sådant förhållningssätt gör det omöjligt att upprätthålla en enkel identifikation mellan kyrkan och Kristus och att ensidigt trycka på ett etiskt imperativ som betonar vikten av att göra gott för andra. Ett annat viktigt perspektiv i de expressiva ecklesiologierna var också att man betonade vikten av att kyrkan försöker finna nya vägar och former för sitt arbete. Att bryta upp taket, som männen i evangelieberättelsen gör, för att nå fram med den lame mannen till Jesus tolkas som en bild för hur stark viljan kan vara att komma nära Jesus – en bild för tilliten till Jesus och för engagemanget och omsorgen om en annan människa. Men samtalet visade också hur det kan fungera som en bild för att församlingen behöver våga söka nya vägar för att nå ut med sitt budskap. I samtalen betonades också att kyrkans uppgift är att, liksom Jesus, möta människor i deras vardag, på deras planhalva.

Innehållet i samtalen speglar i viss utsträckning perspektiv som kommit fram i analysen i bokens tidigare kapitel och de ger en viss inblick i hur företrädare för kyrkan i bygderna formulerar föreställningar om kyrkan i relation till de särskilda utmaningar man står inför som kyrka i Alsen, Offerdal och Arvidsjaur. Samtidigt är det också påtagligt att reflektionerna inte är unika för dessa sammanhang. I bokens avslutande kapitel kommer jag nu att sammanfatta de slutsatser jag så här långt har kunnat dra. Jag för också ett avslutande resonemang om att vara kyrka i glesbygder genom att lyfta några av de perspektiv och teman som framträder i slutsatserna.

13
SLUTSATSER OCH AVSLUTANDE REFLEKTIONER

Att verka "annars"

När jag satt med konstnären i Moskosel i hennes vardagsrum och vi tittade på tavlan med skogsmotivet till Moskosels kyrka som stod på vardagsrumsgolvet sa hon: "Kan du föreställa dig den här tavlan två meter upp. Det blir ju lite fel så här. Då du kommer och ser den på plats, jaha var det så här. Det är ju samma motiv, men kullen kommer att verka *annars*." Att verka *annars*. I kyrkbänken, där man kommer att titta uppåt och se tavlan på sin plats på väggen i koret, får motivet en annan karaktär, det verkar *annars*. I den här boken har jag redogjort för, analyserat och tolkat det material jag samlade in och skapade under mina fältstudier i Alsen, Offerdal och Arvidsjaur. Med hjälp av de etnografiska metoderna, röster från informanter, teologer och andra forskare har jag strävat efter att skildra dessa glesbygdsförsamlingar så att de skulle kunna "verka *annars*". *Annars* än bilder och föreställningar som ett betraktande på avstånd kan generera. Men också i någon mån *annars* än de föreställningar som informanterna själva bär på och använder för att förstå sitt eget sammanhang.

Men motivet är ett och det samma. Byggnaderna står där de står. Vägarna går där de går. Skogarna ligger där de ligger. Stigarna går där de går. Människorna gör det de gör.

Den utmaning som jag tagit mig an i den här boken handlar om att teologiskt beskriva, tolka och förstå hur Svenska kyrkan framträder i norrländska glesbygder. Jag vill med boken bidra till ett teologiskt samtal om vad det innebär att vara kyrka i sådana bygder. För att ta mig an utmaningen formulerade jag inledningsvis några arbetsfrågor: Vilka är kyrkans framträdandeformer? I vilka sammanhang framträder kyrkan? Hur förhåller den sig till andra former av kollektiv som byar eller bygder? Vilka föreställningar om kyrkans identitet och uppdrag präglar kyrkans framträdandeformer? Vilka föreställningar om byarna eller bygderna bidrar till att forma kyrkan? Vilken roll spelar och kan kyrkan spela för livet i bygderna? De frågorna har jag burit med mig när jag genomfört fältstudierna och analyserat materialet.

Hålla mig på marken

Inspirerad av de tankar om det kollektiva som bland annat Bruno Latour har formulerat har jag strävat efter att hålla mig på marken och försöka följa de spår jag har kunnat observera i interaktioner mellan människor, platser, byggnader och artefakter. Spår som, likt skoterspåren i snön, synliggör förbindelser mellan människor och platser. I boken har jag också talat om dessa spår som trådar som vävs samman till komplexa vävar i vilka enskilda människor och mänskliga kollektiv lever och framträder. Jag har sökt efter mönster i dessa vävar som kan säga något om hur kyrkan framträder. Jag har också lyssnat till röster som ger uttryck för föreställningar om kyrkan och om andra kollektiv som byar och bygderna. Till dessa röster har jag också lagt röster från andra sammanhang som jag har bedömt har kunnat bidra till ett samtal som har fördjupat en teologisk förståelse av kyrkans framträdandeformer.

Jag vill påminna om McClintock Fulkerssons resonemang, som presenterades i bokens första kapitel, om att den teologiska reflektionen rymmer en förvandlingens logik. Anledningen till att vi behöver tänka teologiskt är att det finns sådant som behöver förändras. Utgångspunkten för studien som presenteras i den här boken har varit att kyrkans självförståelse och uppdrag utmanas i norrländska glesbygder. Inte för att kyrkan i dessa glesbygder generellt är mer problemtyngd än andra delar av kyrkan, utan för att förutsättningarna där utmanar kyrkan på särskilda sätt. Och min utgångspunkt har inte varit att glesbygd och kyrka är ett problem eller en ekvation som ska lösas. För en kyrka som i evangeliernas vittnesbörd om Jesu liv, död och uppståndelse ser ett vittnesbörd om hur världen djupast sett är beskaffad kan inte yttre tecken på framgång eller allmänt vedertagna föreställningar om vilka som är centrum eller periferi vara avgörande för hur verkligheten förstås och tolkas. Utmaningen handlar om att bidra med teologisk reflektion som kan vara relevant och användbar i mötet med de särskilda förutsättningarna i norrländska glesbygder. Men dessa reflektioner rör inte bara Svenska kyrkan i glesbygder, de rör hela kyrkan.

Slutsatserna som kommer ur den här studien säger inte enbart något om tre församlingar i Norrlands inland. De har också något viktigt att säga om det sammanhang vi kallar Sverige och den kyrka vi benämner Svenska kyrkan. Tar vi oss tid att studera mönstren i vävar i ett sammanhang så kommer vi också ofrånkomligen att få en bättre förståelse för andra sammanhang. Trådarna i vävarna löper över de gränser vi drar för våra forskningsfält och kyrkliga sammanhang. Enskilda delar och bitar rymmer alltid mer än vi kan se och förstå och de förutsätter ofrånkomligen förbindelser till andra platser och tider. Ett sådant synsätt speglar både de teorier som Latour har utvecklat om det kollektiva och den övertygelse som ligger i föreställningarna om att Jesus från Nasaret, en människa, i ett visst sammanhang och en viss tid, låter oss ana vem alltings skapare, befriare och livgiverska är.

Så vilka slutsatser går då att dra mot bakgrund av den här studien? Slutsatserna låter sig inte reduceras till en teoretisk modell eller en enhetlig bild. Däremot har studien gett flera bilder och perspektiv som säger något väsentligt om hur kyrkans framträdandeformer i dessa bygder kan beskrivas, tolkas och förstås. När jag nu avslutningsvis summerar och reflekterar över bilderna och perspektiven som studien har genererat gör jag det i två steg. Först sammanfattar jag de slutsatser jag så här långt har kunnat dra. Därefter för jag också ett avslutande resonemang om att vara kyrka i glesbygder genom att lyfta några av de perspektiv och teman som framträder i slutsatserna.

Slutsatser

I EN VÄV AV RELATIONER

I *kapitel två* gjorde jag ett första nedslag i en högmässa i Glommersträsk och kunde där konstatera att högmässan inte är en isolerad kyrklig ö. Det som genom människor och fysiska objekt tar form i högmässan är i själva verket inflätat i en väv av relationer över tid och rum. En sådan grundläggande insikt om hur det kollektiva tar form och framträder har sedan varit vägledande för analysen och resonemangen. I samtalet med en kvinna som har relationer till gudstjänstfirandet i Glommersträsk framgick det bland annat att saknaden över det som en gång funnits men idag inte finns är påtaglig och konkret. Hennes berättelse visade också hur personliga dimensioner av saknad kan flätas samman med mer kollektiva. Samtalet med kvinnan gav också exempel på hur andra former av rum än de som byggnader tillhandahåller kan skapas, bland annat på nätet. Sådana rum kan också stå i relation till kyrkans rum.

REPRESENTERAR INTE NÅGOT SÄRINTRESSE

I *kapitel tre* redogjorde jag för hur olika föreställningar om byar och bygder tar sig uttryck i relation till exemplet Västbygden. Där framgick det bland annat att det kan finnas tydliga spänningar mellan olika byar och bygder och att definitionerna av hur dessa kollektiv ska avgränsas inte är givna. Där framgick också att det i till exempel Västbygden finns ett starkt engagemang för den egna bygden och att kyrkan där firar gudstjänster i byggnader och rum som inte är kyrkans egna.

I samtal med personer i Västbygden formulerades också ecklesiala föreställningar om att kyrkan företräder en syn på det gemensamma som skiljer sig från "det världsliga". Eftersom Gud är hela världens Gud uppfattas inte kyrkan representera särskiljande intressen eller en viss plats eller bygd. Det innebär också att man har andra förväntningar på företrädare för kyrkan än på företrädare för andra aktörer eller institutioner. Det framkom också att företrädare för kyrkan på ett medvetet sätt agerade så att man inte tog parti för vissa byar eller grupper inom den geografiska församlingen. Tvärtom framkom exempel på hur kyrkliga företrädare verkade för att försöka överbrygga motsättningar. Det framkom också att inte minst kyrkoherden är en person som har relationer till många av de skilda sammanhangen inom den geografiska församlingens gränser.

SYNLIGA UTTRYCK FÖR GUDS NÄRVARO

I analysen av hur kyrka och bygd framträder i förhållande till varandra i Offerdal, i *kapitel fyra*, stod hembygdsgården och Offerdals kyrka i fokus. Med utgångspunkt i en dopgudstjänst och föreställningar om bygden och kyrkan som formulerats i böckerna om Offerdal som den tidigare kyrkoherden Elov Boman står bakom visade analysen att det finns starka förbindelser mellan kyrka och bygd. I praktiken går de inte att skilja åt som två separata fenomen. Samtidigt framgick det också tydligt att bygd och kyrka inte föreställs som synonyma med varandra. Avgörande i Bomans föreställningar om kyrkan är att det är Gud själv som genom sin kyrka på ett särskilt sätt verkar i bygden genom förkunnelsen av Ordet och människor som kommer till tro. Kyrkobyggnaderna och kapellen är synliga och konkreta uttryck för Guds närvaro och engagemang. Med utgångspunkt i Bomans texter och föreställningar som kommer till uttryck i dopgudstjänsten förde jag också ett resonemang som gav en mer nyanserad bild av kyrkan som både tydligt förankrad i bygdens historia och liv och som ett redskap för Gud som genom dopet kallar människor att bli del i ett folk skapat av vatten och Ande.

FORMA OCH GESTALTA EN TILLHÖRIGHET KNUTEN TILL EN PLATS OCH EN BY

I *kapitel fem* fördjupades och nyanserades bilden av hur en by framträder som en plats där människors liv flätas samman och där föreställningar om något gemensamt formas, förmedlas och förvaltas och hur kyrkan framträder i relation till det. Analysen tog sin utgångspunkt i tre byggnader i byn Lauker och det framgick då hur ett lokalt museum till exempel kan fungera som ett verksamt tecken på platsens och byns värde. De dop som firas i det lokala museet, ett rum som gestaltar ett meningsskapande historieberättande, blir också viktiga tecken på en hoppfull framtid. I Lauker framgår det hur Svenska kyrkan kan bidra till att forma och gestalta en kollektiv tillhörighet som är tydligt knuten till platsen och byn. I Lauker framträder Svenska kyrkan på ett konkret sätt genom samlingar för dagledinga, gudstjänster och kyrkliga handlingar och det sker genom att man avsätter och tillhandahåller avlönad personal. Samtidigt bidrar också byn Lauker, genom dess framträdandeformer, med byggnader och rum genom vilka Svenska kyrkan framträder och är närvarande. Det betyder att den kyrkliga närvaron är buren av andra än kyrkan själv. I *kapitel fem* framgick det också att det finns stora skillnader mellan olika byar både vad gäller sociala och ekonomiska förutsättningar och kulturella, politiska och religiösa influenser. Det finns också tydliga skillnader och i vissa fall också spänningar mellan tätorter och byarna.

KYRKANS KATOLICITET – DYNAMISKT FÖRHÅLLANDE MELLAN PARTIKULÄRT OCH UNIVERSELLT

I *kapitel sex* redogjorde jag för hur det samiska framträder i relation till kyrkan med utgångspunkt i Lappstaden i Arvidsjaur. Exemplen visade hur sammanflätat kyrkans framträdandeformer är med det samiska i Arvidsjaur. Skildringarna av Arvidsjaurs historia och kyrkans roll i denna historia är förhållandevis homogen, men det fanns också sådant som väcker frågor om vilken roll föreställningar om kyrkan och det kristna i förhållande till samisk kultur spelar idag. Det framgick också hur företrädare för kyrkan på ett medvetet sätt försöker hitta anknytningspunkter mellan kyrkliga traditioner och samisk kultur, samtidigt som det också väcks kritik mot vad man uppfattar som ett exotiserande av det det samiska i bland annat marknadsföring.

I *kapitel sju* gjorde jag två nedslag, vid en gudstjänst och ett musikspel, i Alsens kyrka. I gudstjänsten på jämtska och i Millaspelet om den samiska kvinnan Milla Clemensdotter fann jag föreställningar om förhållandet mellan det partikulära och det gemensamma som jag utvecklade med hjälp av teologiska föreställningar om kyrkans katolicitet. I prästens predikan i gudstjänsten framträdde till exempel en bild av jämtskan som något som kan bidra till att människor i Jämtland kan känna sig stolta över att de är de människor de är. Samtidigt betonade prästen att språket är något som behöver delas för att det ska leva och i själva delandet ligger också möjligheter till att fler människor inkluderas i det kollektiv som föreställs i relation till jämtskan. Den samiske mannens förkunnelse i samband med Millaspelet kunde också tolkas som ytterligare en variation på temat om förhållandet mellan det partikulära och det gemensamma. Människors kulturella och språkliga skillnader inlemmas i en berättelse, evangeliernas berättelse, som därigenom fungerar som kulturellt överskridande. Det samiska blir därmed en del av det gemensamma (evangeliet) genom att det gemensamma kommer till uttryck genom det samiska.

I *kapitel* åtta fördjupades reflektionerna om förhållandet mellan det partikulära och gemensamma genom att jag redogjorde för reflektionerna från samtalen med referensgrupperna om vad som är navet eller centrum i församlingen. I samtalen uttrycktes föreställningar om att man, istället för gudstjänsten eller kyrkobyggnaden, bör se Jesus som kyrkans och församlingens nav. Ett exempel med en gudstjänst som firades i en av byarna i Alsen visade också hur gudstjänsten bidrar med viktiga föreställningar kring vad som är församlingens centrum.

ETT SYNLIGT TECKEN PÅ PLATSENS VÄRDE

I *kapitel nio* riktade jag fokus på berättelser som vittnade om erfarenheter av utflyttning och den påtagliga nedmonteringen av viktiga samhällsfunktioner i bygderna vilket väcker vemod och sorg. Där framkom det också att personer upplever att föreställningarna om norrländska glesbygder präglas av en urban maktordning. Analysen visade också att det finns flera konkreta exempel på hur lokala engagemang och initiativ kan fungera som hoppfulla tecken. Däribland också kyrkans närvaro i form av byggnader, verksamheter och personer.

Att kyrkan är närvarande i en bygd kan, som observationerna från församlingarna har visat, fungera som ett synligt tecken på platsens och sammanhangets värde. För att fördjupa de teologiska föreställningarna kring trohet och närvaro introducerades begreppet trohetskapital och teologiska reflektioner i relation till ökenfäder och ökenmödrar formulerade av Rowan Williams. Williams resonemang gav ytterligare dimensioner till förståelsen av hur kyrkan som är trofast och trogen kan fungera som ett verksamt tecken på platsens och människornas inneboende värde. Men Williams reflektioner gav också utrymme för att synliggöra och acceptera de svårigheter och det pris en sådan trohet kan kräva. Av analysen framgick också att om prästen och kyrkoherden är de företrädare som tydligast och mest frekvent uppfattas som representanter för församlingen finns det också andra anställda medarbetare som på ett påtagligt sätt personifierar kyrkans närvaro.

SE SPÅR AV GUD I VARDAGENS ERFARENHETER

I *kapitel tio* stod förhållandet mellan kyrkan och föreställningar om landskapet och skogen i fokus. Med utgångspunkt i två tavlor med skogsmotiv med en målad fönsterkarm, varav den ena hänger i koret i kapellet på Arvidsjaur kyrkogård, förde jag ett resonemang om förhållanden mellan skogen, bilder av skogen, kyrkan och människors erfarenheter och föreställningar om skogen och Guds närvaro. Med hjälp av teorier om människors förhållande till sin omgivning analyserade jag tavlorna och konstnärens berättelser om hur hon arbetat när hon målat tavlorna i relation till kapellet som ett rum där man i stor utsträckning firar begravningsgudstjänster. Analysen visade att tavlorna kan fungera som fönster som skildrar en verklighet som existerar utanför och oberoende av betraktaren men, vilket är avgörande för dess funktion i rummen, en verklighet som betraktarna har erfarenheter av och därigenom också är en del av. Jag drog slutsatsen att motiven från skogen bidrar till möjligheter för människor att se spår av Gud i vardagens erfarenheter, vilket också innebär att den kyrka som framträder i och genom tavlorna inte kan separeras från skogen och landskapet. Träden, stigarna, älvarna, myrarna och fjällen är verksamma delar som bidrar till att kyrkan framträder så som den gör.

Ett mönster jag kunde se i materialet var att företrädare för församlingarna såg ett behov av att skapa och hitta nya bilder och sammanhang där relationen mellan Guds helighet och människors vardag kan synliggöras. Naturvandringarna i Alsen Offerdal kan bland annat ses som ett exempel på detta.

I KONKURRENS MED ANDRA PLATSER

Analysen i *kapitel elva* visade också på föreställningar om bygden och landskapet som rum och platser för näringar och turism. Det fanns tydliga exempel på föreställningar om bygderna och landskapet som rum och platser som konkurrerar med andra rum och platser om investeringar, nyinflyttade och turister. Turistverksamheten utgör enligt de föreställningar jag mötte en viktig näring för bygderna och för möjligheterna att upprätthålla en nödvändig närvaro av service och arbetstillfällen. Jag redogjorde också kort för andra näringar inom de geografiska församlingarna och visade i analysen av ett material från Länsstyrelsen i Jämtland att kyrkan i det närmaste är helt osynlig i deras analys av viktiga förutsättningar för utveckling inom länet.

Analysen visade också att det finns en stor förståelse för vikten av fungerande näringar bland företrädare för kyrkan, samtidigt som det också finns några exempel på intressekonflikter mellan olika näringar. I en teologisk analys som tog sin utgångspunkt i kapellet på kyrkogården och gaten på flygplatsen i Arvidsjaur diskuterade jag kyrkans roll och uppdrag i relation till olika föreställningar om och förhållande till platsen och landskapet. Där framgick det bland annat att kyrkans uppdrag bör vara att tillhandahålla och förvalta rum och sammanhang präglade av gästfrihet: rum dit människor kan få komma för att få hjälp att se på sitt eget liv, sin omgivning och sitt hem med pilgrimens blick.

I *kapitel tolv* presenterades och analyserades så de två gruppsamtal i dialog med evangeliet som jag har genomfört. Samtalen tolkade jag som *expressiva ecklesiologier* vilket innebär att de är tolkande reflektioner om kyrkans uppdrag och identitet baserade på erfarenheter och intryck som är empiriskt förankrade. I samtalen framkom bland annat föreställningar om hur Jesu agerande fungerar och bör fungera som normerande förebild för kyrkan. Man betonade också vikten av att kyrkan försöker finna nya vägar och former för sitt arbete.

Att bryta upp taket som männen i evangelieberättelsen gör för att nå fram med den lame mannen till Jesus tolkas som en bild för hur stark viljan kan vara att komma nära Jesus, en bild för tilliten till Jesus och för engagemanget och omsorgen om en annan människa. Men samtalet visade också hur det kan fungera som en bild för att församlingen behöver våga söka nya vägar för att nå ut med sitt budskap. I samtalen betonades också att kyrkans uppgift är att, liksom Jesus, möta människor i deras vardag, på deras planhalva. I samtalen fanns tydliga uttryck för en i grunden relationell ecklesiologi som betonar att kyrkans uppgift är att leda människor till Jesus och att genuina möten både är mål och medel för kyrkan. Samtalet rymde också föreställningar om att företrädare för kyrkan eller vissa verksamheter kan fungera som hoppfulla tecken och en form av förkunnelse. Avslutningsvis gavs också uttryck för att kyrkan, liksom den lame mannen, också måste låta sig bli buren. Det framgick att ett sådant förhållningssätt gör det omöjligt att upprätthålla en enkel identifikation mellan kyrkan och Kristus och att ensidigt trycka på ett etiskt imperativ som betonar vikten av att göra gott för andra.

Spåren i snön – mönster och utmaningar

Det är viktigt att påminna om att det mesta som rör de tre församlingarna inte finns representerat i den här boken. Jag har under mina fältstudier endast kunnat observera och samla in material som representerar en förhållandevis liten del av alla de interaktioner och förbindelser som tillsammans utgör det som är kyrkan i dessa sammanhang. Dessutom är det endast en viss del av allt det material som jag ändå har samlat in som ryms i boken. Men de nedslag jag har gjort och det material jag har samlat in, skapat och reflekterat över kan ändå säga något väsentligt om hur kyrkan framträder i dessa sammanhang. Och genom att urskilja mönster i de täta ecklesiologiska beskrivningar är det också möjligt att se teman och mönster som har relevans i andra sammanhang. Som avslutning på boken ska jag därför reflektera vidare kring tre teman som jag uppfattar som centrala i ett fortsatt teologiskt samtal om att vara kyrka i glesbygder: Centrum och pereferi; Trofasthet och trohet; Att bära och att bäras. Jag formulerar också frågor och utmaningar för Svenska kyrkan mot bakgrund av studiens slutsatser.

Centrum och periferi

Ett återkommande tema i materialet har handlat om vad som är centrum, eller nav, och vad som är periferi. Dels har det handlat om vad som är församlingens centrum och nav, dels erfarenheter av att vissa platser och sammanhang betraktas och behandlas som perifera i förhållande till andra. Sett utifrån ett ecklesiologiskt perspektiv hänger dessa två perspektiv ihop. Frågor om vad som utgör församlingens eller kyrkans centrum och nav kan inte skiljas från frågor om hur människors livssammanhang definieras, betraktas och behandlas. Det följer bland annat av den dialogiska förståelsen av kyrkan och dess identitet som Lathrop har formulerat och som jag har redogjort för i boken. Kyrkan framträder och blir till i och genom en spänningsfylld dialog mellan det allmänmänskliga och Guds helighet. Gudstjänst och vardag har med varandra att göra.

I samtalen med referensgruppen i Arvidsjaurs församling utmanades föreställningar om att se huvudgudstjänsten på söndagar klockan elva som församlingens nav. Reflektionerna i referensgruppen ledde bland annat till att man prövade tanken på att se Jesus som församlingens centrum. Där människor möter Jesus, där är ett centrum. I Alsen Offerdal var inte frågan om vad som utgör centrum och nav i församlingen lika framträdande. Däremot kunde någon i referensgruppen där peka på att gudstjänsten som firas, trots att så få deltar, är ett viktigt tecken på att gemenskap är något heligt och att gudstjänsten inte ska förstås som en verksamhet vid sidan av andra. Gudstjänsten är och ska vara något annat. Gemensamt i båda referensgrupperna var dock betoningen av att hitta och skapa nya former och sammanhang som kan fungera som mötesplatser där relationer skapas mellan människor och mellan människor och Gud. I kapitel sju utvecklade jag tankar om kyrkans katolicitet som gick ut på att där kyrkan samlas kring ordet och sakramenten där är kyrkan närvarande i sin fullhet, eftersom Kristus är där.

BEHOV AV ANVÄNDBARA MODELLER OCH METODER

Ett sådant resonemang, som också är tydligt förankrat i Svenska kyrkans tro, bekännelse och lära, innebär att gudstjänsten är en form av praktik som på ett särskilt sätt påminner om och upprättar, det som Lathrop beskriver som, de heliga tingens dialog. Det innebär att gudstjänsten både är ett synligt tecken på vad som är kyrkans centrum men också en påminnelse om att detta centrum aldrig låter sig definieras på ett slutgiltigt sätt. Det är i relation till en sådan påminnelse som jag tolkar reflektionerna i Arvidsjaur och viljan att finna nya bilder för vad som är församlingens och kyrkans centrum. Deltagare i referensgruppen hade erfarenheter av bilder om vad som var kyrkans centrum och nav där alla pilar pekade till kyrkobyggnaden och därmed söndagens gudstjänst klockan elva.

I modellen visade pilarna vad som var organisationens centrum – kyrkobyggnaden och gudstjänsten. Deltagarna upplevde att modellen gav uttryck för värderingar av vad i organisationen som var viktigt och vad som var mindre viktigt. Erfarenheterna från Arvidsjaur är ett exempel på att det kan vara svårt att hitta konstruktiva och användbara modeller och bilder som kan vara vägledande i samtal om kyrkans uppdrag och identitet. Ser man samtalen i Arvidsjaur mot en sådan bakgrund kan det förstås som en ovilja att reducera föreställningar om gudstjänsten och Jesu närvaro i församlingen till ecklesiologiska eller organisationsteoretiska modeller, som upplevs som för snäva.

Här ser jag en utmaning för Svenska kyrkan och för teologin. När Svenska kyrkan på olika nivåer tvingas återupptäcka sin egen kropp, uppstår ett behov av att hitta användbara modeller och metoder i arbetet med mål och styrningsarbete. Vilka modeller, kartor eller berättelser är användbara när kyrkans uppdrag ska formuleras och beslut ska fattas? Slutsatserna från studien visar att det finns behov av att utveckla modeller och metoder som lyckas förena grundläggande teologiska perspektiv med redskap och perspektiv från till exempel organisations- och managementstudier. En viktig insikt är att det inte finns några teologiskt neutrala teorier eller modeller om kyrkan som organisation och aktör. Därför måste de redskap vi väljer att använda få bli del i ett vidare teologiskt samtal. Vilka föreställningar om ledarskap, beslutsfattande eller organisationsidentitet rymmer till exempel de managementmodeller vi använder och hur förhåller de sig till de föreställningar vi möter i bibelns vittnesbörd och kyrkans tradition?

Det är i ljuset av sådana frågor som jag ser de ecklesiologiska samtalen i dialog med evangelieberättelserna som viktiga. De är konkreta exempel på hur bibelns vittnesbörd och berättelser utgör ofrånkomliga redskap för en kyrka som söker vägar att fullfölja sin mission.

PASTORALT OCH PROFETISKT UPPDRAG

Frågan om centrum och periferi handlar också om glesbygders förhållande till andra delar av Sverige (och resten av världen) och församlingarnas förhållande till Svenska kyrkan (och den världsvida kyrkan). Vår tid präglas av urbanisering och föreställningar om att platser konkurrerar med varandra på en global fri marknad där vissa är vinnare och andra förlorare. Studien har visat att sådana föreställningar kan påverka hur människor ser på sig själva och de liv de lever. Men exemplen från församlingarna har också visat hur kyrkan kan bidra till att synliggöra och bekräfta värdet av platser och de liv människor lever där. Svenska kyrkan har ett *pastoralt uppdrag*: att bidra till att människor kan känna hopp och uppleva att det sammanhang de lever i är värdefullt. Kyrkan har också ett *profetiskt uppdrag*: att uppmärksamma och försöka förändra strukturer som hotar förutsättningar för ett gott liv. I kyrkoordningens formuleras det bland annat som att kyrkan ska verka för att återupprätta Guds skapelse.[1] Ett sådant perspektiv bör förstås holistiskt så att de sociala sammanhang och relationer människor lever i ses som en integrerad del av allt skapat och levande. Att verka för skapelsens återupprättande handlar därmed bland annat om att peka på och försöka förändra strukturer och intressen som hotar möjligheter för människor att leva goda liv i stora delar av Sverige.

---

1 ”Församlingens grundläggande uppgift är att fira gudstjänst, bedriva undervisning samt utöva diakoni och mission. Syftet är att människor ska komma till tro på Kristus och leva i tro, en kristen gemenskap skapas och fördjupas, Guds rike utbredas och skapelsen återupprättas.” Kyrkoordning för Svenska kyrkan, Inledning till Andra avdelningen: Församlingarna.

Här ser jag ytterligare utmaningar. I relation till den pastorala och den profetiska uppgiften är det viktigt att se den enskilda församlingen i ett vidare sammanhang. Om hela kyrkan kan sägas vara närvarande i Alsen, Offerdal och Arvidsjaur följer också att de och andra delar av kyrkan har ett ömsesidigt ansvar gentemot varandra. Ett sådant ansvar bör ta sig konkreta uttryck på olika sätt.

I relation till andra församlingar inom kontrakt och stift har företrädare för församlingarna och stiftskanslierna viktiga uppgifter att gemensamt värna och vårda dialog och relationer. Tillsammans finns möjligheter att skapa rum för att dela erfarenheter och att hålla den teologiska reflektionen levande.

Ser man till Svenska kyrkan i sin helhet måste man också mot bakgrund av studien ställa frågor om hur olika sammanhang inom Svenska kyrkan hanterar de starka krafter som bidrar till att vissa delar av Sverige betraktas och behandlas som perifera (en erfarenhet som också företrädare för församlingar i urbana förorter kan vittna om). Hur kan de teologiska föreställningar som i grunden ifrågasätter sådana värderingar få komma till konkreta uttryck i kyrkans organisation? Det handlar bland annat om hur kyrkan kan vara ett tecken på trohet och hopp.

Men parallellt med det är det också viktigt att hitta former för att främja och stimulera teologisk reflektion kring kyrkans uppdrag i relation till de utmaningar människor i glesbygder möter. Det finns redan goda exempel på att sådant sker, vilket jag bland annat har sett i både Luleå och Härnösands stift, men det skulle behöva stärkas ytterligare. Inte minst är det viktigt att dessa frågor också uppfattas som gemensamma frågor för Svenska kyrkan och inte som avgränsade "glesbygdsfrågor". Här kan och bör Svenska kyrkan bidra med viktiga erfarenheter och röster i ett vidare politiskt samtal om förhållanden mellan stad och landsbygd i Sverige.

BORTOM NATIONS- OCH SAMFUNDSGRÄNSER

Men i de vävar av relationer församlingarna ingår i finns trådar som inte stannar vid Sveriges gränser. I de församlingar där jag har genomfört fältstudierna är andra delar av världen påtagligt närvarande genom människor som nu bor där, temporärt eller permanent. Men företrädare för kyrkan har också ett uppdrag att påminna om hur den lokala kyrkliga gemenskapen ingår i en gemenskap som inte definieras av nationella eller etniska gränser. Den uppgiften är viktig då det i Svenska kyrkans tradition och historia finns sådant som allt för lätt låter sig brukas för identitetsformande projekt som bortser från kyrkans katolska identitet. Svenska kyrkan kan här genom sin förankring i byar och bygder långsiktigt bidra till att relationer till andra sammanhang i världen upprätthålls in i människors vardag. På så sätt finns goda förutsättningar att på ett vardagligt sätt hålla fönster och dörrar öppna till andra platser och tider.

Till detta måste också slutligen ett ekumeniskt perspektiv läggas. Att vara kyrka i en bygd innebär också att vara kyrka tillsammans med kristna som hör till andra kyrkor och samfund. En viktig fråga för företrädare för Svenska kyrkan är hur Svenska kyrkan kan bidra till att goda relationer upprättas och upprätthålls lokalt.

Trofasthet och trohet

Ett annat tema som tydligt kommer till uttryck i slutsatserna handlar om trohet och trofasthet. Genom att vara trogen de sammanhang där människor lever sina liv och sin vardag kan kyrkan vara ett synligt tecken på platsens och sammanhangets värde. I studien har det framgått att kyrkans närvaro kan ta sig uttryck i form av byggnader som vårdas och brukas, praktiker som utförs och i stor utsträckning genom den personliga närvaron av företrädare för församlingen, i huvudsak i form av anställda medarbetare, men också i viss utsträckning genom förtroendevalda och andra medarbetare.

Många människor lever i byar och bygder präglade av utflyttning och nedmontering av olika samhällsfunktioner. Kyrkans historiskt långa närvaro i bygderna bidrar till föreställningar om och förväntan på att kyrkan ska vara trofast – att kyrkan ska fatta sina beslut och göra sina prioriteringar på delvis andra grunder än andra aktörer.

I samtalen med referensgrupperna och i enskilda samtal har det också framgått att företrädarna för församlingen ger uttryck för en vilja att möta människor i deras vardag och på deras villkor. Att sträva efter att dela människors livsvillkor och möta dem på ”deras egen planhalva” uppfattas som att följa Jesu goda exempel. En sådan vilja och strävan innebär också att man, mot bakgrund av att allt färre tycks söka sig till kyrkans traditionella mötesplatser, ser det som en viktig uppgift och utmaning att söka efter nya mötesplatser. I Alsen och Offerdal talar kyrkoherden om att i större utsträckning vara en ”gå-kyrka” istället för en ”kom-kyrka”. Att gå till de sammanhang där människor är istället för att förvänta sig att de ska komma till de av kyrkan etablerade mötesplatserna. Samtidigt har församlingarna flera verksamheter genom vilka man har breda kontaktytor med människor i bygderna. I Arvidsjaur handlar det till exempel om öppna verksamheter för föräldrar och barn och i Alsen Offerdal om verksamheter som riktar sig till barn i förskole- och skolålder.

Kyrkobyggnaden är också en mer eller mindre självklar gemensam symbol för bygden vilket bland annat manifesteras genom vissa återkommande evenemang eller gudstjänster. Bilden som framträder är att kyrkan å ena sidan har kontaktytor i bygderna och att de flesta jag talar med ger uttryck för ett förtroende för kyrkan och dess företrädare. Kyrkan är därmed tydligt etablerad i bygderna och en integrerad del av de kollektiv som framträder där. Å andra sidan ger företrädarna uttryck för ett tydligt behov av att finna nya mötesplatser och kontaktytor med människor i bygderna. Fram träder bilden av en kyrka som är en tydlig del av de gemensamma vävar som vävs i bygderna men som samtidigt tvingas se på sitt sammanhang som ett missionsfält där nya mötesplatser och relationer behöver upprättas och skapas.

FOLKKYRKOTANKAR

Det är intressant att relatera den här bilden till ett pågående samtal om Svenska kyrkan som folkkyrka. Trots att jag inte vid något enda tillfälle har mött begreppet *folkkyrka* under mina fältstudier har jag pekat på tydliga paralleller mellan föreställningar om kyrkans förhållande till bygden i Offerdal och folkkyrkotankar som formulerades inom ungkyrkorörelsen. I både kyrkoherden Elov Bomans och Manfred Björkquists resonemang finns tydliga uttryck för det jag senare i boken har skrivit om i termer av trohet. Kyrkans uppdrag att förkunna evangelium till människor på en viss plats omsatt i praktisk handling under lång tid kan beskrivas som just ett uttryck för trohet, eller lojalitet. Det senare ordet använder den finske biskopen Björn Vikström och han menar att ”folkkyrkan kännetecknas av en dubbel lojalitet; å ena sidan mot sin egen bekännelsetradition och identitet som kristet trossamfund, å andra sidan mot människor som bor på det geografiska område där lokalförsamlingarna verkar".[2]

Enligt Vikström ligger i folkkyrkans karaktäristik att dess identitet hör ihop med storheter som nation och folk men också med faktorer som nationalgränser och lokala förvaltningsenheter som socknar, bygder och byar. Han frågar sig om det då innebär att folkkyrkan upplöses i takt med att nationalstatens roll och speciella särdrag försvagas och han konstaterar att "en viktig invändning mot folkkyrkotankens aktualitet i dag är att det inte längre finns något enhetligt svenskt folk".[3] Vikströms svar är att folkkyrkans lojalitet primärt är med de människor som bor och vistas inom ett visst område utan att den behöver begränsas till en viss etnisk grupp eller kultur. Analysen av kyrkans framträdandeformer i Offerdal visade på ett behov av att inte förlora den dubbla lojalitet till både Gud och bygd som Boman ger uttryck för och som Vikström också betonar. Studien har visat att de föreställningar som Vikström ger uttryck för framträder i praktiker och tankar om kyrkan i Alsen, Offerdal och Arvidsjaur, även om ordet folkkyrka inte används.

Utmaningen är att stimulera en fortsatt teologisk reflektion som kan bidra till att hålla liv i ett språk som förmår hantera den verklighet (eller kanske snarare de verkligheter) Svenska kyrkan är en del av i idag.

Att bära och att bäras

Trofasthet och trohet är grundat i viljan att bära evangelium till människor i de sammanhang där de lever sina liv. Men som en av deltagarna i referensgruppen i Alsen Offerdal påpekade är en viktig grund för kyrkan att ständigt återvända till att man låter sig bli buren, som den lame mannen som blir buren till Jesus. Deltagarens insikt klargör att kyrkan inte enbart är synonymt med de som bär utan också med dem som blir burna. Det kan handla om erfarenheter av att bli buren av andra människor, att vara beroende av andra människor för att kunna må bra eller klara av utmaningar som man möter. Men det kan också handla om erfarenheter och tro på att som person vara buren av Gud, vilket då naturligtvis kan komma till uttryck genom andra människors omsorg.

En kyrkoherde i en annan församling i Härnösands stift gjorde också

2 Vikström 2008, s. 14.

3 Vikström 2008, s. 227. En mer utvecklad presentation av Vikströms folkkyrkotankar finns i Ideström 2012, s. 48–52.

andra associationer när hon fick ta del av reflektionerna från gruppsamtalet i Alsen och Offerdal. Hon konstaterade att hon såg hur församlingen inte sällan blev buren av andra aktörer i bygden i sin uppgift att vara kyrka. I materialet från fältstudierna finns sådana exempel. Det kan handla om att man får fira andakter och gudstjänster i rum eller sammanhang som inte är kyrkans egna eller att personer som representerar byalag eller föreningar bidrar med viktiga insatser i samband med vissa arrangemang. Det är också rimligt att se på de ekonomiska bidrag som en stor del av invånarna bidrar med genom kyrkoavgiften som ett slags bärande av kyrkans närvaro och verksamhet.

Men kyrkan är också en bärare. Kyrkans företrädare, kyrkobyggnader och kyrkans verksamheter fungerar i flera fall som stöd för människor i de situationer de befinner sig i. I begravningsgudstjänsten som firas i kyrkor eller kapell förvaltar till exempel kyrkan ett rum och ett sammanhang som kan bära enskild och kollektiv sorg. Kyrkogårdarna bär på synliga och konkreta minnesmärken över de som har levt i bygden och på så sätt bidrar kyrkan också till att bära bygdens historia. Kyrkobyggnader och kyrkogårdar ingår även på andra sätt i de vävar av relationer som vävs i byar och bygder.

KYRKANS BÄRARE

Men det är också påtagligt att det ofta kan vara svårt att särskilja vad eller vilka som är kyrkan. När är det kyrkan som bär? En av deltagarna i referensgruppen i Alsen Offerdal frågade sig vid vårt första samtal:

> När är ett engagemang eller någonting vi gör kyrkans? Alltså jag tycker att det är intressant det här med identiteten och rollerna. För när jag är på en plats kan jag vara [NN] eller makan eller mamman eller så kan det då vara [bybo] eller Alsenbo eller världsmedborgare, vara Röda kors medlem. Vad måste jag vara för att representera församlingen och kyrkan? Måste jag ha en anställning eller måste jag ha ett förtroendeuppdrag eller ska jag ha en tröja på mig...skulle man kunna lägga ut verksamhet. Måste man vara en anställd på en plats för att församlingen ska ha varit med eller kan man lägga ut det på grupper som växer fram på något vis? [...] Kyrkan är tro men kyrkan är också en samhällsbärare och vi är mera vana i landsbygd, glesbygd att vi måste samverka och utnyttja

> alla resurser och därför tror jag inte alltid att vi kan skilja mellan när det är en samhällsbärande funktion eller det andra

Deltagaren formulerar väl de frågor man tvingas ställa om man vill urskilja vad kyrkan bidrar med i bygderna. När kan man säga att kyrkan är närvarande? I samtalet som följde av deltagarens frågor och reflektioner framkom det också att när något utförs i församlingshemmet då är det tydligt att det är i kyrkans regi. I deltagarens reflektioner finns också funderingar kring om det går att lägga ut "det på grupper som växer fram på något vis". En sådan fundering handlar om i vilken utsträckning det behövs eller går att finna nya former för hur kyrkan organiserar sin närvaro i bygderna vid sidan av de anställda medarbetarna och de förtroendevalda. Men det föranleder också en mer grundläggande fråga: är det viktigt eller önskvärt att det alltid ska vara tydligt vad eller vilka som är kyrkan? Skulle det till och med kunna vara så att ett visst mått av otydlighet i själva verket speglar en väsentlig aspekt av kyrkans identitet. Skulle det kunna vara ett uttryck för att gränserna mellan vem som bär och vem som bärs aldrig kan vara definitiva i ljuset av evangeliernas vittnesbörd. Tar vi Paulus på orden i hans brev till församlingen i Korint äger inte kyrkan sin egen kropp. Kyrkan är Kristi kropp. Ett sådant perspektiv kan mana till ödmjukhet och besinning när det gäller att definiera och kontrollera kyrkans identitet. Som Rowan Williams konstaterar när han läser vittnesbörden om lärjungarnas möte med den uppståndne Jesus: de känner inte igen honom utan tvingas lära känna honom på nytt. Kyrkan äger inte Kristus. Kyrkan är snarare ett sammanhang där människor tillsammans får möta och lära känna Kristus på nytt. Sådana grundläggande tankar om kyrkans identitet måste få finnas med när vi diskuterar anställdas och ideellas roller och ansvar i den kyrkliga organisationen.

VAD SKA KYRKAN VARA BÄRARE AV?

I materialet framgår det också att det finns spänningar mellan olika förväntningar på vad kyrkan ska bidra med i bygden. Sådana spänningar synliggör hur olika ecklesiala föreställningar rymmer olika styrande föreställningar om kyrkan och dess uppdrag. I Alsen Offerdal tar sig sådana spänningar bland annat uttryck mellan, å ena sidan, föreställningar som primärt ser kyrkan som en kulturbärare och som därför också förväntar sig av kyrkans företrädare att bejaka och verka för att sådana aspekter av kyrkans uppdrag och relation till bygden stärks. Och, å andra sidan, föreställningar som i större utsträckning betonar kyrkans uppdrag att förkunna Guds ord, förvalta sakramenten och bygga gemenskaper präglade av bön och tillbedjan. I Arvidsjaur handlar spänningen i större utsträckning om mötet mellan föreställningar som har sina rötter i väckelsefromhet och föreställningar som tydligare är förankrade i andra fromhetstraditioner.

Under fältstudierna har det tydligt framgått att en skillnad mellan glesbygder och till exempel urbana miljöer är att man i glesbygder i större utsträckning måste hantera och leva med olika uppfattningar och eventuella spänningar eller motsättningar mellan människor. Det gäller naturligtvis också kyrkan. Men som det har framgått i materialet finns det också föreställningar om kyrkan som gör att kyrkan inte uppfattas som en aktör bland andra. Det har också framgått att kyrkans företrädare kan vara personer som i högre grad än många andra har relationer i många olika sammanhang och därmed också med människor som företräder olika uppfattningar vad gäller kyrkan. Det innebär att det ställs stora krav på kyrkans företrädare att kunna härbärgera den mångfald av relationer och förväntningar som deras roll medför. [4] Utifrån ett sådant perspektiv kan glesbygder beskrivas som socialt tätare än urbana miljöer. Vävarna av relationer förenar företrädare för kyrkan med en förhållandevis stor andel av de som bor och lever i bygderna. Till saken hör också att många anställda medarbetare bor inom den geografiska församlingen.

En viktig utmaning i relation till detta är att rusta och förbereda de som utbildar sig för tjänst inom kyrkan. Det är viktigt att det under utbildningen finns möjligheter att på ett konkret sätt få reflektera över

---

4 I rapporten *Faithful cities* där man definierar begreppet trohetskapital använder man också begreppen bonding (sammanfogande), bridging (brobyggande) och linking (ihopkopplande) för att göra distinktioner mellan olika karaktärer av relationer som formar kollektiv. Bonding är relationsband som ofta uppfattas som givna och självklara. Det kan handla om familjeband eller släktskap men också byagemenskaper. Bridging däremot är relationer som skapas mellan människor som inte på ett självklart eller vardagligt sätt är relaterade till varandra. Samtidigt är det relationer som förutsätter ett sammanhang där man av olika skäl delar vissa förutsättningar. Det kan relationer som skapas mellan människor inom ett bostadsområde eller en bygd. Linking är då relationer som skapas mellan människor i sammanhang som i ännu högre grad är åtskilda. Använder man dessa begrepp för att reflektera över vilken roll kyrkan spelar och kan spela för kollektiv i bygderna kan man se att företrädare för kyrkan, inte minst kyrkoherden, bidrar till bridging mellan olika sammanhang och människor. Se *Faithful cities* 2006.

rollen som anställd medarbetare och bärare av vigningstjänst i glesbygder. Det handlar då både om att få förbereda sig på ett personligt plan och att få tillgodogöra sig teologiska och praktiska färdigheter. Här finns det behov av att på ett systematiskt sätt ta tillvara kunskap, erfarenheter och kompetens som finns bland medarbetare som tjänstgör i glesbygder. Sådant görs naturligtvis redan, inte minst på stiftsnivå, men betydligt mer kan göras. Det finns också stora möjligheter att etablera olika former av projekt där företrädare för akademisk teologi samverkar med företrädare för stift och församlingar vilket i förlängningen skulle bidra med viktig kunskap till både akademi och kyrka.

Kyrkan – en uppenbarelse- och relationsburen organisation

Spår i snön och mönster i vävar av relationer är två bilder jag har använt i den här boken. De har varit en hjälp när jag utifrån ett teologiskt perspektiv har försökt att se och förstå hur kyrkan framträder i norrländska glesbygder. Bilderna har också gjort det möjligt att se hur enskilda människor, byar, bygder och församlingar är en del av vävar vars trådar förbinder dem med andra människor, platser och tider. Utifrån kyrkans tro på att allt lever, rör sig och är till i Gud är det inte orimligt att se alla dessa fragment av vävarna som delar i skapelsens väv. I det lokala, i det personliga och i det partikulära kan vi ana att allt hör samman. Kanske är detta i vår tid kyrkans viktigaste mission – att vara ett bräckligt men konkret tecken på helhet. Ett ihopsamlande av en splittrad värld. Men inte genom att försöka beskriva världen och våra liv som om vi hade tillgång till en privilegierad position ovanför det vardagliga och lokala. Evangelierna vittnar om en annan väg. Liksom vi får ana alltings skapare och Herre i Jesus från Nasaret får vi sträva efter att vara trogna och lojala de sammanhang där vi lever våra liv. Och där, i de täta vävar av relationer våra liv har vävt, får vi med hjälp av evangelierna och kyrkans traditioner ana mönster av det heliga.

De fältstudier jag har genomfört i Alsen, Offerdal och Arvidsjaur har hjälpt mig att se sådana mönster i det som kan te sig som högst vardagligt och kanske till och med trivialt. Jag hoppas att jag har lyckats förmedla något av innebörden i dessa mönster och att det kan fungera som inspiration till andra att engagera sig i samtal och reflektioner där det djupt allmänmänskliga kan få möta Guds helighet. Det är genom samtal, relationer, trohet, lojalitet, tålamod och närhet vi kan förstå vad det innebär att vara kyrka och vad kyrkans uppdrag är. Kyrkan är inte en idéburen organisation, den bärs inte av en idé. Det är snarare en uppenbarelse- och relationsburen organisation. Vittnesbörden om Guds uppenbarelse i Jesus från Nasaret har nedtecknats för att förändra och förvandla oss. Evangeliernas ”sanningar” är därför inte åtkomliga utan dialog och engagemang. Redan i Nya Testamentet möter vi självbeskrivningar som vittnar om hur kristna i den tidiga kyrkan såg sig som djupt förenade med Kristus själv, bärare av ett budskap med både kropp, själ och ande. Det samma gäller kyrkan idag. Därför ser jag den här boken som ett bidrag till ett samtal om kyrkans uppdrag och identitet som jag hoppas ska få fortsätta i många olika sammanhang och där vi med våra olika erfarenheter får möjlighet att bidra.

APPENDIX
KORTA PRESENTATIONER AV FÖRSAMLINGARNA OCH KARTOR

Arvidsjaurs församling

Arvidsjaurs församling ligger i Luleå stift. De geografiska gränserna för församlingen överensstämmer med gränserna för Arvidsjaurs kommun. Arvidsjaur är tätorten.

Större byar: Moskosel och Glommersträsk.

Kyrkor, kapell och församlingshem: Svenska kyrkan – Arvidsjaurs kyrka, Glommersträsks kyrka, Moskosels kyrka, kapell på kyrkogården i Arvidsjaur, församlingshemmet i Arvidsjaur, gudstjänstlokal i byastugan i Järvträsk. Övriga – Bönhuset i Lauker, Romerskt katolskt kapell i vandrarhemmets lokaler i Arvidsjaur, Frälsningsarmén och Filadelfiaförsamlingen i Arvidsjaur.

Befolkning 2013: 6471 varav 81,5% är medlemmar i Svenska kyrkan. 4600 i tätorten. 232 i Moskosel, Glommersträsk 272.

Flyttnetto: De senaste tio åren har befolkningen minskat med 423 personer och antalet medlemmar minskat med 1030.

Antal tillsvidareanställda medarbetare: Sjutton.

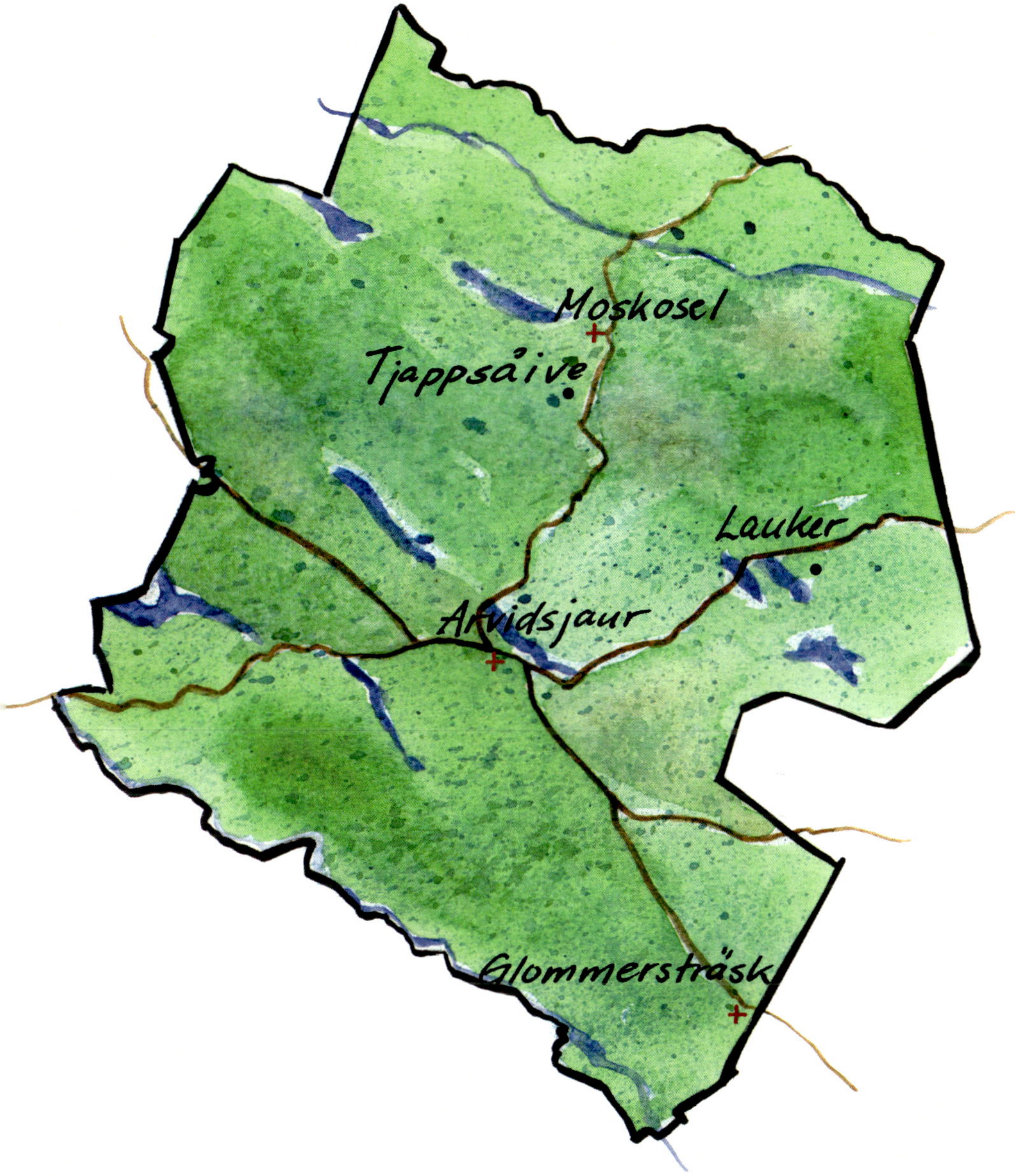
Moskosel
Tjappsåive
Lauker
Arvidsjaur
Glommersträsk

Alsens församling

Alsens församling ligger i Härnösands stift. Församlingen ligger i Krokoms kommun och utgör tillsammans med Offerdals församling ett pastorat.

Större byar: Trångsviken, Alsen och Västbygden (en samling av flera byar).

Kyrkor, kapell och församlingshem: Svenska kyrkan – Alsens kyrka, församlingshemmet i Alsen, kyrksal i Trångsvikens bygdegård (arrenderas).

Befolkning 2013: 1208 invånare varav 78,7% av dem är medlemmar i Svenska kyrkan.

Flyttnetto: De senaste tio åren har befolkningen minskat med 55 personer och antalet medlemmar minskat med 180 personer.

Antal tillsvidareanställda medarbetare: Tolv (tillsammans med Offerdals församling).

Offerdals församling

Offerdals församling ligger i Härnösands stift. Församlingen ligger i Krokoms kommun och ingår i ett pastorat med Alsens församling.

Större byar: Änge, Kaxås och Rönnöfors

Kyrkor och kapell: Svenska kyrkan – Offerdals kyrka, Rönnöfors kyrka, Jänsmässholmens kapell, församlingshemmet i Ede, församlingshemmet i Rönnöfors. Övriga – Pingstförsamlingens kapell i Rise, Bapistkapellet i Kälom, EFS-hyddan i Ede.

Befolkning 2013: 2029 invånare varav 84,7% av dem är medlemmar i Svenska kyrkan. Änge 314 invånare.

Flyttnetto: De senaste tio åren har befolkningen minskat med 80 personer och antalet medlemmar minskat med 259 personer.

Antal visstidsanställda medarbetare: Tolv (tillsammans med Alsens församling).

OFFERDAL
Jänsmässholmen
Rönnöfors
ALSEN
Kaxås
Ede
Ånge
Kälom
Västbygden
Alsen
Valne
Trångsviken

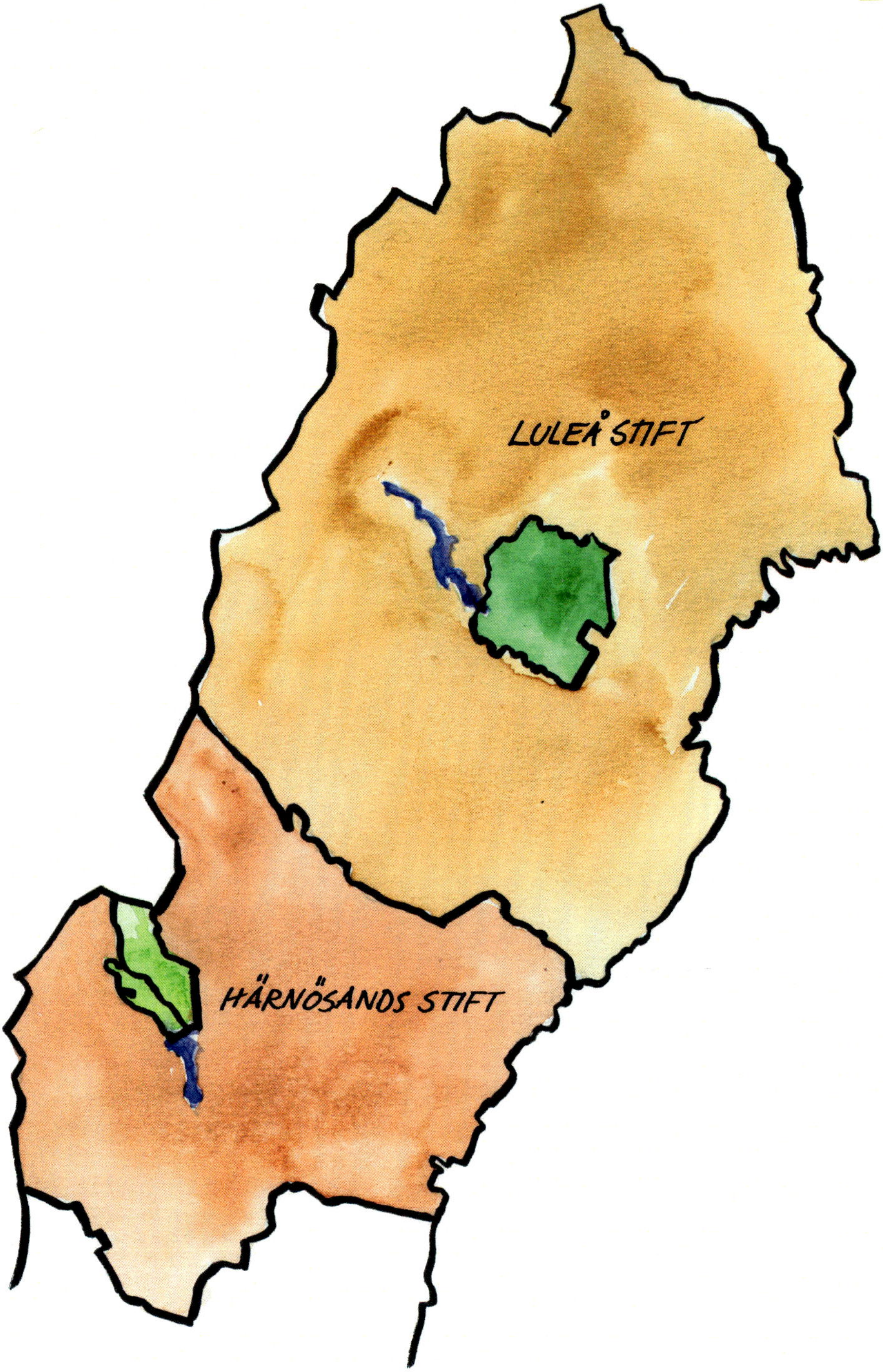
LULEÅ STIFT
HÄRNÖSANDS STIFT

FOTOGRAFER OCH KARTOR

Bild 1, s. 38 Jonas Ideström.
Bild 2, s. 42 Jonas Ideström.
Bild 3, s. 56 Jonas Ideström.
Bild 4, s. 68 Jonas Ideström.
Bild 5, s. 73 sv.wikipedia.org.
Bild 6, s. 85 Jonas Ideström.
Bild 7, s. 94 Jonas Ideström.
Bild 8, s. 101 Jonas Ideström
Bild 9, s. 103 Jonas Ideström.
Bild 10, s. 113 Jonas Ideström.
Bild 11, s. 118 sv.wikipedia.org.
Bild 12, s. 125 Jonas Ideström.
Bild 13, s. 132 Agenda.
Bild 14, s. 137 Jonas Ideström.
Bild 15, s. 157 Jonas Ideström.
Bild 16, s. 162 Jonas Ideström.
Bild 17, s. 176 Leif Björk (Tavlan målad av Gärdis Lindgren).
Bild 18, s. 176 Leif Björk.
Bild 19, s. 179 Leif Björk (Tavlan målad av Gärdis Lindgren).
Bild 20, s. 181 Jonas Ideström.
Bild 21, s. 191 Barbro Thörn.
Bild 22, s. 194 Jonas Ideström.
Bild 23, s. 220 Jonas Ideström.
Bild 24, s. 220 Jonas Ideström.
Bild 25, s. 265 Maria Lundström Pedersen.
Bild 26, s. 267 Maria Lundström Pedersen.
Bild 27, s. 268 Maria Lundström Pedersen.

LITTERATUR- OCH KÄLLFÖRTECKNING

Litteratur och tryckt material

Afdal, Geir
2010 *Researching Religious Education as Social Practice*. Religious Diversity and Education in Europe, Vol. 20. Münster: Waxmann.

Alsens kyrka
1992 *Alsens kyrka*. Östersund: Alsens församling och Alsens hembygdförening.

Analys av landsbygden i Jämtlands län
2013 *Analys av landsbygden i Jämtlands län. Regional SWOT inför landsbygdsprogrammet 2010–2014*. Östersund: Länsstyrelsen i Jämtlands län.

Andersson, Magnus & Jansson, André
2012 *Landsbygdens globalisering. Medier, identitet och sociala förändringar i nätverkssamhällets marginaler*. Göteborg: Bokförlaget Daidalos AB.

Aronson, Torbjörn
2008 *Den unge Manfred Björkquist: hur en vision av kristendomens möte med kultur och samhälle växer fram*. Uppsala: Acta Universitatis Upsaliensis.

Astley, Jeff & Francis, Leslie J. (red.)
2013 *Exploring Ordinary Theology. Everyday Christian Believing and the Church*. Farnham: Ashgate.

Beckman, Lars
1962 "Offerdals befolkning" i Boman, Elov & Björkquist, Lennart & Offerdals hembygdsförening, *En bok om Offerdal. Del 2 Kulturlivet*. Östersund: Heimbygdas förlag, s. 55–66.

Bergmann, Sigurd
2009 *Så främmande det lika. Samisk konst i ljuset av religion och globalisering*. Trondheim: Tapir Akademisk Forlag.

Bexell, Oloph (red.)
2003 *Sveriges kyrkohistoria. Folkväckelsens och kyrkoförnyelsens tid*. Stockholm: Verbum.

Birkedal, Erling & Hegstad, Harald & Skorpe Lannem, Turid (red.)
2012 *Menighetsutvikling i folkekirken. Erfaringer og muligheter*. Oslo: IKO Forlaget.

Birkedal, Erling
2012 ”Verktoy for menighetsanalyse” i Birkedal, Erling & Hegstad, Harald & Skorpe Lannem, Turid (red.), *Menighetsutvikling i folkekirken. Erfaringer og muligheter*. Oslo: IKO Forlaget, s. 51–66.

Blückert, Kjell
2000 *The Church as Nation. A Study in Ecclesiology and Nationhood*. Frankfurt am Main: Peter Lang.

Boman, Elov
1962a ”Förord” i Boman, Elov & Björkquist, Lennart & Offerdals hembygdsförening, *En bok om Offerdal. Del 2 Kulturlivet*. Östersund: Heimbygdas förlag [ingen sidangivelse].
1962b ”Bebyggelsen” i Boman, Elov & Björkquist, Lennart & Offerdals hembygdsförening, *En bok om Offerdal. Del 2 Kulturlivet*. Östersund: Heimbygdas förlag, s. 9–32.
1962c ”Offerdals kyrka” i Boman, Elov & Björkquist, Lennart & Offerdals hembygdsförening, *En bok om Offerdal. Del 2 Kulturlivet*. Östersund: Heimbygdas förlag, s. 337–366.
1962d ”Rönnfors kyrka och kapell” i Boman, Elov & Björkquist, Lennart & Offerdals hembygdsförening, *En bok om Offerdal. Del 2 Kulturlivet*. Östersund: Heimbygdas förlag, s. 367–410.
1962e ”Jänsmässholmens kapell” i Boman, Elov & Björkquist, Lennart & Offerdals hembygdsförening, *En bok om Offerdal. Del 2 Kulturlivet*. Östersund: Heimbygdas förlag, s. 425–469.

Boman, Siri
1962 ”Hyllningssång till Offerdal” i Boman, Elov & Björkquist, Lennart & Offerdals hembygdsförening, *En bok om Offerdal. Del 2 Kulturlivet*. Östersund: Heimbygdas förlag [ingen sidangivelse].

Bretherton, Luke
2012 ”Coming to Judgement: Methodological Reflections on the Relationship between Ecclesiology, Ethnography and Political Theory” i *Modern Theology*, Vol. 28, No. 2, s. 167–196.

Brodd, Sven-Erik
1992 *Diakonatet. Från ecklesiologi till pastoral praxis*. Tro och Tanke 1992:10. Markaryd: Svenska kyrkans forskningsråd.
2003 ”Kyrkan som kommunikativ gemenskap. Om ecklesiologi och kyrkomusik” i Björkstrand et al (red.), *Theologia practica et musica sacra. Festskrift till Karl-Johan Hansson*. Skrifter i praktisk teologi vid Åbo Akademi 43. Åbo: Åbo Akademi, s. 121–139.
2006 ”Themes in operative ecclesiology” i *International journal for the Study of the Christian Church*. Volume 6 (2006) No. 2, s. 124–25.
2015 ”Ecclesiology under Construction. A Report from a Working-site.” i Fahlgren, Sune & Ideström, Jonas (red.), *Ecclesiology from the Trenches. Creating Theory and Method*. Eugene: Pickwick Publications. [Under utgivning].

Brodd, Sven-Erik & Weman, Gunnar
2012 *Kyrka i olika meningar: kortklippta texter med ecklesiologiska kommentarer*. Skellefteå: Artos & Norma förlag.

Bromander, Jonas
1998 *Rör inte vår kyrka!: några kyrkliga traditionsbärares berättelser om kyrkorummet.* Uppsala: Svenska kyrkans forskningsråd, Tro och tanke 1998:7.

Burawoy, Michael
1998 ”The Extended Case Method” i *Sociological Theory*, Vol. 16, No. 1, s. 6–34.

Callon, Michel & Law, John
1997 ”After the Individual in Society: Lessons on Collectivity from Science, Technology and Society” i *Canadian Journal of Sociology* 22 (2), s. 165–182.

Cameron, Helen et al.
2010 *Talking about God in practice. Theological Action Research and Practical Theology.* London: SCM Press.

Cavanaugh, William T.
2002 *Theopolitical Imagination. Discovering the Liturgy as a Political Act in an Age of Global Consumerism*. New York: T & T Clark Ltd.
2008 *Being Consumed: Economics and Christian Desire*. Grand Rapids: Eerdmans.
2011 *Migrations of the Holy. God, State, and the Political Meaning of the Church.* Grand Rapids: William B. Eerdmans Publishing Company.

de Certeau, Michel
1984 *The Practice of Everyday Life*. Berkley: University of California Press.

Cedering, Magdalena
2012 *Skolnedläggningar på landsbygden. Konsekvenser för vardagsliv och lokalsamhälle.* Licentiatuppsats. Forskarskolan i Geografi. Uppsala: Uppsala Universitet.

Claesson, Urban
2004 *Folkhemmets kyrka: Harald Hallén och folkyrkans genombrott: en studie av socialdemokrati, kyrka och nationsbygge med särskild hänsyn till perioden 1905–1933.* Uppsala: Acta Universitatis Upsaliensis.

Dykstra, Craig
2008 ”Pastoral and Ecclesial Imagination” i Bass, Dorothy & Dykstra, Craig (red.), *For Life Abundant, Practical Theology, Theological Education and Christian Ministry*. Grand Rapids: Eerdmans, s. 41–61.

Eckerdal, Jan
2012 *Folkyrkans kropp. Einar Billings teologi i postsekulär belysning*. Skellefteå: Artos & Norma förlag.

Ekberg, Mayvor
2004 *Se människan! En studie av Luleå stifts möte med den moderna kulturen under 1900-talets första hälft*. Skellefteå: Artos & Norma bokförlag.

Ekelund, Charlotta
2012 *Vi är redan där! Möte med medarbetare i Härnösands stift*. Härnösand: Härnösands stift, Svenska kyrkan.

Evertsson, Anna J.
2002 *"Gå till paradis med sång": psalmers funktion i begravningsgudstjänster*. Lund: Arcus.

Fahlgren, Sune
2006 *Predikantskap och församling. Sex fallstudier av en ecklesial baspraktik inom svensk frikyrklighet fram till 1960-talet*. Uppsala: Uppsala Universitet.
2008 ”Rum för möten med Jesus och för församlingsgemenskap i frikyrklig tradition” i Selander, Sven-Åke och Fallberg-Sundmark, Stina (red.), *Heliga rum i dagens Sverige*. Svenskt Gudstjänstliv, årg 83/2008, s. 50–79.

Faithful cities
2006 *Faithful cities. A call for celebration, vision and justice. The report from the Commission on Urban Life and Faith*. London: Methodist Publishing House and Church House Publishing.

Faith in the Countryside
1990 *Faith in the Countryside: report of the Archbishops' Commission on Rural Areas*. London: Church House Publishing.

Fiddes, Paul
2012 "Ecclesiology and Ethnography: Two Disciplines, Two Worlds?" i Ward, Pete (red.), *Perspectives on Ecclesiology and Ethnography*. Grand Rapids: Eerdmans, s. 13–35.

Forsberg, Anette
2010 *Kamp för bygden. En etnologisk studie av lokalt utvecklingsarbete*. Umeå: Umeå Universitet.

Gibson, Tim
2010 *Countryside and Church. Insights from Rural Theology*. London: SCM Press.

Glesbygdsverket
2004 *Glesbygdsverkets årsbok 2004*. Västerås: Edita Västra Aros.

Hawksley, Theodora L.
2013 ”Metaphor and Method in Concrete Ecclesiologies” i *Scottish Journal of Theology* 66 (2013), s. 431–447.

Healy, Nicholas M.
2000 *Church, World and the Christian Life. Practical-Prophetic Ecclesiology*. Cambridge: Cambridge University Press.

Hegstad, Harald
1996 *Folkekirke och trosfelleskap. Et kirkesosiologisk og ekklesiologisk grunnproblem belyst gjennom en undersokelse av tre norske lokalmenigheter*. Trondheim: Tapir forlag.
2012 ”Menighetsutvikling I folkekirken. Grunnlag of formål” i Birkedal, Erling & Hegstad, Harald & Skorpe Lannem, Turid (red.), *Menighetsutvikling i folkekirken. Erfaringer og muligheter*. Oslo: IKO Forlaget, s. 9–23.
2013 *The Real Church. An Ecclesiology of the Visible*. Eugene: PickWick Publications.

Heley, Jesse & Jones, Laura
2012 ”Relational rurals: Some thoughts on relating things and theory in rural studies” i *Journal of Rural Studies*, vol. 28, s. 208–217.

Hetherington, Kevin
1999 "From Blindness to blindness: museums, heterogeneity and the subject" i Law, John & Hassard, John (red.) *Actor Network Theory and after*. Oxford: Blackwell Publishing, s. 51–73.

Härdelin, Alf
2005 *Världen som yta och fönster: spiritualitet i medeltidens Sverige*. Stockholm: Sällskapet Runica et mediævalia.

Höjdpunkter. Krokom, Jämtland
2013 *Höjdpunkter. Krokom, Jämtland* (broschyr). Östersund: Turistkompaniet Krokom och Krokoms kommun.

Ideström, Jonas
2009 *Lokal kyrklig identitet. En studie av implicit ecklesiologi med exemplet Svenska kyrkan i Flemingsberg*. Skellefteå: Artos & Norma förlag.
2012 *Folkkyrkotanken – innehåll och utmaningar*. Uppsala: Svenska kyrkans forskningsenhet.
2014a "In Dialouge with the Gospel – Reflections on a Method for Practical-Prophetic Ecclesiology" i *Ecclesial Practices – Journal of Ecclesiology*, Volume 1, No.1.
2014b "What's So Great about Being Different. A Folk Church Respons to Exceptionalism" i Halldorf, Joel & Wenell, Fredrik (red.), *Between the State and the Eucharist: Free Church Theology in Conversation with William T. Cavanaugh*. Eugene: Pickwick Publications, s. 140–154.

Isacson, Maths
2009 "Bylaget som utvecklingskraft i norrländsk avfolkningsbygd" i *Bebyggelseshistorisk tidskrift*, Vol. 57, s, 35–51.

Jag bor i Arvidsjaur och Sameland
[tryckår saknas] *Jag bor i Arvidsjaur och Sameland. Kultur(läro)plan*. Luleå: Arvidsjaur kommun.

Jenkins, Timothy
2004 "Congregational Cultures and the Boundries of Identity" i Guest, Mathew et al. (red.) *Congregational Studies in the Uk. Christianity in a Post-Christian Context*. Aldershot: Ashgate Publishing Limited. s. 113–123.

Johansson, Per
2003 *The Lure of Origins. An Inquiry into Human-Environmental Relations, Focused on the "Neolithization" of Sweden*. Lund: Human Ecology Division, Lund University.

Johnson, Maxwell E.
2007 *The Rites of Christian Initiation. Their Evolution and Interpretation*. Collegeville: A Pueblo Book, Liturgical Press.

Juel, Evelina
2014 *"Vem har sagt att man ska tro?" En kvalitativ studie av religiositet på den svenska landsbygden*. Uppsats, Avancerad nivå (magisterexamen). Gävle: Högskolan Gävle.

Kyrkoordning för Svenska kyrkan, http://www.svenskakyrkan.se/default.aspx?id=637938 [nedladdad 2014-05-20].

Lappstaden
[årtal saknas] *Lappstaden, Arvidsjaur* (Broschyr). Arvidsjaur: Arvidsjaurs Turistförening.

Lathrop, Gordon W.
1993 *Holy things. A Liturgical Theology*. Minneapolis: Fortress Press.
2006 *Holy People. A Liturgical Ecclesiology*. Minneapolis: Fortress Press.

Latour, Bruno
2001 *"Thou shalt not take the Lord's name in vain" – being a sort of sermon on the hesitations of religious speech.* Nedladdad från http://www.bruno-latour.fr/article?page=4 [2014-10-29].
2004 "How to Talk About the Body? The Normative Dimension of Science Studies" i *Body and Society*, Vol. 10(2–3), s. 205–229.
2005 *Reassembling the Social. An Introduction to Actor-Network Theory*. Oxford: Oxford University Press.
2011 "Networks, Societies, Spheres: Reflections of an Actor-network Theorist" i *International Journal of Communication*, Vol 5, s. 796–810.

Law, John
1994 *Organizing Modernity*. Oxford: Blackwell Publishers
2007 *Actor Network Theory and Material Semiotics*, version från den 25 april 2007. Nedladdad från http://www.heterogeneities.net/publications/Law2007ANTand MaterialSemiotics.pdf [2013-04-20].

Lindmark, Daniel
2014 "Projektet 'Norrländsk kyrkohistoria' – en bakgrund och en vision" i Samuelson, Jan (red.), *Norrländsk kyrkohistoria i ett komparativt perspektiv*. Skrifter från Avdelningen för Humaniora, nr 2 Härnösand: Mittuniversitetet, s. 11–22.

Lundmark, Bo
2011 "'O må vi vakna upp!' Samerna, Svenska kyrkan och frikyrkorna under 1900-talet" i *Kyrkohistorisk Årsskrift 2011*. Malmö: Svenska Kyrkohistoriska Föreningen, s. 61–73.

McClintock Fulkerson, Mary
2007 *Places of Redemption. Theology for a Wordly Church*. Oxford: Oxford University Press.

Melin, Anders
2010 "Pilgrimsvandringens renässans – inspiration till miljömedveten mobilitet?" i Bergmann, Sigurd (red.), *Religion som rörelse: Exkursioner i rum , tro och mobilitet*. Trondheim: Tapir Akademisk forlag.

Nordbäck, Carola
2014 "Historiebruk i Vilhelmina: Församling, plats och identitet i brytningstider" i Lindmark, Daniel & Norlin, Björn & Sjögren, David (red.), *Kyrkliga strukturer och platsbundna kulturer. Vilhelmina pastorat 200 år*. Umeå: Skrifter från Luleå stiftshistoriska sällskap.

Nygren Sundvisson, Christin
2006 *Ett förlorat paradis: landsbygden i framtidens kyrka*. Stockholm: Verbum.

Phillips, Elizabeth
2012 ”Charting the 'Ethnographic Turn': Theologians and the Study of Christian Congregations” i Ward, Pete (red.), *Perspectives on Ecclesiology and Ethnography*. Grand Rapids: Eerdmans, s. 95–106

Pettersson, Sven
2011 *Kompetensförsörjning i glesbygd. Om betydelsen av avstånd och närhet*. Kulturgeografiska institutionen. Uppsala: Forskarskolan i Geografi, Uppsala Universitet.

Ronnås, John
1997 ”Kyrka i glesbygd: en fråga om delaktighet” i *Studier och uppsatser/Härnösands stiftshistoriska sällskap*. Härnösand: Härnösands stiftshistoriska sällskap.

Rydving, Håkan
2011 ”Samisk kyrkohistoria. En kort översikt med fokus på kvinnor som aktörer” i *Kyrkohistorisk Årsskrift 2011*. Malmö: Svenska Kyrkohistoriska Föreningen, s. 31–42.

Sahlberg, Carl-Erik
1982 *Frikyrka och väckelse i Jämtlands län 1850–1940*. Östersund: Heimbygda.

Samuelsson, Lars
1983 *Väckelsens vägar. Pingströrelsens framväxt i Lycksele och Arvidsjaur socknar fram till ca. 1940*. Uppsala: Uppsala Universitet.

Scharen, Christian (red.)
2013 *Explorations in Ecclesiology & Ethnography*. Grand Rapids: Eerdmans.

Scharen, Christian & Vigen, Aana Marie (red.)
2011 *Ethnography as Christian Theology and Ethics*. New York: Continuum International Publishing Group.

Sjöberg, Lina
2006 *Genesis och Jernet. Ett möte mellan Sara Lidmans Jernbaneepos och bibelns berättelser*. Malmö: Gidlunds förlag.

Sohlberg, Kristina (red.)
2014 *Diakoni på landsbygden – ett treårigt projekt om församlingsdiakoni och frivillighet i Norrlands inland*. Sundsvall: Härnösands stift.

Stenbacka, Susanne
2011 ”Othering the rural: About the construction of rural masculinities and the unspoken urban hegemonic ideal in Swedish media” i *Journal of Rural Studies*. Vol. 27, s. 235–244.

Stiglund, Hans
2013 *Gränslandet*. Stockholm: Verbum.

Straarup, Jørgen & Ekberg, Mayvor
2012 *Den sorglöst försumliga kyrkan. Belyst norrifrån*. Skellefteå: Artos & Norma Förlag.

Swinton, John & Mowat, Harriet
2006 *Practical Theology and Qualitative Research*. London: SCM Press.

Taylor, Charles
2004 *Modern Social Imaginaries*. London: Duke University Press.

Tidholm, Po
2012 *Norrland. Essäer & reportage*. Luleå: Teg publishing.

Vikström, Björn
2008 *Folkkyrka i en postmodern tid – tjänsteproducent i välfärdssamhället eller engagerande gemenskap?* Åbo: Åbo Akademi.

Ward, Pete
2012 *Perspectives on Ecclesiology and Ethnography*. Grand Rapids: Eerdmans.

Ward, Pete & Cambell, Heidi
2011 "Ordinary Theology as Narratives: An Empirical Study of Young People's Charismatic Worship in Scotland" i *International Journal for Practical Theology*. Vol. 15, s. 226–242.

Welch, Sally
2013 *'Beloved Binsey': studying the visitors' books of St Margaret's Church, Binsey, 2002–2012. Research based thesis.* London: Kings College.

Widmark, Henrik
2010 "Space, Materiality and the Politics of Leaving: Church of Sweden and Rosengård's Social Segregation" i Ideström, Jonas (red.), *For the Sake of the World. Swedish Ecclesiology in Dialogue with William T. Cavanaugh*. Eugene: Pickwick Publications, s. 49–64.

Williams, Rowan
2003 *Silence and Honey Cakes. The Wisdom of the Desert*. Oxford: Lion Hudson plc.

Østtveit Elgvin, Lilly-Anne
2011 "Lars Levi Leastadius og the samiske" i *Kyrkohistorisk Årsskrift 2011*. Malmö: Svenska Kyrkohistoriska Föreningen, s. 53–60.

Forskning för kyrkan

Serieredaktör: Anne-Louise Eriksson (1-21), Göran Gunner (22-)

FORSKNING FÖR KYRKAN är en bokserie som utges under överinseende av Svenska kyrkans forskningsenhet. Inom serien publiceras kyrkorelevanta vetenskapliga arbeten granskade genom ett så kallat "peer review" förfarande.

1. Cecilia Wejryd, *Svenska kyrkans syföreningar 1844-2003.* Stockholm: Verbum 2005
2. Björn Ryman et al., *Nordic folk churches: a contemporary church history.* Grand Rapids, Mich.: Eerdmans 2005
3. Göran Gunner (red.), *På spaning ... från Svenska kyrkans forskardagar 2005.* Stockholm: Verbum 2006
4. Charlotte Engel, *Svenska kyrkans sociala arbete – för vem och varför? En religionssociologisk studie av ett diakonalt dilemma.* Sköndalsinstitutets skriftserie 26, 2006
5. Göran Gunner (red.), *Människa är ditt namn – om mänskliga rättigheter, mänsklig värdighet och teologi.* Stockholm: Verbum 2007
6. Kajsa Ahlstrand och Göran Gunner (red.), *Guds närmaste stad? En studie om religionernas betydelse i ett svenskt samhälle i början av 2000-talet.* Stockholm: Verbum 2008
7. Elisabeth Gerle (red.), *Luther som utmaning – Om frihet och ansvar.* Stockholm: Verbum 2008
8. Anne-Louise Eriksson (red.), *På spaning ... från Svenska kyrkans forskardagar 2007.* Stockholm: Verbum 2008
9. Hanna Stenström (red.), *Allvarligt talat. Om predikan.* Stockholm: Verbum 2008
10. Elisabeth Gerle, *Farlig förenkling. Om religion och politik utifrån Sverigedemokraterna och Humanisterna.* Nora: Nya Doxa 2010
11. Hanna Stenström (red.), *På spaning ... från Svenska kyrkans forskardagar 2009.* Stockholm: Verbum 2010
12. Ninna Edgardh, *Gudstjänst i tiden. Gudstjänstliv i Svenska kyrkan 1968-2008.* Lund: Arcus 2010
13. Niclas Blåder (red.), *Och han tog dem i famnen... Texter om barn i kyrka och teologi.* Uppsala: Svenska kyrkans forskningsenhet 2010
14. Mikael Larsson, *I begynnelsen var barnet. En läsning av 1 och 2 Mosebok.* Uppsala: Svenska kyrkans forskningsenhet 2010
15. Arne Fritzson, *Omvänd dig och bli som ett barn och lägg bort det barnsliga.* Uppsala: Svenska kyrkans forskningsenhet 2010
16. Niclas Blåder, *Barnen i Svenska kyrkan. Teologiska reflektioner om en kyrklig praktik.* Stockholm: Verbum 2011

FORSKNI
FÖR KYRK

17. Göran Gunner, *Folkmordet på armenier – sett med svenska ögon*. Skellefteå: Artos & Norma 2012

18. Anne-Louise Eriksson, *Att predika en tradition. Om tro och teologisk literacy*. Lund: Arcus 2012

19. Jan Eckerdal, *Folkkyrkans kropp: Einar Billings ecklesiologi i postsekulär belysning*. Skellefteå: Artos Norma bokförlag 2012.

20. Eva-Lotta Grantén, *Utanför paradiset. Arvsyndsläran i nutida luthersk teologi och etik*. Stockholm: Verbum 2013

21. Hanna Stenström (red.), *Religionens offentlighet*. Skellefteå: Artos Norma bokförlag, 2013

22. Urban Claesson och Sinikka Neuhaus (red.), *Minne och möjlighet. Kyrka och historiebruk från nationsbygge till pluralism*. Göteborg: Makadam bokförlag 2014

23. Karin Johannesson, *Helgelsens filosofi. Om andlig träning i luthersk tradition*. Stockholm: Verbum 2014

24. Linda Vikdahl, *Jag vill också vara en ängel. Om upplevelser av delaktighet i Svenska kyrkan hos personer med utvecklingsstörning*. Skellefteå: Artos Norma bokförlag 2014

25. Carl-Henric Grenholm, *Tro, moral och uddlös politik. Om luthersk etik*. Stockholm: Verbum 2014

26. Urban Claesson, *Kris och kristnande. Olof Ekmans kamp för kristendomens återupprättande vid Stora Kopparberget 1689 – 1713. Pietism, program och praktik*. Göteborg: Makadam bokförlag 2015

27. Jonas Ideström, *Spåren i snön. Att vara kyrka i norrländska glesbygder*. Skellefteå: Artos Norma bokförlag 2015

FORSKNING FÖR KYRKAN